BIOGRAFIES
I MEMÒRIES

13

MERCÈ RODOREDA

MONTSERRAT CASALS I COUTURIER

MERCÈ RODOREDA

CONTRA LA VIDA, LA LITERATURA

Biografia

edicions 62

Barcelona

Aquesta edició ha merescut una subvenció de la Dirección General del Libro y Bibliotecas del Ministerio de Cultura.

60 03642070

Disseny d'Enric Mir i Malé.

Primera edició: abril de 1991.
© Montserrat Casals i Couturier, 1991.
© d'aquesta edició: Edicions 62 s|a.,
Provença 278, 08008-Barcelona.

Imprès a Nova-Gràfik s/a.,
Puigcerdà 127, 08019-Barcelona.
Dipòsit legal: B. 12.848-1991.
ISBN: 84-297-3233-0.

Il·lustracions de la sobrecoberta:

A la solapa del davant: dues imatges de la infantesa de Mercè Rodoreda: als nou mesos i vestida de primera comunió; i anys més tard amb el seu fill Jordi, encara nadó.

A la solapa del darrera: fotografia artística de Mercè Rodoreda l'any 1948; i una imatge dels darrers anys de l'escriptora a la seva casa de Romanyà de la Selva.

Il·lustració de la pàg. 3: un retrat fet a Ginebra, el 1960.
Fotografies cedides per la família Gurguí-Rodoreda.

A Martí Farreras,
en record de moltes converses.

PRÒLEG

Quan, a l'abril del 1983, va morir Mercè Rodoreda molta gent va descobrir que darrera la imatge pública de l'escriptora hi havia una altra dona, un personatge diferent. Els seus cabells immaculadament blancs, el somriure de la serenitat sempre a punt, i un discurs breu fet de pacífiques obvietats, ben adornades per constants referències a la botànica i al desig de soledat en la tranquil·litat, eren els fils essencials del seu retrat, realitzat per d'altres, però acceptat per ella mateixa. La mort s'enduia també la seva intimitat i el marc amb què l'havia preservada: apareixia una altra persona, amb un altre passat, més tempestuós, menys simple, infinitament més ric i interessant.

I tot plegat era un malentès. N'hi havia prou amb llegir els seus llibres sense orelleres polítiques, patriòtiques o moralistes, per descobrir que rera la calma i la dolcesa hi havia moltes tempestes interiors, molts anys d'empassar fel i una llarga i conflictiva aventura. Les seves novel·les i els seus contes sorprenen sovint pels detalls de crueltat que inclouen. Així, la suposada «ànima de càntir» que és la Colometa pot ser capaç d'imaginar i organitzar un suïcidi col·lectiu; o el marit del conte Una fulla de gerani blanc pot autosatisfer-se retardant la mort de la seva esposa a la qual, finalment, no estem segurs de si ha estimat o no alguna vegada. Rodoreda, farta dels comentaris que remarcaven el caràcter gairebé liró de l'heroïna de La plaça del Diamant, explica en una carta adreçada al seu editor, Joan Sales, que la noia és tot

al contrari «una reina» i assegura que els qui no ho han en-
tès així és que tampoc no han entès la novel·la.

Així, també la mateixa Rodoreda que, sovint, en la his-
tòria real de la nostra terra, ha quedat relegada al paper
d'escriptora de la guerra i de l'exili i, amb el que això com-
porta: la literata que ha patit quasi exclusivament unes
circumstàncies polítiques i sociològiques. Una dona sense
vida pròpia que viu de fets inevitablement externs a ella ma-
teixa.

El llibre que teniu a les mans no és, pròpiament, la bio-
grafia de Mercè Rodoreda. No és tampoc un volum d'anàlisi
literària ni un treball de crítica comparada. Hi ha una mica
de tot això, lògicament. Però, sobretot, ha acabat sent la his-
tòria d'una dona amb vida pròpia que vol salvar-se del seu
naufragi vital a través de l'escriptura.

Fent, si ho voleu, caricatura, s'endevinen tres grans mo-
ments en el trajecte literari de Mercè Rodoreda. Un de pri-
mer, cap als volts de la seva adolescència, quan descobreix
l'escriptura; un de segon, durant els anys de la República,
quan escriu per dir el que no pot dir parlant; un de tercer,
en tombar la dècada dels anys cinquanta, quan troba un «es-
til» que sent com a propi. Doncs aquests tres moments són
fruit —o com a mínim van acompanyats— d'una revolta per-
sonal, totalment individualitzada i, és més, són moments en
què la trobem allunyant-se sentimentalment dels homes que
més ha estimat i patint aquests allunyaments de manera des-
orbitada i, per usar una paraula justa, fabulosament.

El manteniment del seu equilibri, mental i físic, va de-
pendre del nombre de planes que era capaç d'omplir, de la
seva capacitat per treure's del damunt els fantasmes per
convertir-los en un seguit de paraules en negre sobre blanc.
Els mateixos relats que ella ens conta els va viure en el seu
cap i en la seva pell durant anys i anys. Per a ella eren mons
i temors que només podia controlar a base de convertir-los
en històries alienes. Es tracta d'un procés dolorós, i difícil:
convertir en literatura el que ha viscut i encara viu. La rela-
ció entre el viscut i el narrat passa pel filtre de la imagina-
ció, pels mecanismes que fan possible el descens de la me-
mòria al terreny de l'aparença, per un oblit que és també,
necessàriament, la mentida. Dolorós i difícil, però ella va fer-
ho magistralment, i la millor prova n'és la seva obra.

Però si és difícil i dolorós el procés d'evasió en el terreny de la literatura, com no ho ha de ser encara més en el de la vida mateixa. Aquell oblit —eina imaginativa— acaba convertint-se en l'eix de l'existència mateixa de Mercè Rodoreda: imaginava a partir del que necessitava oblidar i es mentia a si mateixa. De tant contar una història banal sobre la seva vida, usant paraules que no eren les seves i que, sovint, no volien dir res, es va acabar creient que la seva era, en efecte, una vida banal, i que totes les vides són banals. I la banalitat rarament genera res. El silenci literari dels seus últims anys no era doncs fruit del repòs, sinó d'una decepció molt i molt gran.

Aquesta és, doncs, la història que vol contar aquest llibre: la d'una dona que van destruir per suplir-la amb una d'inventada, per transcriure-la quimèricament en uns llibres. He procurat defugir l'especulació, i les referències al passat viscut són sempre constatables des del punt de vista documental. Oficialment, en la joventut de Mercè Rodoreda hi ha escàndols; en la maduresa, molt silenci i en la vellesa, una excessiva calma: he procurat, en cada cas, parlar-ne des de l'òptica oposada. Tal vegada el contrapès ajudarà a la comprensió del seu personatge real. Voluntàriament descosit, desequilibrat en els seus apartats, el que s'hi explica pretén ser fidel a una vida, que sobta, enamora i indigna els qui l'observen. Rebutja, dràsticament, qualsevol imatge edulcorada i intenta de donar i treure protagonisme als qui i al que, indubtablement, són també aquella vida, la de l'escriptora més gran de la literatura catalana contemporània.

M. C.
París, febrer de 1991.

AGRAÏMENTS

Encara que no ho sembli, aquest és un llibre fill de l'entrebanc. Catalunya no és un país donat a la biografia i encara menys si aquesta defuig el gènere de l'aparença hagiogràfica. Donant gràcies als qui m'han ajudat a saltar obstacles, espero que quedi constància de l'origen de les dificultats. Que el tot serveixi per agilitar properes exploracions.

Quan va morir Mercè Rodoreda, jo treballava a la redacció de Barcelona del diari «El País». Els responsables de la meva secció em van encarregar el que en principi no era més que la crònica periodística de la mort d'una important escriptora catalana. Ni ells ni jo no podíem saber que aquella feina originaria, anys després, un llibre. A ells, que em donaren l'oportunitat aleshores i m'han donat suport en el meu treball de recerca posterior, el meu primer agraïment.

Els primers contactes amb el món rodoredià em van venir de la mà del meu pare, Lluís Casals, benjamí de la colla de Sabadell, i del meu sogre, el periodista Martí Farreras, que em va posar en contacte amb l'escriptor i editor Joan Sales. Ells em van animar a continuar endavant posant-me a l'abast els seus coneixements i la seva paciència. A través seu em va ser possible d'estirar encara altres fils.

El més important de tots és el que em porta a la família de Mercè Rodoreda: el seu fill Jordi i la seva nora Margarida Puig. A ells dos es deu la possibilitat de reconstruir la vida de Mercè Rodoreda. Han posat al meu abast tota la documentació personal i privada (més de vint capses de material absolutament inèdit) de què disposen i m'han acompanyat en les meves descobertes i en les meves decepcions. Margarida Puig ha carretejat carpetes i ha transportat documents per tal de facilitar-me'n la consulta, i, fins amb aquells papers que podien ser compromesos i delicats, ha estat sempre generosa. A ella, que m'ha prestat una ajuda inestimable, presento la meva gratitud i la meva estima. Esment a part mereix el material fotogràfic que il·lustra la present edició, amablement facilitat per la família Gurguí-Rodoreda.

Carme Riera, Enric Badosa, Marta Pessarrodona i Anna Maria Moix són els qui m'han estimulat, des del primer moment, a escriure el que en un principi tan sols endevinava. No eren pocs els qui m'aconsellaven de callar, de deixar les coses tal com estaven i «santa» Rodoreda damunt del seu altar. La seva valentia, pròpia de la seva saviesa, han sabut transmetre-me-la ajudant-me a no escoltar els qui minimitzaven els meus petits descobriments.

En el mateix moment en què totes les portes oficials em barraven el pas quan els demanava documentació i ajuda econòmica, Judit Subirachs parlava del meu projecte a l'historiador Josep Benet: immediatament van posar a la meva disposició un pressupost per accelerar la meva recerca pel que fa a la vida de Mercè Rodoreda a l'exili. Amb el que ells van donar-me vaig poder resseguir una bona part dels passos de l'escriptora per França i Suïssa.

El mur infranquejable el constituïa, fins ben avançats els anys, l'Institut d'Estudis Catalans, hereu dels drets d'autor de Mercè Rodoreda i a qui la família havia cedit també tot el material literari que l'escriptora havia deixat inèdit a la seva mort. La consulta d'aquest material era inviable. Fins que una certa revolta interior a la institució va portar l'historiador Emili Giralt a la presidència: l'IEC donava per acabada la clausura i una carta del meu professor Josep Fontana m'hi va facilitar l'entrada. Però havien passat cinc anys. I ara el temps semblava apte per a noves descobertes. Sobretot per a una de sorprenent i desconcertant alhora: a més a més de La Mort i la Primavera, *publicada pòstumament, entre el material cedit a l'IEC hi havia una altra novel·la desconeguda. Ningú en tot aquell temps no l'havia desenterrada. Sense títol aparentment definit, bé podria tractar-se d'*Una mica d'història *amb la qual Mercè Rodoreda havia* *provat fortuna, sense obtenir-la, al premi Joanot Martorell de l'any 1959.*

Rosa Franquesa i Glòria Mundó, des dels seus llocs de treball respectius a l'IEC, han fet tot el possible per normalitzar el treball dels investigadors externs dins de l'Institut. Amb tot, moltes coses queden encara paralitzades. Una comissió, que funciona sota el nom de la il·lustre autora, no ha fet encara el que era primordial: donar a llum pública, a través d'una edició crítica, tot aquest material. Les propostes d'uns i altres (autors i editors) per dur-ho a terme es veuen constantment ajornades des de fa més de tres anys.

Mentrestant, altres persones directament i individualment relacionades amb Mercè Rodoreda seguien posant el seu material disponible a l'abast de la consulta. Especialment, vull agrair la generositat de Núria Folch, viuda de Joan Sales; i donar les gràcies a Rafael Tasis, fill de l'escriptor i amic de l'autora; a Joan Xicola i Enric Vilafranca, amics i veïns de la família Rodoreda-Gurguí; a Anna Murià, que m'ha prestat hores dels seus records inoblidables; als sabadellencs Joan Garriga i Joan Oliver; a Xavier Benguerel. I, sobretot, a P., que, malgrat el seu anonimat requerit, és tan present en l'escriptura d'aquest llibre.

La meva gratitud s'estén als amics, que han suportat, durant aquests llarguíssims anys, la meva «dèria» rodorediana i m'han fet costat amb preguntes sempre pertinents: Joan de Déu Domènech, Ferran Alberich, Joan Pros i Octavi Martí, molt especialment. I a la meva mare i als meus fills, i al Mussi.

BIBLIOGRAFIA

Aquesta bibliografia no inclou ni els títols de ficció, rodoredians o no, ni els de referència cultural i metodològica estrangera dels quals aquest treball s'ha nodrit. La llista es faria llarga i inútil. No obstant, vull mencionar, ni que sigui a títol d'agraïment, certs llibres i certs autors que m'han acompanyat al llarg d'aquests apassionants, però sovint desmoralitzadors, anys de recerca. En primer lloc, *La orgía perpetua. Flaubert y «Madame Bovary»*, de Mario Vargas Llosa, i *A room of one's own*, de Virginia Woolf, dos llibres que m'han ensenyat a plantejar-me preguntes, a obrir-me interrogants sobre l'ofici de l'escriptor sense menysprear-ne la vida. Julien Gracq (amb *Proust consideré comme terminus*); Marguerite Yourcenar (amb *Sous bénéfice d'inventaire*); Ramon Fernandez (amb les seves reflexions sobre autobiografia i novel·la recopilades a *Messages*); Marguerite Duras (amb les seves personals suggerències de *La vie materielle* i *Outside*); Proust (defensant-se dels biògrafs a *Contre Sainte-Beuve*); Sainte-Beuve mateix (amb la seva verinosa curiositat de *Mes poisons*); tots ells m'han fet estimar els autors, els bons i els no tan bons, tot animant-me a no ser massa condescendent, que sovint és cosa avorrida, i per damunt de qualsevol idea còmodament rebuda, oficialment elaborada i closa, m'han ensenyat a acceptar l'existència dels dubtes i a gaudir-ne.

Finalment, Scott Fitzgerald, amb el seu impressionant *The Crack-up*; Flaubert, amb les seves cartes enviades als amics batallant per la literatura; i John Updike, amb el seu *Hugging the Store. Essays and Criticism*, m'han fet intuir, encara que només sigui de manera tercejada, algunes de les respostes als meus interrogants que no he sabut trobar en Mercè Rodoreda i els seus llibres.

Pel que fa als bastons que m'han ajudat a transitar pel paisatge aparentment plàcid de la literatura catalana, només puc remetre'm a Gabriel Ferrater, al seu germà, Joan Ferraté, i a Jordi Llovet: ells són encara els únics en qui he trobat la necessària provocació que permet d'ampliar l'interès del que s'aprèn i forçar l'exigència en el terreny de la història i de la literatura.

AADD: «Catalan Review», col·lectiu, *Homenatge a Mercè Rodoreda*.

Claudi AMETLLA: *Memòries polítiques*, Distribucions Catalònia, Barcelona, 1983.

—: *Des de l'exili*, Distribucions Catalònia, Barcelona, 1986.

Carme ARNAU: *Introducció a la narrativa de Mercè Rodoreda. El mite de la infantesa*, Edicions 62, Barcelona, 1983.

—: *Miralls màgics. Aproximació a l'última narrativa de Mercè Rodoreda*, Edicions 62, Barcelona, 1990.

Avel·lí ARTÍS-GENER: *La diàspora republicana*, Editorial Guzos, Barcelona, 1975.

—: *Viure i veure*, vols. 1 i 2, Editorial Pòrtic, Barcelona, 1989 i 1990 respectivament.

Xavier BENGUEREL: *Memòries. 1905-1940*, Edicions Alfaguara, Madrid-Barcelona, 1971.

Pere BOSCH-GIMPERA: *Memòries*, Edicions 62, Barcelona, 1980.

Maria CAPDEVILA: *L'època de París de la Revista de Catalunya (1947) i l'epistolari Antoni Rovira i Virgili-Armand Obiols*, «Revista de Catalunya», núm. 11 de la Nova Etapa, setembre de 1987. Barcelona.

J. M. CASTELLET: «Mercè Rodoreda», dins *Els escenaris de la memòria*, Edicions 62, Barcelona, 1988.

Manuel CRUELLS: *La societat catalana durant la guerra civil. Crònica d'un periodista polític*, Edhasa, Barcelona, 1978.

Domènec GUANSÉ: *Abans d'ara*, Edicions Proa, Barcelona, 1966.

Giuseppe GRILLI: *Indagacions sobre la modernitat de la literatura catalana*, Edicions 62, Barcelona, 1983.

Miquel GUINART: *Memòries d'un militant catalanista*. Publicacions de l'Abadia de Montserrat, Barcelona, 1981.

Jacqueline HURTLEY: *Josep Janés. El combat per la cultura*, Curial Edicions Catalanes, Barcelona, 1986.

Albert MANENT: *La literatura catalana a l'exili*, Curial Edicions Catalanes, Barcelona, 1976.

Albert MANENT i Joan CREXELL: *Bibliografia catalana dels anys més difícils. (1939-1943)*, Publicacions de l'Abadia de Montserrat, Barcelona, 1988.

Anna MURIÀ: *Crònica de la vida d'Agustí Bartra*, Edicions Martínez Roca, Barcelona, 1967.

Joan OLIVER: «Nota biogràfica de Joan Prat i Esteve», a *Poemes* d'Armand Obiols, el pròleg de Domènec Guansé, Llibres de l'Óssa Menor, Proa, Barcelona, 1973.

Joan OLIVER - Josep FERRATER MORA: *Joc de cartes, 1948-1984,* Edicions 62, Barcelona, 1988.

Carles PI I SUNYER: *La guerra. 1936-1939. Memòries,* Editorial Pòrtic, Barcelona, 1986.

—: *Memòries de l'exili,* dos volums, Curial Edicions Catalanes, Barcelona, 1978.

Joan PUIG I FERRETER: *Memòries polítiques,* Edicions Proa, Barcelona, 1981.

—: *Vida interior d'un escriptor,* Editorial Selecta, Barcelona, 1973.

—: *Diari d'un escriptor. Ressonàncies. 1942-1952,* Edicions 62, Barcelona, 1975.

Francesc PUJOLS: *L'amor i l'amistat,* article publicat al «Diari de Catalunya», el 9 de juny del 1938. Reproduït al volum d'articles de l'autor, seleccionats per Enric Cassany i publicat a les Edicions dels Quaderns Crema, Barcelona, 1983.

Mercè RODOREDA i Anna MURIÀ: *Cartes. 1939-1956,* Edicions de les dones. La Sal, Barcelona, 1985.

Montserrat ROIG: *L'alè poètic de Mercè Rodoreda.* A *Retrats Paral·lels/2,* Publicacions de l'Abadia de Montserrat, Barcelona, 1976.

A. ROVIRA I VIRGILI: *Els darrers dies de la Catalunya republicana. Memòries sobre l'èxode català,* Curial Edicions Catalanes, Barcelona, 1976.

Lluís SARLÉ-ROIGÉ: *Ombres de la vida i de la mort. Un exiliat català en els camps de reclusió i els sanatoris francesos,* Editorial Pòrtic, Barcelona, 1981.

Ferran SOLDEVILA: *Al llarg de la meva vida,* Edicions 62, Barcelona, 1970.

Rafael TASIS: *Un segle de poesia catalana. 1833-1953,* Biblioteca Selecta, Barcelona, 1968.

Eugeni XAMMAR: *Periodisme (articles),* Quaderns Crema, Barcelona, 1989.

MERCÈ RODOREDA
CONTRA LA VIDA, LA LITERATURA

PRIMERA PART:
BARCELONA 1908-1939

I. FELIÇ FINS ALS DOTZE ANYS

LA FAMÍLIA GURGUÍ A SANT GERVASI

La seva història comença als baixos de l'actual 340 del carrer de Balmes, a Barcelona. I, com en moltes altres històries d'embolic, aquí també s'hi entra per la porta del darrera, pel carrer petit i estret, paral·lel al de Balmes, que desemboca al de Pàdua. Avui és el carrer de Manuel Angelón, encara que, al llarg del segle, ha canviat unes quantes vegades de nom. A començaments de segle tot allò era ben distint de com ho veiem ara. Aquesta gran via que uneix el peu del Tibidabo amb el centre de la ciutat, el carrer de Balmes, era aleshores una riera, amb poca aigua però amb la suficient per estancar-se i perquè els habitants de Sant Gervasi es queixessin a les autoritats competents dient, afirmant que allò era un niu d'infeccions i de malalties pulmonars i asmàtiques. Molt poc té a veure la Barcelona actual amb la ciutat on va anar a instal·lar-se, procedent del Maresme, de Premià de Dalt concretament, la família Gurguí. Les raons que la van fer decidir a acostar-se a la capital són diverses i dubtoses; les conseqüències del desplaçament, intentarem de veure-les al llarg d'aquestes pàgines.

Amb els diners que el seu pare havia estalviat treballant durant quatre anys en la construcció de la xarxa ferroviària al tram València-Utiel (sembla que va arribar a la suma aleshores no gens menyspreable de 40.000 pessetes!), Pere Gurguí i Fontanills va adquirir uns terrenys en ple Gràcia

(actualment barri de Gràcia), al Torrent de l'Olla. Va aixecar-
hi un edifici de quatre pisos i dos baixos i, d'aquesta mane-
ra, va assegurar al seu pare, besavi de la nostra protagonis-
ta, tan estalviador però ja molt vell, casa franca i una ren-
da diària de 16 pessetes. Una part d'aquella fortuna, Pere
Gurguí la va destinar a comprar una torre a Sant Gervasi,
gran i amb dos jardins, amb la idea de convertir-la en el
centre del catalanisme renaixentista. Les seves intencions
eren ben distintes de les del seu avantpassat directe. Els
seus amics rondaven per la redacció de «La Renaixença»
i ell mateix, més d'un cop, hi havia escrit alguna gasetilla
més o menys inspirada. Era amic, i ben segur que el seu
més fidel seguidor, de mossèn Cinto Verdaguer i va voler-li
alçar un monument al jardí de la seva nova casa. Quan va
arribar a Barcelona era casat en segones núpcies amb Ma-
ria. L'Àngela, la seva primera muller, li havia donat dos fills,
Montserrat i Joan, nascuts ambdós a Bunyol, prop de Va-
lència.

Pere Gurguí era tot un personatge, gros i cepat, afeccio-
nat a les disfresses i sempre a punt de convertir-se en un
altre que mai no deixava de ser ell: a les fotografies el veiem
vestit de pagès que pitarreja, de fals antiquari molieresc
que, amb la lupa als dits, dictamina sobre l'autenticitat dels
objectes arreplegats per ell mateix sota la seva personali-
tat de drapaire. El trobem també amb el posat d'un artista
romàntic, modernista més concretament, amb l'abric a les
espatlles simulant una capa, i un barret d'ales amples sota
les quals surten llargs blens de cabells blancs. Diríeu que
és un contertuli dels Quatre Gats però, tot just arribat a
casa, sense capell ni abric, assegut al piano, és un avi xiroi
que entona cançons de Nadal en lloc d'acompanyar tona-
des sublims. La boca, a vegades riallera, també podia ser
malcarada, orgullosa de les seves dues rengleres de dents
intactes i poderoses. El nas, ganxut, aguanta ulleres quan
en Pere Gurguí adopta les maneres de l'intel·lectual o de
l'artista, i desapareixen, com la pipa, quan el personatge
que hi ha a escena és un altre. Les celles, molt negres i ben
dibuixades, li donen un aire una mica demoníac, que posa
en qüestió la venerabilitat de l'ancià. Males llengües asse-
guren que la pobre Angeleta, la va matar a disgustos. Sem-
bla més creïble, però, que la dona va morir de fatiga només

de sentir els milers i milers de projectes que el seu marit
li jurava que acompliria i que, en realitat, ni tan sols co-
mençava. Al cap de poc de ser viudo, es va casar amb Ma-
ria, i altra vegada la mateixa història: els disgustos o la fa-
tiga van acabar aviat amb el seu segon matrimoni. Els fills
no li van plantejar mai cap problema i ell s'encarregava de
resoldre els petits entrebancs de la millor manera i amb
la paraula més amable i condescendent dita en el moment
precís. Montserrat, que era la gran, va conèixer el qui ha-
via de ser el seu marit, Andreu Rodoreda, en un esbart de
teatre *amateur*. Feien bona parella i no es cansaven de som-
niar el dia que es farien els amos de l'escena barcelonina.
Andreu Rodoreda era de Terrassa, on els seus pares regenta-
ven un cinema, però es mostrà ben disposat a abandonar-ho
tot, família i possible herència del petit negoci, per casar-
se amb la Montserrat i anar a viure a Barcelona amb aquella
singular família que eren els Gurguí: amb ells li semblava
que tot seria possible. Molt aviat van tenir una nena, Mercè
Rodoreda i Gurguí, que va veure la llum el 10 d'octubre de
1908. Això és el que consta a la seva partida de naixement.
Però el seu últim carnet d'identitat, expedit a Sant Feliu
de Guíxols l'1 de desembre de 1980, la rejoveneix de set dies
i totes les biocronologies escrites fins ara la fan néixer un
any més tard.

El casal Gurguí, malgrat la seva volguda aparença, era
més aviat una barraca. Dels dos jardins, l'un, el que donava
a la banda de la riera i que havia d'haver estat un hort, el
deixaven per al pasturatge de les rates; l'altre, el que dona-
va al carrer de Manuel Angelón (aleshores carrer de París),
concentrava les intencions botàniques de l'avi. Bambús, ca-
quis, figueres, magraners i plàtans creixien i aixoplugaven
una incomptable varietat de flors, però deixaven el lloc de
privilegi al primer monument que es va alçar a Barcelona
a la memòria de l'autor de *L'Atlàntida*. Mercè Rodoreda n'ha
parlat a bastament, d'aquest jardí. Sovint fins l'ha conver-
tit en l'escenari en què es mouen els seus personatges de
ficció. Aquest jardí el trobem a *Aloma*, a *Mirall trencat* i
a diversos contes. Però probablement la descripció menys
reinventada i més exacta de la torre i del jardí que conegué
és la que es troba a *Jardí vora el mar* i la fan els pares de
l'Eugeni, el jove suïcida que, com l'autora, havia deixat de

ser, com ho veurem, feliç als dotze anys. Aquella casa que el jardiner de la novel·la visita al carrer de Ríos Rosas (on els Gurguí eren propietaris d'una altra caseta), amb el terrat i «l'habitació petita amb el sostre que feia pendent i amb una finestreta a la banda del jardí», un «quartet» amb les parets emblanquinades que la pluja tacava d'humitat, és la mateixa que la del carrer d'Angelón, amb un terrat amb uns safareigs on tocava el sol a l'estiu i on la Montserrat banyava la petita Mercè després d'haver-se embrutat tota fent pastetes amb el fang del jardí.

Aquell jardí tan ple de vegetació no era pas en realitat gaire gran. Feia uns vuit metres d'amplada i uns pocs més de fondària. Voltat d'uns murs elevats fets amb una mena de ciment pòrtland, el terra era cobert de grava. Hi havia una font-estany, amb peixos i una cascada, feta amb aquelles pedres com de sorra fina molla de platja, imitant el caient de les estalactites. Llavors eren moda aquesta mena de construccions. Unes llaçades, fetes amb pedra, embolicaven el pastís petri amb unes inscripcions tretes de les obres que el vell Gurguí considerava cabdals de la lírica catalana, amb fragments de l'oda *La Pàtria*, de Bonaventura Carles Aribau, en lloc preferent. I al capdamunt, el bust fet en guix del mossèn poeta. La grandiloqüent instal·lació havia estat feta per paletes i jardiners ocasionals sota la direcció de l'arquitecte i dissenyador afeccionat que era Pere Gurguí. El resultat no feia justícia a les seves bones intencions, de manera que els versos d'Aribau van quedar inscrits de la següent manera: «Si em trobo sol amb mon es...» en una llaçada i, força més enllà, les dues últimes síl·labes de la paraula: «perit».

I era infal·lible: la gent llegia que «el Gurguí es troba sol amb mones» i el monument es convertia en la riota del barri. El bust de guix va mantenir-se més o menys intacte durant uns quants anys fins que, a poc a poc, la fesomia de Verdaguer es va anar esmorteint i es va anar convertint en un record vague de l'insigne poeta.

POCS DINERS I MOLTA GRANDESA

«Si tinc bons records són els de la vida a casa, fins que vaig tenir dotze anys. Després es va espatllar», escrivia Mercè Rodoreda a la seva nora, Margarida Puig, el 30 de setembre de 1957. Com el seu Eugeni de *Jardí vora el mar*, també ella creu que «només es viu fins als dotze anys. I a mi em sembla que no he crescut». L'ambient al casal Gurguí era una barreja de l'estrafolari i de la carrincloneria, d'altisonància i de mesquinesa, de grans paraules i de la insensatesa més absoluta. Un gran guinyol perfecte per a una nena de pocs anys a qui permeten tots els exabruptes i els capricis infantils sempre que no costin massa diners.

Situem-nos: filla de Montserrat Gurguí i d'Andreu Rodoreda, Mercè va néixer aquest 10 d'octubre de 1908 que ella mai no ha reivindicat, qui sap si per la petita coqueteria que porta moltes dones a amagar-se uns quants anys, o bé, simplement, per les poques ganes que tenia de donar explicacions biogràfiques. El fet cert és que mai no va desmentir l'equívoc quan pogué fer-ho, per exemple, amb motiu dels múltiples monogràfics i entrevistes que les revistes catalanes van consagrar-li amb motiu dels seus falsos 70 anys. Mercè Rodoreda tenia, doncs, uns pocs mesos quan Pere Gurguí i Fontanills, viudo d'Angeleta —mare dels seus dos fills—, està novament preocupat per la sort de la seva segona esposa, Maria, greument malalta.

Andreu Rodoreda, el pare de la nena, terrassenc i bon xicot, embadalit amb la Montserrat, havia acceptat sense problemes d'ordre íntim de viure amb la família Gurguí al casal de Sant Gervasi i comprèn que a la seva dona li toca cuidar-se de la madrastra i del pare, a més a més de complir com a esposa i mare, sense oblidar les atencions al germà Joan, que encara no ha complert 14 anys. Andreu Rodoreda treballa a la casa Schilling, l'establiment comercial anglès del carrer Fernando. Ell no és pas un home exigent amb l'empresa i els amos li corresponen amb la mateixa moneda. Hi fa una mica de tot: encàrrecs a ciutat, empaquetar i despatxar els clients si s'escau. Cada dia, per anar a la feina, ha d'agafar el carril de Sarrià. I el seu sou no dóna per a gaire més que per fer bullir diàriament l'olla amb poca carn i molt os.

L'aspecte físic d'Andreu Rodoreda no desmenteix aquesta actitud d'home aplicat, poc ambiciós, sense gaire caràcter, que ha procurat arxivar en el seu interior el somni d'uns grans èxits com a actor teatral. Quan el retraten amb la família ocupa sempre el lloc que li pertoca dins el microcosmos familiar i deixa el centre de la imatge per a l'avi Gurguí. Si es fotografia tot sol o amb la Montserrat, llavors qui mana és el retratista i ell fa de model perfecte, que mira allà on li diuen i posa amb gest estudiat. Si Pere Gurguí imposa sempre la seva disfressa, Andreu Rodoreda amb prou feines aconsegueix que ens fixem en el seu gran front i la seva mirada trista. La boca és tova i somriu embadalida, les galtes inflades i infantils, el sotabarba també recorda una criatura de bolquers. Veient-lo sabem que, en nom de l'Art, no havia de desafiar els propietaris de La Puntual, i que, en nom del comerç, es limitaria a estar rera el taulell i a fer el que li manessin. Quan era més jove portava una barba i un bigoti ben polits, rinxolats com els d'un galant romàntic. Quan la Mercè va néixer ja se'ls havia afaitat. No enganyaven ningú.

No es pot dir el mateix de les aptituds laborals de Pere Gurguí. Els ingressos de l'avi són difícils de saber. Amic personal de Pich i Pon, aconseguí feina a l'administració municipal. Treballava al carrer de la Canuda i era especialment durant els períodes de l'establiment del padró quan feia el seu veritable agost: amb les inscripcions de les cèdules municipals sembla que arribava a guanyar fins a 30 i, a vegades, 60 duros mensuals. Aquesta feina, però, no durava mai més de tres mesos. I les despeses ordinàries d'aquella família de sis persones, amb una de malalta i una criatura nascuda de poc, no eren pas poca cosa.

L'ONCLE JOAN A BUENOS AIRES

A Joan, un adolescent amb pocs deliris de grandesa i que voldria inscriure's en una escola d'arts i oficis, li han de treure els pocs pardals que té al cap. Li diuen de molts joves que han fet fortuna a l'Argentina i, a poc a poc, intenten de convèncer-lo que aquesta és la millor alternativa que l'espera. A més a més, atesa la seva edat i la situació bèl·lica de l'Estat espanyol al Marroc, és de preveure que, com els de la seva lleva, aviat serà cridat a files. Els aldarulls populars en contra de la guerra i de la injustícia que suposa que les famílies amb possibilitats paguin perquè els seus fills no hagin de fer el soldat, no sembla que puguin aconseguir gran cosa. De manera que es pren la determinació i embarquen Joan cap a Amèrica. Preparen una bossa plena de figues seques (d'alguna cosa han de servir les plantacions del «magnific» jardí de Can Gurguí), es fa una col·lecta entre parents i amics per recollir set pessetes i l'enfilen a la coberta del vapor que el conduirà a Buenos Aires. Punt i a punt. L'emigració catalana a l'Argentina al tombant del segle ha ocupat no pas poques estones d'estudi dels historiadors i ha donat lloc també a una varietat —poc diversificada, paradoxalment— de personatges de ficció literària. No cal estendre-s'hi, però sí que cal recordar que, sovint, l'*americano* que ens retrata la llegenda és poca cosa comparat amb l'emigrant real, i que la novel·la catalana no ha sabut treure prou profit de les històries reals viscudes pels qui buscaren fortuna a Amèrica. L'obra de Mercè Rodoreda és, en aquest aspecte, una excepció que confirma la regla: sense donar-li un protagonisme precís, l'emigrant *americano* apareix però dibuixat amb tots els seus atributs contradictoris, desdoblat, psicològicament analitzat i jutjat, cosa que permet d'imaginar-se no tan sols la carrera de l'èxit sinó també l'aventura de la derrota personal i familiar. El trobem en el Robert d'*Aloma*, en el senyor Bellom i en el ja esmentat Eugeni de *Jardí vora el mar* i sota les referències d'algun personatge secundari de *Mirall trencat*. L'escriptora també tenia previst parlar-ne a unes iniciades però inacabades memòries:

(...) «El senyor Fontanills tenia un altre fill, un noi, més jove que la filla. A catorze anys se n'havia anat a Buenos Aires. (...) La madrastra el feia morir de gana.» (...) (Documents inèdits, a l'IEC.)

Fontanills és el segon cognom de Pere Gurguí. Deixem, però, el joc de trobar pistes per a més endavant i prosseguim amb Joan, l'oncle de l'escriptora. A ell hem d'agrair l'oportunitat de poder seguir el fil biogràfic de la família Gurguí, car va guardar zelosament la correspondència rebuda un cop instal·lat allà, mentre que els altres, pare, germans i neboda, no van fer pas el mateix. Després d'un viatge llarg però tranquil que aprofita per visitar altres indrets de dins la frontera espanyola, Joan Gurguí es planta al port de Buenos Aires el dia de Corpus de 1909. Porta una carta de recomanació signada pel seu pare per tal que uns catalans que tenen un forn de pa l'acullin. Efectivament, els coneguts l'admeten a dispesa i ell, en canvi d'això, haurà de fer de dependent a l'establiment. Al cap de pocs dies rep la primera carta del seu pare:

(...) «La mamà segueix molt delicada, però va fent. Los demés tots bé gracies A.D. y la Mercè tan xamosa com sempre i xarrotejant d'allò més, amb dugues dentetes que ja l'hi han sortit. (...) No te dich res més —continua—perquè no hi ha de què parlar-te, puig de bombes encara que n'explotin ningú ne fa cas y els diaris serios cuasi ni ne dihuen res.»

Pere Gurguí, òbviament, parla de la Setmana Tràgica i no és conscient, o fuig d'estudi, quan assegura que els «diaris serios» no parlen dels esdeveniments: no ho feien perquè eren objecte de censura, simplement.

«Treballa, Joan, treballa y recordat que lo millor amich son uns quants pesos a la butxaca», recomana el vell; i acaba: «Fuix del vici, dels amichs i de les dones.»

No gaire diferents són els consells laborals del cunyat: «A la feina sigues company de tots, pero no siguis amic de cap.» I en la vida privada —continua l'Andreu— «tampoc no tinguis amics que aquests sovint acostumen a desencaminar; no perdis nits en disbauxes que després no series bò per al treball (...) Guarda't de les dones de món i sigues caute i prudent amb les altres.» «Ah —afegeix el pare, com a última recomanació —vegis igualment de per poch que puguis anar a misa y cumplir amb Déu, pregant-li te concedeixi salut i Feina.»

Joan tot just té 15 anys. Ha marxat de Barcelona, com aquell qui diu, amb una sabata i una espardenya. No sap fer gran cosa però la família li ha encarregat de fer fortuna. Se sent perdut i guarda tot allò que li envien els seus: fins i tot continua una col·lecció de postals iniciada a Barcelona. Però els consells, exagerats i anguniosos per a un adolescent, de ben poca cosa li serveixen. Com tampoc li serviran, al llarg de la seva estada a l'Argentina, les diverses iniciatives de promoció professional que Pere Gurguí maquina des de Barcelona per tal d'aconseguir que el seu fill s'enriqueixi a l'altra banda de l'Atlàntic. Ell, però, escriu poc. Potser perquè no sap què dir-los; potser per no transmetre la seva inseguretat. I la família, si bé diu que l'enyora i té posada tota la confiança en el seu futur, no guarda (o no va guardar després) les poques cartes que ell envia.

Amb la seva partença, en realitat, la Mercè s'ha quedat sense un germà gran. Per consolar-la li diuen: «el tio americano et portarà un promès d'Amèrica ben ric». Ella això de «promès ben ric» encara no sap què vol dir. D'Amèrica, però, se'n fabrica una idea: es deu tractar d'un lloc molt gran, amb indis i cavalls i amb molts diners per poder comprar tot el que es desitja. «És una nena que pensa més en cavalls que en nines», escriu Pere Gurguí al seu fill. «Sempre vol anar al parc a veure tatans, nens, cabretes, mòbils, dimonis negres...», concreta Andreu Rodoreda.

A final del 1909 l'estat de l'àvia Maria s'agreuja. Cal que el metge la visiti dos cops el dia i, per calmar-li el dolor, li injecten dosis cada cop més elevades de morfina. «Son 6 pessetes diaries», anota Pere Gurguí. Una ruïna per a la família. Molts dies aquesta misèria traspua a l'hora de seure a taula. Sort que la Montserrat sap fer una escudella escaldada «molt més bona i digesta que no pas la més complerta amb carn de vedella i tossino», es conforma el vell. Sobretot, a partir del dia 15 de cada mes, no se sap què li passa a la Montserrat, l'encarregada d'anar a plaça, que tot sovint perd el «moneder» (és la paraula que ella utilitzava). Aleshores ha de demanar als veïns que li deixin alguna pesseta per anar a comprar una determinada cosa que fa grandíssima falta.

Qui eren aquests veïns? Immediatament al costat del casal Gurguí vivia la família Vilafranca. Enric Vilafranca treballava al Foment del Treball Nacional, era un home amb certes influències i d'economia benestant. Amb el seu sou mantenia l'àvia, la dona, de nom Tuietes, i els seus dos fills: l'Alexandre i l'Enriqueta. El senyor Vilafranca era l'amo de l'edifici pairal damunt del qual tenia un pis que llogava a la família Xicola, que eren els qui regentaven la fonda dels Xipresos, a la plaça dels Josepets (actual Lesseps), fonda amb restaurant que els Gurguí visitaven així que reunien unes pessetes.

La casa dels Vilafranca era molt bonica i contrastava amb el barroquisme de la dels Gurguí. Els salons principals havien estat pintats per Gimeno. Part d'aquests murals es conserven encara avui. Quan el senyor Vilafranca sortia de casa per anar a la feina començava el rebombori entre les dones del veïnat. Tots els Gurguí són una mica sords i entre ells han de parlar cridant, de manera que als Vilafranca, vulguin que no, els costa ben poca atenció saber exactament què fan cadascun d'ells. Tots eren durs d'orella i cap d'ells era matiner. Cap a les onze sortien al pati, bé per regar les plantes, l'avi Pere, bé per apeixar les gallines i els coloms, la Montserrat. És molt possible que s'hagués establert una certa necessitat de viure en competència entre la Tuietes Vilafranca i la Montserrat Gurguí de Rodoreda, més fruit de no res en concret i de veure's cada dia que no pas d'una enemistat real: totes dues mestresses de casa, amb molt de temps disponible i amb ganes de buscar els tres peus al gat. La qüestió és que entre les dues famílies tan aviat hi havia motius de concòrdia i de celebracions com raons per escridassar-se entre els reixats: «Senyora Tuies, eixugui's el cul amb fulles!», crida la Montserrat amb la seva veu potent. I per venjar-se, la Tuietes explica a tothom que vulgui escoltar-la que aquell matí ha vist el vell Pere Gurguí, amb la seva llarguíssima cabellera blanca, despentinada i bruta, com es purgava al mig del seu jardí. Veritat, mentida o exageració, aquesta és la versió i la imatge que en va quedar entre les joves generacions del veïnat. En tot cas el fet cert és que el jardí és allò que més interessa Pere Gurguí. Cada matí hi passa una bona estona regant i recollint les fulles mortes i repolint planters. De mànega fa servir una tros de tub de goma allargas-

sat amb mànecs d'escombra perquè es tracta d'aprofitar-
ho tot i, encara que risible, d'estalviar allà on és possible
de fer-ho. Perquè, d'altra banda, no fa gens de cas de les
queixes de la filla, quan li retreu el «gasto diari» d'aigua
que fa, que gairebé aconsegueix negar les plantes.

L'aspecte de l'avi Gurguí encara era més còmic quan
s'evidenciaven els efectes de les carícies de la seva néta i
sortia al jardí i a escombrar l'eixida del carrer amb unes
pintoresques trenetes encintades:

«El pentinava cada vespre. Abans d'anar al llit s'asseia
sobre la taula del menjador amb una pinta i unes quantes
cintes. Si estava distret, el cridava: "Avi!, vine, que et pen-
tinaré." Assegut en una cadira, abaixava una mica el cap.
Tenia els cabells llargs, blancs, fins. Ella els hi partia amb
la pinta, li feia trenes petites i les lligava al capdavall amb
un llacet. L'avi, l'endemà de bon matí, sortia a escombrar
la vorera amb aquell pentinat. Es planyia a tots els veïns
i veïnes que passaven: "coses de la meva néta...".» (*El bany.*)

CATALANISME IL·LUMINAT

Però el vell Gurguí també està trist. Som a començament
de 1910 i la seva segona esposa l'ha deixat novament viudo.
L'única il·lusió sincera que li queda és la de convertir la seva
casa en el palau i casal del catalanisme i centre d'homenat-
ge perpetu a mossèn Cinto, a qui, en contra dels seus de-
sigs i conviccions, mai no arribarien a canonitzar. De ma-
nera que, misèries i tristors al marge, decideix organitzar
una gran festa d'inauguració de la font i monument el dia
de Pasqua, el 15 de maig. Va ser una festa sonada. Fins i
tot la premsa local en va parlar. Però ens interessen molt
més les paraules amb què Montserrat Gurguí ho explica al
seu germà:

«Ens llevem tots de bon matí, el dia de la Festa. El papa
arreglant el jardí i al mateix temps badant com tu ¿t'en re-

cordes quan anaves a comprar o algún recado? Doncs bueno, d'aquella manera. Jo, per la meva part, neteja que netejaràs amb força brillo (et dic això del brillo per si no sabies que en tinc) perque una quan es casa y es mare de família si no en té li fan treure. L'Andreu ajudant-me, com a bon marit que es (o ho sembla). La teva nebodeta aprofitant l'esverament de tots, per fer diableses i collir totes les flors que podia per desfullar-les.»

«Si fas malbé les flors, vindrà l'ocell puput i et picarà les manetes.» (*Aloma*, pàg. 164.)

«Et dic noi que feia goig el jardí (no t'en pots fer càrrec amb les fotografies que t'enviem). Figurat el jardí tot transformat, amb un parterre pels voltants amb blat i entremig roselles trobant-si de tant en tant. Unes roques hermosisimes amb els titols de les millors obres que ha fet Mossen Cinto Verdaguer. Després, al vell mig del jardí una esplendida cascada rústica. Plantades aquí i allà arbres i herbes boscanes com pins, romaní, farigoles, ginesteres, cireretes d'arbòs i altres de totes menes. Al cim del brollador s'aixeca majestuos el busto del gran poeta Verdaguer surtint per entremig de les roques unes cintes artificials amb una sentida dedicatòria. Figurat la faxada, deus enrecordart'en perque mai s'oblida la casa on s'ha viscut tants anys i s'hi han fet totes les entremaliadures y que, de temps a venir, t'hi esperem amb els braços oberts. Doncs bueno, la faxada guarnida amb guirnaldes y palmeres. Els terrats veïns plens de gom a gom i el nostre i la torratxa també. En una paraula no s'hi cabia. El coro de Mossèn Cinto Verdaguer va cantar molt bé. I després tots els del coro van berenar i els invitats varen prendre un dolç. El papa va donar les gràcies amb un petit discurs i amb la nena a coll. I ella va ser la que va colocar la llaçada que el papa va fer fer per la seva senyera del dit coro. A fora de Barcelona varen escriure a lo menos 50 cartes a tots els poetes i escriptors. Acabant-se la festa amb sardanes y agarrat.»

I el que ha costat aquesta festa...! Però, de moment, ningú no en parla, de diners, al casal. No serà fins anys després que Pere Gurguí no ho recordarà, i llavors ja haurà

oblidat absolutament la noció de les quantitats. De moment
està convençut que retre homenatge a Verdaguer és «una
causa universal!» Ja no en queden pas gaires, d'homes com
Pere Gurguí, més aviat gras que corpulent i amb un cap
quadrat cobert d'una llarga cabellera blanca. Tothom s'hi
fixa quan passeja pels carrers vestit amb les seves millors
gales un xic massa brillants de tan gastades. «¡Visca Cata-
lunya Lliure!», «¡Visca Catalunya independent o sigui Es-
tats Confederats!», «¡Visca Irlanda i visca la República Ar-
gentina!», «¡Sempre avant!»: son els lemes que mai s'oblida
d'incorporar a les seves cartes o quan brinda amb xampany
(aquesta beguda per la qual té una feblesa), i que aprèn la
seva néta Mercè. A Barcelona passen moltes coses i els con-
venciments polítics del vell Gurguí envelleixen encara que
ell no se n'adoni. Hi ha canvis a l'hora d'interpretar què
és ser catalanista i què necessita el catalanisme. La Re-
naixença queda cada cop més relegada a les cabòries d'uns
pocs i unes altres preocupacions són plantejades per unes
veus més joves des de la tribuna de Les Edicions de L'Avenç.
Els camins iniciats en la recuperació de la llengua i de la
cultura catalanes pels cabdills lletraferits de la Renaixen-
ça són posats en dubte. Però els noms de Jaume Torrents
i de Pompeu Fabra no sonen gens al saló i al jardí dels Gur-
guí. I és que en aquesta casa, paradoxalment, quan volen
llegir un diari compren «El Diluvio». Aquí encara expliquen
a una nena de poc més de dos anys que quan vinguin els
llops no reculi: «no tinguis por i crida ben fort "¡Visca Ca-
talunya!", i els llops marxaran».

A la Mercè aquestes sortides del seu avi li semblen mag-
nífiques i divertides. Passa llarguíssimes estones amb ell.
De fet, eren inseparables, com ho són l'avi i la Mercè del
conte El bany: un avi que no té un «reny» per a «aquella
criatura més aviat lletja i esquifida, turbulenta com una ven-
tada de març». La Mercè real no era ni esquifida ni lletja,
però sí força turbulenta, sobretot pel que fa a l'aplicació
de la imaginació en els jocs. Amb l'avi aprèn de memòria
poemes complets del Mossèn i de Bonaventura Carles Ari-
bau: «Ho aprèn tot molt clar i té una memòria que sembla
mentida», comenta l'avi. Encomana els seus deliris a la nena,
que és també la seva esperança i l'única sempre disposada
a fer-li costat. Li promet que aquell jardí que cultiva amb

tant d'entusiasme i totes aquelles flors són per a ella i que,
un dia, ella n'haurà de tenir cura, ella sola. Promesa que
oblida amb motiu d'una circumstància qualsevol, i ferint
sense adonar-se'n els sentiments de la seva néta, ofereix
rams de les flors més boniques del jardí a les persones que
el visiten encara:

«Jo les mirava marxar, agafades per la mà de la visita
amb molta pena. Jo, si hagués pogut manar no n'hauria do-
nat ni una. Les flors del jardí del meu avi sempre em deia
que eren meves però a l'hora de donar-les jo m'adonava que
el que em deia no era veritat. I va ser quan vaig començar
a adonar-me de la diferència que hi ha entre el que es diu
i el que es fa.» (Documents inèdits, a l'IEC.)

El pare i la mare, per la seva banda, més interessats pel
teatre i el món de l'espectacle, li fomenten un altre tipus
de gracietes:

«*Baila unas americanas y unos garrotines que da gusto
verla ya conoce varias letras del abecedario y pide ir al cine
aunque prefiere el teatro (como los mayores) y más que nada,
le gusta ver bailarinas. Y conoce a la mayoría de actores que
van fotografiados en los periódicos: la Xirgu, la Morera, la
Guerrero...*»* (Correspondència. Arxiu Família Gurguí.)

Així ho explica, l'Andreu, en castellà, idioma que sap que
el seu cunyat llegeix millor i que també a ell mateix li re-
quereix menys esforç quan té la ploma als dits. L'Andreu,
totes aquestes històries nacionalistes del seu sogre no l'apas-
sionen pas gaire. En realitat, res no l'apassiona. La seva ac-
titud, en general, es la «d'escurrir el bulto», com diuen els
qui el coneixen. Rarament intervé en les discussions aproxi-
madament diàries entre pare i filla, entre el vell Gurguí i
la Montserrat. Es limita a donar el seu sou mensual, un sou
que arriba allà on arriba, per participar en l'economia do-
mèstica, però no està pas disposat a moure ni un dit de més
per tal d'aconseguir un mínim augment i viure millor. Al
cap i a la fi és conscient que només es tractaria d'unes po-
ques pessetes de més que no resoldrien gran cosa. Quan té
una estona lliure es busca un espai tranquil al casal, agafa

la llibreta i intenta de posar fil a l'agulla d'una obra teatral, una comèdia en dos actes, que amb el temps acabarà d'escriure però que mai ningú no llegirà, ni tan sols els membres del jurat del premi al qual la presenta. De totes maneres, com es desprèn de la lectura de les cartes, els seus dots literaris i dramàtics no devien pas ser gaire esplèndids.

Quan no li era possible concentrar-se en les seves ambicions literàries, o bé quan no trobava un lloc tranquil al casal, l'Andreu organitzava una excursió al Tibidabo o, fins i tot, a Vallvidrera. La visió de Barcelona, el moviment i l'espai el porten aleshores a parlar de cinema: «si al teatre no puc trobar-m'hi un racó, faré pel·lícules», pensava. A les excursions s'emporta la seva filla, que de ben petita demostra un gust gran per caminar i endevinar camins de muntanya. I és que a la Mercè li agrada la natura i li agraden les flors. Un bon dia, per exemple, amb una cara de mosqueta morta («perquè jo no sé aquesta criatura l'expressió que hi té a la cara», escriu la seva mare), «cosa que no en té res», arriba amb un pom de flors més gran que ella mateixa que acaba de collir al jardí:

«Mamà tinc mal a les muntanyetes», es queixa.

Les «muntanyetes» són les puntes carnoses dels seus dits. Expressió estranya, vocabulari especial que usa Mercè Rodoreda de petita.

UN DEBUT TEATRAL I UNA CURTA ESCOLARITAT

Molt aviat Joan Gurguí comença a enviar diners des de Buenos Aires. En què consisteixen realment els seus negocis, a Barcelona no ho saben, però constaten que alguna cosa li deu anar bé. Habitualment envia els diners per xec bancari però d'altres cops ho fa aprofitant la visita a Barcelona d'algun conegut. La Mercè viu amb la mateixa avidesa dels grans l'espera i l'arribada de les cartes i les notícies procedents de l'altra banda de l'Atlàntic. Comença aquella mitificació de l'oncle que després l'haurà de fer patir. Ella, com els grans, també vol escriure i demana la seva part econòmica corresponent. «Cada dia et vol escriure i em fa malbé les plumilles», es queixa, mentre li cau la bava, el vell Gurguí en una carta al seu fill. «De vegades la trobem enraonant sola amb un paper als dits. Resulta que t'escriu a tu», escriu la Montserrat. I, efectivament, gràcies a aquesta tendra voluntat de correspondència, podem resseguir des dels primers gargots fins als primers dibuixos que fa Rodoreda, de ben petita, dirigits al seu oncle.

Els deutes, malgrat les ajudes del fill que imaginen triomfant a Buenos Aires, comencen a amuntegar-se. Pere Gurguí, que fins ara escrivia unes cartes curulles de consells paternals, hi afegeix un reguitzell de xifres. Xifres que tenen a veure bàsicament amb els constants projectes de reforma del casal. «Abans era una torre tronada. Ara és gairebé un palau», afirma. Li demana al seu fill que enviï reforços per tal de cooperar en les obres i, sobretot, perquè no li agrada i el posa «neguitós» viure del que guanya en Rodoreda. Amb el temps aquests deutes augmenten, i els diners que envia Joan són gastats de manera immediata en no se sap ben bé què.

Pere Gurguí no renuncia als seus deliris de grandesa mentre la Montserrat i l'Andreu estan «atrafegats fent un àlbum d'autògrafs d'actors i actrius» i preparant el debut teatral de la seva filla. Efectivament, el 18 de maig de 1913, Mercè Rodoreda interpreta el paper de Ketty, de Jimmy Sampson, al teatre Torrent de les Flors. La nena està «admirable» i el seu avi li compra, tal com li havia promès, «un bebè dels grossos i bons, que dorm, diu papà i mamà, i plora». Aquest *nino* ha costat molts diners, 6 pesos segons reconeix el vell Gurguí, i l'ha comprat renunciant a altres coses imprescindibles. Però la Mercè ha obtingut el seu primer èxit i s'ha de fer extensible a tota la família. Es mereixia una sorpresa:

«Estava tan preocupada per l'anunci de la sorpresa que a la meitat d'un acte sortí d'escena per les bambolines i després no es recordà que havia de tancar els ulls quan la treien de la caixa de cabals i la duien en braços, asfixiada. Quan la cridaren: Ketty, Ketty, no respongué. Ja no recordava que era el seu nom en la comèdia. Caigué el teló. I quan els aplaudiments el tornaren a fer alçar, el seu avi irrompé a escena amb el jaqué negre i els pantalons ratllats, encara flairosos de naftalina, gras i jovial, i li posà una gran nina en braços.» (*El bany.*)

La nina no és l'únic regal que li han fet. El mateix director de la Companyia Jimmy Sampson li ha regalat un automòbil que, donant-li corda, corre, i una magnífica capsa de bombons de xocolata. La Conxita Cirici, amiga de la família i que sovint els ajuda a sortir d'un dels múltiples mals passos, li dóna el que serà una de les seves primeres joies: un anell d'or «fix» (*sic*, a la carta familiar) amb una medalleta en què hi ha gravades les inicials del seu nom i la data del seu debut a l'escenari.

Tot a casa dels Gurguí és motiu de festa. I encara no s'ha acabat de celebrar l'èxit de la nena al teatre que ja s'organitza, per al diumenge següent, un nou homenatge a mossèn Cinto Verdaguer. Convidats, amics i familiars berenen amb aquest motiu, prenen xampany i es disposen a deixar-se retratar. Mercè, només faltaria, torna a ser la protagonista i és ella l'encarregada de col·locar al qui sempre serà un futur sant una corona de llorer amb una «llaçada de barrada», segons l'expressió de l'època, és a dir, amb les quatre barres.

I, si encara això fos poca cosa, l'arribada del *nino* també proporciona el motiu d'una altra celebració, aquest cop amb la presència multitudinària de tots els nens del barri, amb els nois i les noies del veïnat i també dels grans que els acompanyen: es tracta de batejar-lo. També es dedica la singular festa, que és com un bateig dels de debò, amb fotos, pastís, xocolata desfeta, capellà i tot, al mai oblidat mossèn Cinto. La diada és anomenada Festa de la Infantesa. L'Andreu Rodoreda tot això s'ho mira amb un punt d'escepticisme. Està massa desanimat per la seva pròpia carrera teatral per confiar que la de la seva filla sigui millor. Definitivament té posada la mirada en l'espectacle del futur, el cinema: «Amb uns amics pensem fer una pel·lícula, hi sortirem tots nosaltres i tots els veïns», explica al seu cunyat.

Mentrestant arriba l'estiu i les possibilitats de pagar-se unes vacances familiars s'esvaeixen del tot. Ara bé, els amics són els amics i visitant-los, un dia a Caldes, al xalet de les amigues Prat, un dia a Agramunt, amb la família Luelles, arriben a la tardor una mica més oxigenats. El 10 d'octubre, la Mercè compleix 5 anys, amb la qual cosa queda justificada la compra de nous regals: una caixa de puntes i una altra de colors «perquè la nena», a més a més, «demostra aficions pictòriques». L'avi dedica a la néta un poema que comença així:

«Merceneta petiteta / Bufoneta i mimadeta / Per tu tan sols lo teu avi, / No sent jamay cap agravi / Tu may pots estar quieta, / sempre cosa alguna has de fer; / O bé les flors fas malber, / O al avi fas la...»

Les rimes, ben poc verdaguerianes, les signa «Aristóteles, mestre en gay saber que participarà en els propvinents Jocs Florals de San Petersburgo sur Marne». Són una imatge manifestament exacta del sentit de l'humor regnant al casal Gurguí.

Aquest mes d'octubre de 1913 sembla un temps adequat per a noves exaltacions. No fa ni un mes que s'ha commemorat l'Onze de Setembre. Pere Gurguí i Fontanills no podia faltar a la cita nacionalista. Entre les moltes coses de què disposa al seu casal-museu hi ha també una reproducció exacta, però en petit, de l'escultura a Rafael Casanova que es troba al parc de la Ciutadella. Aquest any, però, és especial, i no es conforma amb celebrar la diada al jardí de casa seva. Cal sortir perquè passen coses com fa anys, molts d'anys, que no passaven. Entre 90 i 100 mil persones es manifesten pels carrers de Barcelona per donar suport a l'establiment de la Mancomunitat de Catalunya. Al vespre, la Unió Catalanista organitza un sopar multitudinari. Pere Gurguí també hi assisteix. «Al veure això», escriu al seu fill, «em sento jove i disposat a coses més grosses. Fins tinc el convenciment que demanant res ne traurem y em sento novament "separatista", com trenta anys endarrera i disposat com en aquells temps a sacrificar-me per la nostra Catalunya.»

Mercè creixia inevitablement, satisfeta del món infantil i amb recança d'haver-lo d'abandonar un dia o altre:

«Jo creixia de mica en mica sense ganes de créixer. Quan seria com ells, com la meva mare, com el meu pare, com el meu avi, no m'estimaria ningú. Tindria les mans grosses, els peus grossos, els peus que adorava quan els duia calats amb mitjons blancs i amb sabates de xarol.» (Fragments inèdits, a l'arxiu de l'IEC.)

Les qüestions d'escolaritat no preocupen gaire la família Gurguí, com tampoc no els havien preocupat abans, quan Joan tenia l'edat de l'aprenentatge i van decidir que era millor enviar-lo a l'Argentina. La Mercè, però, perquè no sigui dit, i molt probablement perquè massa estona a casa acaba fent-se pesada, com totes les criatures, decideixen d'enviar-la al col·legi que hi ha molt a prop del casal. Almenys per una vegada l'Andreu aconsegueix indirectament imposar la seva opinió, en contra del parer de l'avi Gurguí, que estava convençut que a la Mercè l'escola no li cal, ja que a casa «aprèn suficient». Ella però, hi va encantada i els resultats són molt bons: «Té guanyats molts notables i cada setmana ve amb la banda del que més s'ha distingit», asseguren els familiars. Però l'agradable aventura col·legial s'acabarà aviat. Al segon trimestre (és a dir, al febrer-març de 1916), Mercè deixa d'anar-hi perquè «tot ho aprèn i amb tanta rapidesa que tinc por no se posés malament i així ho evitem». Explicació tan contundent com risible. La nena està, malgrat tot, «que dóna goig de veure-la». L'avi està content perquè té companyia assegurada: «És la meva inseparable, sempre va amb l'avi.» I tindrà també més estones per tornar a fer uns disbarats cada cop més grossos al jardí, amb en Felipet, el fill dels veïns que progressivament s'entusiasma més i més amb aquesta nena que el domina en els jocs ni que sigui amb un dolorosíssim cop de martell al cap si no fa exactament el que ella vol i espera.

¿És realment cert, com diu l'avi Pere, que els fa por que la nena prengui mal a l'escola? L'últim dia de 1914 havia escrit: «Un Nadal com aquest mai, sense ni una pesseta, turrons, xampany, en fí res. Si no hagues sigut una viuda agraïda (no pensis mal) que m'ha enviat dos capons ni carn de ploma hauriem vist a casa.» I tot això, afegeix, «degut al meu modo de fer, per preferir pagar les obres del casal abans d'anar al cine o de tenir un ral per tirar la present

a correo». De fa temps, Pere Gurguí no guanya, efectiva-
ment, ni un ral. Però, qui sap si animat per la recent visita
del seu fill a Barcelona —en Joan anava i venia d'Amèrica
molt de tant en tant, factor que degué contribuir a reforçar
la seva imatge d'home emprenedor i sense problemes econò-
mics—, acaba d'embarcar-se a millorar i modernitzar la seva
residència. Joan envia diners, de manera força regular, gai-
rebé setmanalment, però no n'hi ha prou per pagar les obres
de restauració iniciades ni les factures de les festes inau-
gurals organitzades amb motiu de les obres. Pere Gurguí
no abandona la dèria de crear un «Museo de Antigüedades»,
i amb aquesta finalitat cada cop compra més objectes sus-
ceptibles d'engrossir la seva col·lecció. Objectes que com-
pra a personatges i en llocs més aviat suspectes i que, im-
mediatament, si no vol que criïn corcs i esdevinguin pols
al cap de quatre dies de tenir-los, ha de fer restaurar.

El vell Gurguí sembla que pot arribar a fer-ho tot sense
diners. I quan troba cinc pessetes —com és el cas del 10
de desembre, pocs dies abans d'aquest Nadal tan misèrrim
que ens acaba de descriure— se les gasta comprant un dè-
cim per al sorteig del 2 de gener. «Si no trec la rifa la meva
néta no tindrà reis», s'explica. No li toca la rifa, però la
seva néta va tenir, malgrat tot, el seu regal de Reis. I té
sort aquest avi, perquè la Mercè «ja no vol joguines i dema-
na coses d'utilitat», de manera que les despeses amb ella
adquireixen un caràcter pràctic que les acaba de justificar.
Pocs mesos més tard, és Pasqua, l'avi encara no té ni una
pesseta, però la nena també tindrà la seva mona de xocola-
ta, «com cal».

I les obres han estat fetes, anuncia al seu fill. Ha restau-
rat el monument a mossèn Cinto, ha canviat la cuina i, na-
turalment, ha fet una festa per inaugurar-ho. Tot plegat,
segons els seus propis càlculs, li ha costat «3.000 i pico pes-
setes». Els 30 o 40 duros que Joan envia periòdicament no
han estat suficients. Els deutes augmenten, però la celebra-
ció de Sant Pere no pot passar sense més i són 12 a entaular-
se al restaurant Mundial Palace. Comptant-hi el xampany,
la nota puja a 65 pessetes, 65 pessetes de l'any 16.

L'AVI I LA LLETERA

1916. Fa dos anys que Espanya contempla, sense im-
plicar-s'hi, el conflicte europeu. És el moment de la gran
eufòria i es preveuen també grans ruïnes. A l'Argentina
mana el radical Irigoyen, que manté la neutralitat i imposa
les formes democràtiques. Però l'avi Pere és massa vell per
entusiasmar-se amb els canvis polítics al país que ha aco-
llit el seu fill i massa vell també per tenir propostes enginyo-
ses; a més a més, està carregat de deutes. Passa de l'eufòria
provocada per la visita inesperada d'algun amic al desànim
més absolut. La carta que rep del seu fill Joan, després de
setmanes seguides sense saber-ne res, el deixa indefens. Joan
li comunica la seva tristesa; sembla que els negocis no li
van tan bé com imaginen els seus des del carrer d'Angelón.
Pere Gurguí, en ocasions com aquesta, no sap ni contestar
quatre ratlles i delega la correspondència a la néta:

«Benvolgut oncle, és convenient, indispensable i urgent
que te cuidis la tristesa i que et posis bé de salut. Això
es quant et desitja la teva neboda. Visca Catalunya!
Mercè.»

En aquest breu text Mercè ha corregit una paraula: en
lloc de «tristesa» havia escrit «constipat». Dins el sobre hi
havia inclòs quatre flors de pensament assecades.
La situació s'agreuja, de manera que l'Andreu, fins ara
tan callat, i que l'avi acusa de divertir-se massa «fent de
primer actor en un teatro de sociedad» i passant les «hores
vagadíbules estudiant l'art teatral», es disposa a contar la
veritat al seu jove cunyat. Ho fa des del seu taulell del car-
rer de Fernando, com amagant-se de la resta de la família,
afirmant que «pot fer una relació verídica i imparcial dels
fets». En primer lloc es queixa de les exigències del sogre
que afecten sobre manera la Montserrat, fins a tal punt que
en pocs mesos, segons l'Andreu, la noia ha perdut cinc qui-
los de pes. «Com més va més em convenço que el Pare no
estima als fills», arriba a dir. Afegeix que el vell Gurguí ha
anat a demanar diners prestats als Cluelles, amics que aju-

den tant com poden i que han convidat la Montserrat i la
nena a passar uns dies d'estiu a Agramunt.

«Després de pensar-hi molt, van decidir que Anna aniria
a veure els Vidal. Tenien una hisenda a Agramunt. Feia
temps que no es veien, però eren uns amics segurs, amb
els quals podien comptar. Els agradaven les criatures, pot-
ser perquè no en tenien. Carme Vidal era rica i bona.» (*Alo-
ma*, pàg. 89.)

I continua l'Andreu: «Sense ni encara disposar d'aquests
diners prestats (sens dubte justificant un deute) ha fet por-
tar al casal una banyera que com a mínim deu valdre de
30 a 35 duros.» Ara es troba «que té la casa pintada, que
té una gruta, que té una banyera a la que no hi pot fer anar
aigua i que no té cap diner. És a dir, suposo que encara
no deu haver pogut pagar-ho tot. Les tres lliures esterlines
que tu li vas enviar perquè les repartís, ell se les va quedar
i ja no les té; les 100 pessetes tampoc ja no les té. I el que
deu haver quedat a deure encara.»

Però això no és tot. Ara ve el més greu, segons l'Andreu.

«Hi ha una noia, que deu tenir uns divuit anys, s'anome-
na Paquita. És petita, tant que potser és més baixa que la
Rosita. Abans ens portava la llet. Ha treballat a la fábrica
i em sembla que si no se l'ha tirada tothom és perquè és
tan lletja. No obstant suposo que més de una i més de deu
vegades se l'han tirada. Bueno doncs aquest lloro ve cada
tres o quatre dies a casa, els dematins, el pare se la tira
i després, amb tot i la cabellera que porta, s'estan una bona
estona al jardí petonejant-se. Això jo ho he vist; lo de que
se la tira ell mateix ho conta. I ara dic jo, si aquesta noia,
que está tipa de correr-la, que la sap molt llarga, es fa tirar
per el pare, amb la intenció de pescar-lo, farà després que
se la tiri un xicot jove que la deixi prenyada y després digui
qu'és del pare i aquest com a lliure que és s'hi haurà de
casar. De lo que resultaria que tindrieu una mare nova i
un germanet nou que no fora tal germanet. De modo que
aquella viuda rica que ell sommia per casar-s'hi s'hauria
canviat per una puta pobre i lletja. Ah! una altra cosa qu'em

fa molta gràcia. El pare fa correr que jo tinc una fulana.
És a dir, lo que fa ell, m'ho carrega a mí».

Joan té 22 anys quan rep aquesta carta del seu cunyat
Andreu que, segons el pobre vell Gurguí, també sembla que
en fa de les seves i es passa les hores assajant *La xocolate-
reta* amb els seus amics de l'art còmic, de moral també més
que dubtosa segons el parer de l'avi.

Dels deutes ja n'hem parlat prou. Ara cal afegir-hi el mal
ambient familiar, els silencis, els crits, les acusacions i els
retrets que es fan els uns als altres. La Montserrat no sap
cap a qui dels dos decantar-se, si donar la raó al pare o bé
al marit. La Mercè s'ho mira, als seus vuit anys, no tant
com una espectadora distant sinó com un director d'escena
que sap que amb una paraula justa i amb un seu gest pre-
cís pot fer per manera que la tragicomèdia patini cap a un
final transitori. Dins aquest ambient enrarit creix «sense
ganes de créixer». Hi ha dies que la situació sembla ina-
guantable, fins a tal punt que la Montserrat arriba a propo-
sar ben seriosament al seu pare que es vengui el casal i que
se'n vagi a viure a l'Argentina, per retrobar-se amb el seu
fill. L'avi s'entusiasma amb la idea. Deixar plantada la fa-
mília amb els seus conflictes, el projecte museístic i la fla-
ma verdagueriana, li sembla oportú:

«Tal vegada trobaríem una mare i una filla riques i po-
dríem fer un casament doble», escriu.

Finalment, la història de la lletera, l'Andreu no l'exage-
rava. Una demanda judicial formulada pels veïns en contra
del vell Gurguí sembla confirmar-ho. L'avi Pere ha tingut
un gran disgust. A més a més de la sentència haurà de pa-
gar 1.000 pessetes de fiança per obtenir la llibertat provi-
sional. I tot, segons versió de l'avi, «per respondre a una
injuria i calumnia del veïnat». Som al 3 d'abril de 1917, «un
dia esplèndid de sol i vent» a Barcelona, però molt trist al
carrer de París número 8. Els Gurguí no tenen les 1.000 pes-
setes i el Banc de Barcelona els fa un crèdit que passa
a engrossir el capítol de deutes a llarg termini de la fa-
mília.

«Tot plegat envejes de veure la nostra relativa tranquil·litat i armonia de tots nosaltres que tot sovint fem millores a la casa...», vol fer creure Pere Gurguí.

L'any 1917 també ha començat malament. La Mercè, que ja té vuit anys complerts, sap de sobres com s'arreglen els mals humors a casa seva i el dia de Reis, amb els cinc duros que li ha enviat el *tio americano,* convida la família a dinar a la fonda. Fins ja sap que el cambrer també se'l pot fer content deixant-li una propina de 70 cèntims, que és tot el que sobrava un cop pagada la nota de l'àpat. Però és una nena encara. «Sé que la tercera carta que t'he escrit no em vols contestar perquè parlo de caca, més ben dit de merda», escriu. No tan al marge dels problemes familiars com hauria estat desitjable, la Mercè, però, continua recitant versos i torna a actuar per a la companyia de Jimmy Sampson.

«Tota una tarda sense la Mercè, com passaria? Estava una mica cohibit perquè aquella era una Mercè diferent, una Mercè color de flama que se n'anava a fer comèdia. Al darrer acte la treien mig ofegada d'una caixa de cabals. *Els braços i les cames morts, sents? Has de fer de mort,* li deia el director a cada assaig, car ella, sense adonar-se'n, s'enrigidia tota als braços de l'home que la duia.» (*El bany.*)

I l'any 1917 acaba, també, com altres anteriors, tal com ha començat. La necessitat d'obtenir diners porta la família a parlar de la conveniència d'hipotecar el casal. Els Reis de 1918 no són ni més ni menys esplèndids que els d'anys anteriors, però han portat una cosa inesperada: la notícia que la Mercè, molt aviat, tindrà un germanet. La Montserrat, efectivament, està embarassada. Espera la criatura per a final d'agost. La Mercè no ho acaba de veure amb bons ulls: tal com van les coses a casa, l'arribada del nen pot significar que ella passarà gana. Sembla que es creu —o es vol creure, encara— que el germanet en qüestió el portarà o l'enviarà l'oncle des de l'Argentina.

És gran i petita alhora. «Feta i pastada a la seva àvia Angeleta (ACS), gran treballadora i meticulosa de les coses.» A la nit, si l'avi li demana olives, només li'n dóna dues; si li demana postres, li recorda que al vespre no en pot menjar. Sap que pateix del fetge i que uns amics «metges» li han recomanat de prendre les aigües del Vichy Catalán (Pere Gurguí escriu «Wychy»). Aquest any, sembla que la família ha trobat una escola on finalment la integritat física i mental de la Mercè no perilla. Es tracta del col·legi de Nostra Senyora de Lourdes, al carrer de Vallirana número 86, al mateix barri de Sant Gervasi. No és pas un col·legi de monges, tal com el nom ho podria fer pensar. El porten entre dues germanes i la direcció pedagògica recau en Teresa Sala. Les seves notes aquí, si hem de fer cas de les quatre butlletes conservades, no són tan bones com deien que ho eren a l'escola anterior; ara oscil·len entre el «bé» i el «regular» en les diverses matèries.

EL GERMANET EN EL POT DE FORMOL

L'embaràs de la Montserrat no prospera. Era, efectivament, un nen, el «germanet» que havien promès a la Mercè, un Antonet. El guarden en un pot amb esperit de vi, el posen dins una capelleta i li posen flors. Així ho explica al seu oncle:

«Tot lo que dius en la carta del correu anterior respecte al meu germanet está molt bé pero lo que no n'està gaire es lo que dius que no mengi gaire per dar la meva part al meu germanet. Pero ara no podré fer ni una cosa ni l'altra puig tots diuen que tu l'has enviat de 4 mesos quan tenies d'enviar-lo de 9. Lo que dius que ens hauràs de fer un regalo a tots dos no podrà ser tot per culpa teva però suposo que n'enviaràs un per mí. La mamà diu que sent de 4 mesos el podrem guardar y ferem fer un "goiero" de plata y el posarem a dintre l'escaparata de la Mare de Deu y cada dia li posarem floretes. Ta neboda que t'estima.»

La conservació del fetus és un fet que apareix, més o menys distorsionat, en diversos textos rodoredians. A *El carrer de les Camèlies*, seguint el consell de Joan Sales, el fetus es transforma en un dibuix:

«(...) Quan vaig tornar, ja refeta, sempre que em mirava veia aquella criatura morta abans de temps, que ens lligava perquè havia sortit de nosaltres, i quan es va adonar que era per sempre adéu Cecília, havia fet fer per un amic un dibuix de color sèpia d'una nena una mica grandeta; li havia explicat com la volia amb els cabells arrissats, i asseguda, i li havia demanat que sota el dibuix hi posés el meu nom amb lletres boniques. I deia que, per una mena de misteri, aquella nena del dibuix que no era enlloc s'assemblava una mica a mi.» (*El carrer de les Camèlies*, pàg. 168.)

Segons Joan Sales, que no sabia que es tractava d'un fet viscut per l'autora, l'anècdota del fetus dins un pot amb formol que l'autora incloïa al seu text original era «de mal gust». A més a més, recordaria l'editor, Llorenç Villalonga ja l'havia utilitzat en una novel·la curta i ella mateixa se'n servia a *La plaça del Diamant*:

«(...) Quan els nens ja dormien com àngels i a mi els ulls se'm tancaven i anava mig morta de son pels racons, va fer el cuc. No n'havíem vist mai cap: era de color de pasta de sopa sense ou i el vam guardar a dins d'un pot de confitura, de vidre, amb esperit de vi. En Cintet i en Quimet el van posar d'una mena de manera que, al davant de tot, hi vingués el coll, ben cargolat, era fi com un fil de setanta, amb el cap a dalt de tot, petit com el cap d'una agulla de picar o més. El vam deixar damunt d'un armari i vam passar més d'una setmana parlant del cuc. I en Quimet deia que ell i jo érem igual perquè jo havia fet els nens i ell havia fet un cuc de quinze metres de llargada.» (*La plaça del Diamant*, pàg. 411.)

En realitat l'avortament va ser un cop de sort. La situació al casal era caòtica. Seguint, segons diu, les instruccions del seu fill, Pere Gurguí busca solucions curioses i immediates: posar un anunci a «El Diluvio» demanant contactes amb «una viuda amb una filla de 15 a 20 anys» per «a veure si sortim d'aquest ensopiment metàlic que tenim». Fa dos mesos que no pot disposar ni d'una pesseta, fins hi ha dissabtes en què l'avi no li pot comprar «Lo Patufet» a la seva néta. Ara mateix escriu: «He guanyat dues pessetes, donchs he passat per can Bou per portar un tortell de 0,60 cèntims a fi de que la Montserrat tingués postres.»

Mentre s'espera la solució definitiva —trobar vídua amb filla disposades a un doble casament— que haurà de resoldre també les finances de Joan, a qui el negoci de pastisseria a l'Argentina tampoc sembla funcionar gaire bé, Pere Gurguí ha hipotecat el casal. Li n'han donat 8.500 pessetes i haurà de pagar 258 pessetes cada semestre durant 50 anys. S'acosta Sant Pere i amb els diners de la hipoteca a la mà la festa pot ser encara més sonada. Els pintors passen revista a les parets uns dies abans. Com cal. A més a més, l'avi es concedeix un caprici, es regala una ploma estilogràfica que li costa 12,50 pessetes (un mes més tard n'infla el cost fins a 15); la troba tan barata que fins dubta de comprarne una altra d'igual per al seu fill. El vell Gurguí, que no tenia remei.

La situació fins ara tan preocupant sembla deixar entreveure motius d'esperança. Barcelona té enllestit un projecte d'obertura del carrer de Balmes, una via molt important que unirà la muntanya amb el centre neuràlgic de la ciutat. De moment, però, són els veïns els qui hauran de cedir una part dels seus terrenys a l'Ajuntament per poder establir el traçat de la nova avinguda: però al cap de poc el valor del que quedi a mans dels propietaris augmentarà substancialment.

«—El carrer de Balmes arribarà fins a l'avinguda del Tibidabo i sembla que el faran passar per la riera. (...)»
»—El carrer de Balmes? A mi m'han dit que passaria pel camí estret, que seguiria l'Ateneu i que...
»—No. Està mal informat. Passarà per la riera.»
(Fragments inèdits a l'IEC.)

El traçat del nou carrer va ser en efecte motiu de conversa entre el veïnat, tal com l'autora mirà de descriure després en el fragment d'una narració inacabada que es conserva a l'IEC. En general, tothom era favorable a la urbanització de la zona i el vell Gurguí notifica al seu fill —que no sap res de la hipoteca— que d'un temps ençà, és a dir, des que es parla del nou carrer, li plouen ofertes de compra del casal. Ell, però, «sempre vetllant pels fills», es nega encara a vendre i continua fent reformes, encarregant banys i cuines modernes, «amb tot el que cal». La llàstima és que l'aigua corrent no pugui arribar-hi. Aquesta és una obra que, definitivament, no pot emprendre perquè costa «un dineral». Pel que pugui ser, de totes maneres, informa Joan que al mercat hi ha uns escalfadors d'aigua «fantàstics».

En Joan, més ben disposat des de la distància a escoltar els projectes romàntics del seu pare que no pas els més prosaics, sí que li ha promès la instal·lació imminent, així que pugui desplaçar-se a Barcelona, d'un rètol lluminós amb la senyera «ben gran» a la façana. Amb això no s'ompliran banyeres, però s'honorarà la causa.

L'obertura del carrer de Balmes és, doncs, un al·licient més a la continuació del «Museo de Antigüedades». Pere Gurguí ha trobat ara una caixa gòtica que, restaurada, xapada en or, val una fortuna. Almenys aquest és el seu parer. A l'interior hi ha reproduït el mateix tapís que presideix l'Audiència de Barcelona, el de sant Jordi matant el drac. «En realitat no se sap quin és còpia de l'altre», assegura. Com en altres ocasions també sembla haver tingut moltes ofertes milionàries i, fins i tot, un museu dels Estats Units s'ha mostrat molt interessat a adquirir la magnífica caixa de núvia. Però ell, gran patriota, prefereix mantenir-se en la ruïna a perdre la pista «d'una joia catalana». «¡Màxim la cediria a una entitat catalana de Buenos Aires!», escriu com qui no vol la cosa.

«Dinero trae dinero», creu el vell, i aquí no n'hi ha. Un atac d'apoplexia el deixa mig invàlid. Joan ha de tornar per fer-se càrrec d'allò que l'Andreu Rodoreda no pot resoldre tot sol. Sembla que els seus problemes pendents amb l'exèrcit es poden solucionar. Ja no hi ha cap guerra al Marroc i Joan, més encara si mor el seu pare, quedarà exempt del servei militar. Cal que comenci a liquidar els seus afers, els seus negocis i els seus amors de l'altra banda de l'Atlàntic. El seu pare, la seva germana i el seu cunyat estan convençuts que ell els resoldrà immediatament la situació. «Refarem el monument a Mossèn Cinto», confia l'avi. La pobra escultura ja té deu anys i la cara del poeta està completament desdibuixada. El nou monument serà de marbre, s'imagina.

La Mercè ja és gran. Ha deixat definitivament l'escola i no pensa seguir els macarrònics consells del seu avi que la voldria aprenent solfeig i piano. La melomania no li vindrà fins més tard. Ara, de moment prefereix matricular-se en una acadèmia francesa on aprèn comptabilitat, tenidoria de llibres i francès. En un mes hi ha après a dividir, taquigrafia «i d'altres coses utils». Pensa que amb tot això podrà ser una gran ajuda per a l'oncle que ha d'arribar molt aviat. Li agraden molt els vestits i aprèn a cosir-ne. El millor regal que poden fer-li en aquests moments és una peça de roba. També li agrada molt anar d'excursió, on sovint aprèn coses fantàstiques. Per exemple, li explica al seu oncle, en una carta impressionant, que ha anat a la Conreria (prop de Tiana), on hi ha una comunitat de monjos que cada dia s'ocupen de cavar una mica la fossa en què hauran d'anar a parar els seus ossos arribada la mort. Els monjos, entre ells, intercanvien unes breus i lapidàries paraules cada cop que es creuen pel monestir: «*Morir debemos*», diu l'un; «*Ya lo sabemos*», respon l'altre. La imatge va quedar retratada en la seva memòria. Envia dues cartes al *tio americano* sobre el tema, que, més endavant en aquesta biografia, retrobarem.

La Montserrat escriu l'últim SOS, ara en castellà: «*Vivimos de milagro.*» Encara falta un any perquè Joan torni de manera definitiva. No ho farà fins que, a començament del 1921, l'avi Pere tingui un segon atac de feridura. La seva tornada és inajornable.

II. «DESPRÉS ES VA ESPATLLAR»

L'ARRIBADA DEL «TIO AMERICANO»

Tenia dotze anys. I arribava l'oncle, que havia d'haver estat el seu germà si les coses haguessin anat d'acord amb els somnis. Es volia i la volien petita, però la feien gran. En gran part era el mateix sentiment que alimentava Joan, catorze anys més gran que ella. La vida d'ell també havia canviat en iniciar l'adolescència.

Joan, que a catorze anys havia gosat buscar, que havia estat llançat, més ben dit, a l'aventura, ara es convertia en l'home segur dels qui s'havien quedat a Barcelona. Tanmateix, el *tio americano*, la «il·lusió de casa», el qui «tots estimaven», es transformaria, tal vegada també sense voler-ho i en poc menys d'una setmana, en el dictador que tothom qualificava d'egoista. S'ha acabat l'eufòria verdagueriana, s'han dissipat les obnubilacions pseudo-literàries i teatrals de l'Andreu i de la Montserrat. La misèria domèstica arrossegada de feia massa temps donava els seus resultats. La tornada de Joan suposava la presa de consciència familiar de la situació desastrosa en què es trobaven. Joan Xicola, que ho recorda perquè ho va viure molt de prop, explica que al jove Joan Gurguí no li cabia al cap que amb les seves aportacions econòmiques mensuals enviades des de l'Argentina (que li havien suposat un esforç personal i un estalvi al qual ell renunciava generosament en lloc de destinar-lo a engrossir els seus negocis personals) els de la seva famí-

lia s'haguessin pogut endeutar fins aquell extrem. Ell espe-
rava trobar un palau i el casal era una ruïna al damunt de
la qual pesava una hipoteca. S'havien acabat els somnis del
vell Gurguí, que, d'altra banda, ja estava massa malalt per
adonar-se del defalliment botànic i de la decadència arqui-
tectònica del seu museu d'antiguitats, sempre més viu en
el seu magí que en la realitat.

Joan Gurguí, amb més o menys bones paraules, no po-
dia fer altra cosa que el que va fer, entre altres raons per-
què ningú a la família no tenia ni prou autoritat ni prou
força moral per frenar la seva intervenció. Ni el seu cunyat
ni la seva germana no podien amonestar-lo o parar-li els
peus al primer moment en què Joan va decidir de posar or-
dre a la seva manera. Cap d'ells no havia estat capaç de
fer funcionar el casal amb criteris més raonables que els
del vell Gurguí. I, en part, per aquesta raó, quan Xicola re-
corda la tornada de l'*americano*, sense deixar de posar un
punt d'ironia a les seves paraules, qualifica el comporta-
ment i la proposta de Joan Gurguí de «generosa». Joan va
acceptar, va haver d'acceptar, pagar tots els deutes, entre
els quals hi havia les obres, tantes vegades iniciades i mai
acabades, de la modernització dels serveis del casal i de les
quals tant li havien parlat i exagerat a les cartes. Fins i tot
es proposava aixecar l'hipoteca que pesava sobre la propie-
tat. En canvi d'això, ell viuria sota la mateixa teulada, men-
jaria de franc (és a dir, a càrrec del sou de l'Andreu) i seria
atès en les necessitats particulars domèstiques (tals com ren-
tar i planxar-li la roba). Joan, per la seva banda, a títol de
gentilesa, cada primer de mes posaria a la porta de sortida
de la casa, en una bossa penjada expressament, un duro en
xavalla per al consum diari de la llet. Com que el litre de
llet valia 40 cèntims i el mes té trenta dies, s'arribava al
càlcul fàcil que aquella casa de quatre persones gastaria
12 pessetes al mes en concepte de llet. Ell sol en pagava
més d'una tercera part; els altres tres membres en paga-
rien les dues terceres restants. Hi imposava una única con-
dició: la llet es pagaria puntualment cada dia, i la lletera
no entraria mai a casa, sota cap concepte. El vell Gurguí
era mort; però perdurava la llegenda.

La reforma proposada pel jove retornat no s'acabava
aquí. També canviaria el ritme horari de la casa. En comp-

tes de llevar-se a les 10 del matí com fins llavors, ho farien tots a les set en punt. A les 8, ell personalment acompanyaria la Mercè a plaça de manera que la noia aprengués com comprar al millor preu, és a dir, sense acostumar-se a unes mateixes parades i sabent regatejar els preus marcats. A les 9 en punt ell ja podria dedicar-se a la seva nova feina: corredoria de finques, un negoci que havia adquirit en tornar a Barcelona amb els diners obtinguts en vendre's la pastisseria de l'Argentina.

Joan «era un noi una mica eixelebrat, una mica malcriat i que administrava finques més per distreure's que no pas per treballar...» (*El carrer de les Camèlies*, pàg. 87.)

A can Gurguí, on tots eren una mica durs d'orella, ara van quedar muts. Només la Mercè demostra encara un punt d'admiració davant aquest jove que, amb més o menys bones maneres, és capaç de treure la família de la inanitat. Les reformes però continuaran i, ben aviat, Joan trobarà que el casal és massa gran i massa car de mantenir. Sobretot un cop mort l'avi, la família ja no té raó de continuar vivint al mateix lloc. Busca una casa, més reduïda de dimensions i més fàcil de mantenir, al carrer de Saragossa. També anuncia que quan la Mercè compleixi 20 anys es casaran.

ELS PLANYS ADOLESCENTS: UN DIETARI

«Després es va espatllar», recordava Mercè Rodoreda. La tornada d'aquell en qui tots havien gosat posar les esperances va suposar el seu primer trencament interior i, al cap de quatre anys, pels volts dels seus setze, ja porta dins seu l'escriptora que després ha estat. És fàcil de fer aquesta afirmació ara perquè sabem com ha continuat la història, però en aquells moments, en aquella dècada dels anys vint, Rodoreda, com diria Virginia Woolf, és poc més que «una rata sàvia» winchilseana amb la mania de «guixar papers».

«¡El tio americano! El tio d'Amèrica, la ilusio de casa, al que tots estimaven, des de l'avia QCS fins a la mamá qùe deia qu'el volia més que tot, és aixó, és aquest egoista i sense cor que s'en vol anar de casa que no'm vol estimar perque diu que es sofreix massa. T'en anirás. Marxarás de nosaltres? Potser sí, pero quan siguis lluny d'aqui i hagi passat molt temps i el pes dels anys t'hagi encorbat les espatlles i posat cabells blancs en el teu cap, potser llavors hi pensaràs amb recança en aquesta pobra noia (a la que has fet plorar),* que t'estima tant i a la que has fet plorar tan. Que es trista la vida pro com dius tu s'ha de viure i costa tan aixó quan es tenen ganes de morir...». (Arxiu família Gurguí.)

Joan, doncs, reaccionava com Robert amb Aloma:

«Tinc por d'estimar-te, Aloma.» (*Aloma*, pàg. 129.)

Aquelles queixes, de les quals després trobarem ressò novel·lístic, van ser escrites per Mercè al damunt de dues pàgines arrencades d'una llibreta de fulls sense pauta. La lletra, a llapis, és més rodona que la que manifesta saber fer a mitjan 1921, a la darrera carta que envia a l'oncle Joan. Potser és tan sols la ploma, que imposava una millor estilització grafològica aleshores. En canvi, aquí les seves paraules guanyen en exactitud d'expressió. Mercè guixa, ratlla, corregeix, busca la millor manera de dir la seva tristesa.

«... No sabia per què "l'alè dels meus sospirs" no li acabava d'agradar. Va esquinçar el paper, en va agafar un altre i va tornar a començar:...» (*Aloma*, pàg. 92.)

Hi ha altres textos, versemblantment posteriors, que subratllen la decepció ressentida enfront de la persona idealitzada i que anuncien noves temences:

«Quin caràcter té més dolent. No sé si ens avindrem. Em fa una por el seu genit. Sempre vol anar a la seva. Avui mateix hem parlat de despatxar el Josep, puix és un home molt

---

* A l'original, Rodoreda tatxa «a la que has fet plorar», i corregeix.

II. «DESPRÉS ES VA ESPATLLAR»   59

rondinaire i, ademés, que anant a la caseta no hi haurà tanta feina al jardí. Doncs li he dit que donant com dóna aquí tres duros al Josep, cuidant-me jo d'allà me'n dongui dos que jo ja m'arreglaré. Doncs tot ha sigut demanar-li jo això com dir que no que els seus diners ja se'ls cuida ell i ja sap lo que es fa que jo només serveixo que per demanar i això em fa una tristesa... ves què li costava de fer com jo li he dit tant contenta que m'hauria fet. Un altre home sapiguent que això m'agradava, no hauria dubtat en dir que sí. Si alguna vegada li demano diners em diu que no pot dar-m'en que té molts gastos amb les obres de la casa nova i tot això són mentides. La veritat és que no me'n vol donar perquè o sino m'hauria donat els cèntims del jardiner sent com és una cosa que ja sap que cada mes els ha de gastar i em fa tant mal quan li demano una cosa i me la nega.

»Em recordo que quan jo no el volia al dir-li un dia que sí que ja em casaria amb ell em va abraçar molt fort i tot fent-me petons em va dir: vida meva si m'estimes, tot el que jo tingui serà per tu, diners, tot, no et negaré mai res del que em demanis.

»I ara que ja sap que l'estimo, al demanar-li quelquom em diu que no sempre. I jo no m'hi puc avenir aixís. És massa dèspota només vol que es faci lo que ell mana. No sé, no sé què fer.» (Arxiu família Gurguí.)

Era una «rata sàvia» amb la mania de guixar papers, com ella mateixa ens ho dóna entenent a *Aloma*, descrivint una adolescent que escriu fantasioses cartes a un jove enamorat inexistent:

«Per escriure tantes ruqueries més valia plegar.» (*Aloma*, pàg. 97.)

Però també és la jove adolescent que ha caigut en un parany del qual no sap, de moment, com sortir. En efecte, quan parla de despatxar el jardiner Josep i de la possibilitat de fer-se càrrec ella mateixa del cultiu del jardí que, des de la mort de l'avi, és més hort que jardí pròpiament, apunta aquest tret del caràcter que la diferencia d'altres jovenetes de la seva generació: una necessitat sentida com a imperiosa de disposar d'una certa independència econòmica.

De moment volguda per comprar-se vestits i petits capri-
cis; més endavant amb un concepte de l'autosuficiència més
complet i vital.

La nova casa que Joan fa construir al carrer de Saragos-
sa no va estar llesta fins poc abans del casament. Es tracta-
va d'una vivenda, amb un pis que donava dret a jardí, alça-
da on temps enrera el vell Pere Gurguí havia instal·lat el
seu propi pare. La casa no era, evidentment, tan gran com
la de Sant Gervasi, però oferia els serveis indispensables.
Amb tot, a la Mercè, com a la seva Aloma, el canvi de resi-
dència no la va complaure i la nova casa, on va viure poc
menys de deu anys, fins ben avançada la guerra, no li va
agradar mai.

«La seva cambra era petita, amb una finestra que dona-
va a un celobert fosc i esquifit; al davant hi havia una altra
finestra com la seva, dels veïns del costat. Es sentien corre-
disses al pis de sobre. Van arrossegar una cadira. La gale-
ria del pis donava damunt d'una fàbrica de sedes. Treballa-
ven sense parar i de vegades feien torns de nit. Els patis
de les botigues estaven plens d'embolics: en el de sota hi
havia una gàbia atrotinada amb quatre gallines a dintre.
Una criatura va arrencar a plorar com si l'apallissessin.»
(*Aloma*, pàg. 162.)

En aquests planys adolescents, Rodoreda parla de quan
ella «no el volia», i dóna a entendre que hi va haver una
certa pressió exercida per Joan per seduir-la i convèncer-la
que es casés amb ell. Són unes paraules que ens recorden,
més que Aloma, la Rita, la filla de Colometa, que accedeix
a casar-se amb Vicenç, l'amo del bar de la cantonada, no-
més per no sentir somicar aquell jove que la mira passar
«com si veiés una flor».

«La Rita va fixar el dia per casar-se davant de tots i va
dir que deia que sí per no veure més en Vicenç amb cara
d'ànima en pena i fent-se tot el barri seu fent creure que
era una víctima.» (*La plaça del Diamant*, pàg. 237.)

És una actitud, entre la rebequeria i la coqueteria, feta
d'un joc d'estira-i-afluixa, de comportaments extrems fàcils

d'imaginar en una jove d'una determinada Barcelona dels últims anys vint, una ciutat en efervescència però que dóna escàs espai d'acció a les dones que tinguin per ambició alguna cosa més que la de no «quedar-se per vestir sants» i

«... perquè ella tenia ganes, ja que no podia fer el que s'havia proposat de servir en un avió, d'entrar en un cine o un teatre, molt ben vestida i amb un home que fes goig al seu costat (...)» (*La plaça del Diamant*, pàg. 237.)

I Joan en feia, de goig. El prometatge va tenir lloc poc després de la seva tornada, és a dir, quan Mercè tot just havia complert quinze anys i encara estava enlluernada amb el seu oncle viatjer que tot ho resolia. Hi ha encara dos altres textos, aquest cop amb data exacta, el matí del 6 de juny de 1924.

«A mi em sembla que l'home que's casava amb una dona tenints molts, bastants més anys qu'ella se l'havia d'estimar d'una altra manera no sé com però diferent de com tu m'estimes a mi com un juguet, com una cosa bonica. És clar que potser jo no tinc un tipo ni caràcter per inspirar una estimació així, pro m'agradaria tan... Plorar, plorar, només tinc ganes de plorar qu'es trista la vida i més trist és encara als 16 anys veure-li tan pensar: Quan sigui gran tindré la mateixa vida d'ara sense diversions, només amb tristesa i ell és tan poc bo amb mi.

»La mare diu: ¿que no et trobes bé nena que fas tan mala cara? Jo: Sí qu'em trobo bé. Ell: Sí que es troba bé. Lo que té és ràbia perquè no li he volgut donar diners per comprar-se un vestit... Res més. El dinar ha continuat trist. A mi se m'ha fet un nus a la gorja. Mira que dir que tinc ràbia quan lo únic que sento per dintre meu és una gran tristesa, tristesa infinita.»

«S'ha anat a comprar unes sabates. Li he dit: aveiam si te les compraràs ben boniques, més boniques que aquestes que dus.

»Un altre home, sabent qu'el meu gust és aquest se les compraria com jo dic ell no: està esperant que jo demani una cosa només per poguer-me dir que no... Però no adelentem els aconteixements, el migdia quan vingui a dinar veurem què ha fet. Estic esperant.

»Perquè m'agraden tan els vestits si no fossin ells jo seria feliç. Una cosa demano a Déu, cada dia dic aixís:

»Déu meu vós que sou tan bo i tot ho podeu, feu-me una mercè: qu'aborreixi els vestits o bé feu que ell me'n compri molts. Amén.

»I perquè, ell, sapiguent que m'agraden tant, perquè no me'n compra?» (Arxiu família Gurguí.)

Mercè Rodoreda és, en aquests moments, el model perfecte dels seus personatges de ficció:

«És clar, ell és tan gran i jo sóc tan jove!» (*Aloma*, pàg. 123.)

«Jo tenia ganes de plorar perquè, en Ramon, me l'estimo i m'agrada quan fa aquella olor de quina el dia que va a casa del barber a fer-se tallar els cabells, encara que m'agrada més quan els porta una mica llargs i sembla el Tarzan, de perfil.» (*Tarda al cinema*.)

Al darrera d'aquell escrit íntim (diferentment dels altres, és un full de dietari) hi ha dos dibuixos fets també a llapis: una màquina de tren de vapor i un wc vist frontalment i de perfil.

I, també, un 16 de juliol, sense especificar-ne l'any, Mercè escriu:

«I això és l'home qu'estima, l'home que diu t'estimo més que a tot lo del món? Mentida! mentida, tot és mentida. Només hi ha de veritat la gran tristesa del viure.

»Déu meu que desgraciada sóc, que de vegades hi he pensat en morir. Morir ben aviat, morir ben jove, anar-te'n amb recança pensant que el món és bonic i la vida alegre.

»Perquè has vingut? perquè no et quedaves allà amb la teva gent, el que és de debò el teu país encara que no hi hagis nascut? Perquè vingueres a torbar la pau del meu pobre cor tan alegre abans i tantíssim trist ara? Era tan feliç jo, allavors, sempre.

»Què ho fa que devaguades t'estimo, t'estimo molt, amb tota l'ànima i d'altres et tinc odi, un odi tant que fins maleeixo el dia que vas venir.

»Penso si seré feliç amb ell. No és tant dolent com sembla. M'estimarà, l'estimaré, serem feliços. Perquè tens aquest caràcter tan avorrit? A mi m'agradaria qu'estiguessis sempre content.» (Arxiu família Gurguí.)

Per què Joan estava sempre trist i avorrit? Per què era tan garrepa? Com l'adolescent protagonista de *Tarda al cinema*, que escriu les seves queixes sentimentals en un dietari, també Mercè anota els seus dubtes en uns fulls (potser fou un diari més complet, que després estripà) que poden fer riure a qualsevol persona adulta:

«Si algú llegís això es faria un tip de riure.» (*Tarda al cinema*.)

Però és, de moment, la seva única escapatòria: necessita escriure que Joan no l'estima precisament per convèncer-se que, en realitat, sí que l'estima:

«Després, qualsevol que llegís aquest diari diria que penso que en Ramon no m'estima i jo crec que sí que m'estima encara que sembli que només pensa a comprar i vendre porqueries.» (*Tarda al cinema*.)

LES PETITES HISTÒRIES D'UN MÓN PETIT

Però deixaré de seguir aquest rastre, almenys una bona estona. Només m'interessava saber si la vida personal i familiar de Mercè Rodoreda es projecten d'alguna manera en la seva obra. Em vénen al cap tot un seguit de qüestions al respecte. ¿Quan comença a escriure i en quines condicions ho fa? ¿Podem donar per vàlides, és a dir, com a un primer intent de creació literària, aquestes mínimes correccions que s'autoimposa una noia de setze anys en escriure el que més aviat és només un diari personal? ¿A quins moments del dia escriu? ¿Ho fa al «dematí» —seguint la mateixa indicació a la capçalera d'algun text— quan l'oncle

i futur espòs és fora de casa, venent finques, «venent por-
queries»? ¿Disposa, si no dels diners, sí almenys d'una ha-
bitació pròpia, per usar la terminologia woolfiana? Llegia?;
i en tot cas, què? Què feia, a més a més d'anar a plaça cada
dia, d'agradar-li els vestits amb deler i d'estar molt i molt
trista? De quina manera, en definitiva, s'opera la transfor-
mació literària dels seus planys adolescents?

El seu bagatge escolar és escarransit. Les referències cul-
turals i literàries de procedència familiar són caduques i
anquilosades. No obstant això, ella en guarda una imatge
amable, feliç, que la gasiveria de Joan ve a malmetre. El
seu domini de l'idioma és limitat. «Però vaig tenir els ma-
teixos problemes que vosaltres, els joves, per aprendre a
escriure el català. De gran vaig haver-me d'empassar tota
la gramàtica d'en Fabra», diria, el 1973, a Montserrat Roig.
El seu coneixement és summament vulnerable, lluny de po-
der admetre una filtració de les tendències avantguardis-
tes, de la nova intel·lectualitat catalana. Al casal Gurguí
no hi entra més publicació que «El Diluvio». Rodoreda no tin-
drà accés al nou món literari català fins anys més tard, un
cop casada i mare d'una criatura, durant els anys de la Re-
pública. Fins molt tard, doncs, no té més referències litera-
ries que les que troba a casa, amb el llenguatge de l'esperit
verdaguerià, a cops amanit amb unes gotes del vinagre vo-
devilesc. Pel que fa a la llengua, en efecte, Rodoreda no ha
après el català a l'escola. A ella, com als membres de la seva
família, li és més fàcil usar en l'escriptura el castellà, idio-
ma del qual coneix la gramàtica. Així mateix ella i els al-
tres ho reconeixen en escriure en castellà a l'oncle Joan,
a les darreres cartes, quan cada cop menys queden coses
agradables a comunicar i més i més es fan plausibles els
problemes econòmics que esborren les ganes de viure d'apa-
rences de tots ells. Ningú a can Gurguí no demostra conèixer
les intencions normatives de Pompeu Fabra, el català ofi-
cial que impulsa Prat de la Riba. Tampoc no sembla conèixer
encara les normes de la puntuació ni de la sintaxi més ele-
mental. En canvi, i especialment, la Mercè demostra una
estranya i raríssima riquesa de vocabulari i una viva preo-
cupació per trobar l'expressió exacta dels sentiments. Mai
fins arribar aquí, al que sembla una part del seu diari per-
sonal, Mercè no ha caigut en la formulació rutinària: els

Mercè Rodoreda als 2 anys, voltada de flors al jardí de casa seva, a Sant Gervasi de Cassoles; i als 6 anys amb el seu amic Felip.

"1" /

Als 8 anys vestida de "gaucha", en una postal enviada a l'oncle Joan Gurguí, que era a l'Argentina.

El Casal Gurguí, que havia de ser un museu i un fogar catalanista, fou en realitat la ruïna de la família. Una imatge del jardí el 1910.

En una altra postal enviada a l'oncle, la neboda hi escriu: "escoltant una lliçó de lluminària elèctrica a can Borràs amb en Felip".

El menjador del Casal, amb Pere Gurguí, Andreu Rodoreda, la Mercè i la seva mare,
Montserrat, l'any 1918.

Avi, mare i néta van coincidir poques vegades sota la mirada del fotògraf.

Pere Gurguí i Fontanilles era un avi magnífic i un home de múltiples cares: aquí el tenim d'"alpino" i d'"antiquari".

encapçalaments i els comiats de les seves cartes a l'oncle
—l'únic material de què disposem per endinsar-nos en la
seva història creativa personal— no són mai les tòpiques
i habituals paraules a què sembla obligar el protocol fa-
miliar.

És probable que cap a l'edat de quinze anys sàpiga una
mica d'anglès i de francès, però sens dubte no en sap prou
per llegir els autors estrangers en la llengua originària. Ella
ha après «idiomes» per poder ajudar i intervenir en el ne-
goci de l'oncle, no més.

Si fem un salt en la nostra història i ens plantem als
anys trenta, quan són al carrer les seves primeres novel·les,
podrem trobar una referència útil al respecte. Hem de creu-
re que les citacions de fragments d'obres a l'inici dels capí-
tols dels seus llibres no han estat trobades a cap diccionari
erudit i, per tant, és versemblant i lícit creure que l'autora
domina els volums que menciona. Per exemple, si compa-
rem les citacions triades per a *Un dia en la vida d'un home*
amb les que poc més tard inclou *Aloma*, podem constatar
una substancial diferència: John Milton, Shakespeare, Dant,
Goethe, Homer i Wilde (l'únic de modern) són substituïts
posteriorment per Tolstoi, Proust, Stendhal, Constant, Me-
redith, Dostoiewski, Tomas Hardy, Huxley i Boccaccio. El
canvi és notable. També les referències als autors catalans
han variat: Sebastià Juan Arbó i Delfí Dalmau, rememorats
el 1934, són desbancats, a *Aloma*, per Llull. La llista d'au-
tors citats a *Un dia en la vida d'un home* sembla correspon-
dre als interessos bibliogràfics d'un personatge com Pere
Gurguí, que tenia a casa no pas més d'un centenar de lli-
bres, que, això sí, coneixia gairebé de memòria; els títols
que s'esmenten a *Aloma*, en canvi, són els que interessen
a un altre tipus de lector. Per tant, és lògic suposar que
l'accés a aquesta altra literatura s'efectua al marge de la
família, lluny de la petita biblioteca domèstica, i que és fruit
d'un distanciament no solament intel·lectual, un distancia-
ment que s'inicià amb la mort de l'avi Pere.

Hi ha, doncs, un allunyament familiar pel que fa a l'ad-
quisició d'informació literària, i un alliberament cultural
notable. Però pel que fa a la seva pròpia necessitat d'ex-
pressar-se, Mercè encara necessita nodrir-se del seu món
casolà, amb un anecdotari prou ric, d'altra banda, que li

ho permet. Escriu, doncs, el que veu a casa seva: els seus personatges són ella i els seus pares, ella i el seu avi, ella i el seu oncle/marit i els amics i coneguts de tots ells, que no són pas tan diferents, al cap i a la fi, dels homes i dones que es retraten a les *Pàgines viscudes* que ella llegeix àvidament.

¿És aquest seu estat mental propici a l'acte de la creació? Potser, com ho imagina Virginia Woolf per a Lady Winchilsea, també Mercè Rodoreda es tanca en una habitació per escriure «desfeta per l'amargura i els escrúpols». En tot cas les anotacions personals que hem trobat i les històries que ens contarà als seus primers llibres ens ho fan suposar. Enamoraments desafortunats que recauen en persones a qui no pertoquen; penúries econòmiques, abandonaments, infidelitats, necessitat de solitud de part dels protagonistes són els punts comuns a tota la seva primera producció novel·lística.

La literatura serà el seu mitjà d'autoexpressió, però de moment es queda en la manifestació del plany més elemental. És el seu exercici escolar, el seu curs de cal·ligrafia literària, que la portarà molt aviat (quan tingui allò que cal tenir, és a dir, més independència i la consciència del que suposa aquesta independència) a escriure novel·les. Per què tria precisament la novel·la i en quin moment exacte ho fa no deixa de ser encara una incògnita. A la família Gurguí, tothom ha sentit sempre un feble per la poesia, fins i tot l'oncle Joan, aquest rostre inhumà segons la neboda i esposa, també ha volgut posar a prova la seva predisposició lírica. L'Andreu mateix, que ha estat de tots ells el més tastaolletes pel que fa als gèneres, no ha intentat mai d'escriure relats en prosa. I la Montserrat, ella que sempre ha somniat ser una gran actriu, mai no ha escrit, encara que cada cop més s'interessa per conèixer les aventures que s'expliquen dels altres en els llibres, potser perquè és ja l'única via que li queda per evadir-se de les misèries familiars.

Rodoreda inicia, doncs, el seu alliberament cultural i s'inicia també en la literatura escrivint un dietari, però manté els peus i el cor ficats a casa. Probablement aquí radica la contingència, la relativitat i el caràcter restringit —per usar paraules flaubertianes— de les seves primeres novel·les,

títols que molt aviat ella mateixa rebutjarà i classificarà
d'irrecuperables. Agafant-se a un fet real, viscut, no acon-
segueix reproduir un quadre general que funcioni des del
punt de vista de la ficció. Ficada encara en un món massa
petit, no en pot extreure grans històries.

III. UN FILL I UNA HABITACIÓ PRÒPIA

EL CASAMENT I EL VIATGE A PARÍS

De fa un temps la família es troba instal·lada a la casa del carrer de Saragossa. Tot hi és nou i funciona amb els cànons de l'habitabilitat més normals: és a dir, al bany hi arriba l'aigua corrent, a l'hivern ningú s'hi mor de fred i els mobles hi són funcionals. El lloc està envoltat d'altres vivendes, d'altres residències amb activitats menys rutilants i més ordinàries que no pas les ja conegudes del barri de Sant Gervasi. A tocar del barri de Gràcia, el carrer de Saragossa continua essent un terreny una mica vague, com si fos una terra de ningú. Hi presideix l'anonimat que és, en realitat, el que buscava Joan Gurguí en justificar la necessitat d'abandonar el casalot, que havia d'haver estat un palau i que era una ruïna, del carrer de Balmes. Com era previst, el casament entre l'oncle i la neboda haurà de celebrar-se aviat. S'ha triat un dia especial per a la festa, el 10 d'octubre de 1928, el mateix que la «nena» compleix vint anys. Probablement, darrera la tria s'amaga l'esperit del «gitano blanc» —malnom amb què l'havien batejat els veïns del carrer d'Angelón—, que és Joan Gurguí: a l'hora inevitable de commemorar aniversaris s'estalviaran una festa celebrant-ne dos de cop.

No hi ha records ni cap fotografia del casori, tot i que n'hi feren. Joan era garrepa, és cert, però també havia heretat del seu pare el gust solemne per les evocacions de la memòria familiar. La cerimònia, un cop complimentats els papers del Vaticà, necessaris per contraure matrimoni entre parents directes, va tenir lloc a l'església parroquial de la Bonanova. Després, un dinar amb la família i els amics més propers que no deixava d'assemblar-se als molts altres dinars que els Gurguí organitzaven per qualsevol motiu. De fet, del seu casament ens en dóna imatges disperses a *La plaça del Diamant*. Ella anava vestida de núvia, amb faldilla llarga,

«... perquè un bon casament és un casament amb la noia vestida de núvia. I vam fer el casament i, al mateix temps, la celebració de l'aniversari del meu casament amb l'Antoni.» (*La plaça del Diamant*, pàg. 515.)

i en Joan anava de fosc. L'Andreu, el seu pare, la va dur agafada del bracet fins a l'altar. El mossèn de la parròquia els va fer un discurs en què parlava d'Adam i Eva, de la poma i de la serp. Van firmar els papers a la sagristia i després van anar a fer el vermut a Montjuïc. Van fer-se fer fotografies

«... amb tots dos asseguts mig girats d'esquena i una altra amb tots dos asseguts i girats de cara, perquè no sembli que sempre estan renyits, va dir el fotògraf.» (*La plaça del Diamant*, pàg. 377.)

En el seu record va ser una festa meravellosa:

«I quan es va acabar tot, jo hauria volgut ser el dia abans per poder tornar a començar, de tan bonic...» (*La plaça del Diamant*, pàg. 378.)

Les persones somniades i idealitzades durant molt de temps mai s'acaben d'oblidar del tot per més que les frustracions que t'hagin pogut provocar siguin doloroses. Rodoreda «estima» i «odia» Joan Gurguí, com gairebé totes les núvies el dia del seu casament estimen i odien el qui ha de ser el seu marit. Però a més a més, no pot deixar de veure en ell el *tio americano* que havia estat esperant durant tants anys i que té a les seves mans la possibilitat de fer-la feliç. Ella voldria «veure'l content», que fos generós i que li comprés els vestits i les sabates que més li agraden. Hi ha aquesta confusió dels sentiments, que d'una manera molt clara transporta a *La plaça del Diamant*. Però hi ha també la confusió dels personatges que, simplement, també retrata al mateix llibre:

«... des d'aquell dia va ser l'Antoni-pare i el meu fill l'Antoni-fill...» (*La plaça de Diamant*, pàg. 494.)

Perquè ella el que volia era ser feliç i poder ballar satisfeta. I el dia del seu casament ho va poder fer:

«Al cap de tres balls la Rita es va treure el vel perquè li feia nosa per ballar i va ballar amb tothom i quan ballava reia i tirava el cap enrera i s'aguantava la faldilla i els ulls li brillaven i tenia perletes de suor entre el nas i el llavi de dalt.» (*La plaça del Diamant*, pàg. 516.)

L'endemà els nuvis marxaven cap a París. Era la primera vegada que Mercè Rodoreda emprenia un viatge tan llarg. La capital francesa va commoure-la, però no la va viure com anys més tard, quan altres motius, no tan aliens a l'amor, la van portar a acceptar-la com a ciutat de residència habitual.

Després, sols li quedà un record del París de l'any 28, amarg i desagradable: el seu espòs li concedeix un vell desig i accepta de comprar-li un fabulós abric de pell que ha vist en un dels millors aparadors de les magnífiques i exultants botigues de moda parisenques. Abans però, Mercè haurà de passar per un dels moments més violents i vergonyants de la seva vida matrimonial i veure Joan Gurguí literalment agenollat davant del botiguer reclamant, en un francès inintel·ligible, una substancial rebaixa del preu de cost del gec. En arribar a Barcelona, Mercè va desar la cobejada pell en un armari i mai més no se la tornà a posar.

Poc més tard d'aquell matrimonial 10 d'octubre de 1928 retrobem Joan Gurguí i Mercè Rodoreda a la mateixa església de la plaça de Bonanova: regalen un magnífic mantell brodat en or a la Verge per tal que els acompanyi i protegeixi durant el primer embaràs.

«Van fer vestit i capa, tot de seda gruixuda amb una punta d'or al baix de la faldilla i al voltant de la capa. Al mig de la faldilla, al davant, hi havia entortolligaments de fils d'or i flors i fulles de relleu, i al mig, i a dalt del dibuix, un calze, i a damunt del calze, fent corona, cinc flors, que la senyora Magdalena es pensava que eren roses, amb una pedra per cor i cada pedra era d'un color diferent.» (*El carrer de les Camèlies*, pàg. 27.)

UN PRIMER I ÚNIC FILL

Al cap de nou mesos i pocs dies del casament, el 23 de juliol de 1929 —tal com ho reclama l'exigència popular— Mercè dóna a llum al seu primer i únic fill, Jordi Gurguí i Rodoreda. Bé perquè els fills fan sovint absolutament el contrari del que han après amb el costum dels pares, bé perquè a la Mercè no li semblava tan malament el nou ordre quotidià imposat pel seu oncle i marit, la vida al carrer de Saragossa amb un nounat per protagonista va ser gairebé modèlica: ordre, neteja, costums, horaris als quals a l'Andreu Rodoreda i a la Montserrat els costa d'avenir-se. Ella, la Mercè, va ser Aloma durant aquests primers anys en què la garreperia i l'allunyament de Joan esdevenen cada cop més ostensibles, tot i que ella pot tenir uns serveis domèstics impensables fins ara a can Gurguí. Però moltes coses, altres coses, canviaven en aquells anys a Barcelona. I, poc després, es proclamà la República.

Mercè domina tot el que fa referència a les qüestions domèstiques i en poques hores té enllestides les tasques d'allò que, més que vida, es pot anomenar subsistència. En Jordi és un nen grassó, força tranquil, que amb els mesos demostra la seva inefable timidesa de la qual, anys més tard, en naixerà la més absoluta de les inseguretats personals. L'àvia Montserrat i l'Andreu poden dedicar-li llargues estones, mentre que ella, la mare, es tanca cada cop més sovint en les seves cabòries fetes de llapis i paper i de la seva necessitat creixent d'independència econòmica. Ella, que té

una veu potent, sobretot heretada del seu pare, i una anti-
gament alimentada tendència a la interpretació, pensa que
cal trobar, o ara o mai, una sortida als seus mals. Es dispo-
sa a buscar feina. A l'Andreu, el pare que ha vist fallida
la seva vocació dramàtica, que es troba malalt i cansat de
tot, se li reencèn la mirada en veure els desigs de la filla.
La represa dels contactes amb vells amics de l'escena *ama-
teur* ofereix possibilitats radiofòniques a la Mercè que, amb
això, ja aconsegueix el que ara és elemental per a ella: aca-
bar la dependència del marit.

Hi ha una gran part d'imaginari en aquesta nova situa-
ció «professional» de la Mercè, una part prou gran perquè
ella no se n'adoni i pugui escriure des de l'angle suposada-
ment contrari al que fins ara es trobava instal·lada. Ja pot
parlar de les dones que viuen recloses a casa, perquè ella
n'ha sabut fugir. No hi acaba de reeixir del tot, però el si-
mulacre mental ha estat una troballa de la qual naixerà la
seva primera gran novel·la i diversos contes de qualitat lite-
rària indiscutible. De novel·les n'arriba a publicar fins a qua-
tre, però en té força més d'escrites i d'anunciades. Tenen
totes en comú la voluntat manifesta de voler expressar el
sentiment de la decepció que l'autora, tot sovint, confon amb
la tristesa.

El seu progressiu allunyament cultural de la família ori-
gina allò que li era més difícil de saber admetre: la necessi-
tat d'una fugida física de l'entorn familiar.

«—Separar-se, quan es tenen fills, no està bé— va dir
Aloma.» (*Aloma*, pàg. 90.)

La República i la guerra poden convertir-se en la metà-
fora d'aquesta etapa de la vida de l'escriptora. Un moment
d'aparença tranquil·la durant el qual s'instauren els propò-
sits i els criteris d'una nova formulació vital, més lliure,
més culta, més noble, més independent, en una paraula; amb
un segon temps, bèl·lic, en el qual es fa impossible de man-
tenir la defensa d'unes paraules que es tornen buides si no
van acompanyades de fets reals. Cada cop la convivència
al carrer de Saragossa es fa més difícil i tensa entre marit
i esposa. Joan Gurguí no pot admetre que la nena sotmesa
i obedient amb la qual va accedir a casar-se esdevingui un

tipus insolent que justifica les seves sortides nocturnes cada cop més sovintejades en nom de la literatura i dels seus èxits entre la crítica especialitzada. Qui fa esclatar la guerra domèstica, però, és un tercer personatge.

UN AMOR REVOLTAT I UNA CARTA ESTRIPADA: ANDREU NIN

Els rumors sobre la «vida dissipada» i els múltiples enamoraments de Mercè Rodoreda durant la seva joventut no han deixat mai de ser presents. En aquells primers anys de la República tampoc no es van deixar de sentir. Del cert no en sabem res. Hi ha, però, un home que va influir decisivament en la seva vida: Andreu Nin. El va conèixer poc, però prou per esdevenir la seva amant. Una història d'infidelitat matrimonial que probablement no hauria tingut més importància si la vida del polític no hagués acabat tan dramàticament. Pero fou el literat i no el polític qui la seduí: Nin parlava dels autors russos a la jove escriptora, els havia traduït i els coneixia i comprenia potser millor que ningú a Catalunya, perquè fins i tot n'havia seguit les pistes personals durant les seves estades a la Unió Soviètica.

La popularitat de Nin era raó suficient perquè ella volgués guardar-ne l'exclusiva sentimental en el més gran secret. Es tractava d'un personatge prou cèlebre perquè tota mesura de discreció semblés poca. Però, quin home hauria pogut oferir-li la possibilitat de viure una història d'amor més excitant, més plena i més contraposada a tot el que havia vist fins ara? I si a més a més la relació amb ell portava l'experiència del sentiment de la infidelitat matrimonial, què més podia demanar una jove autora de novel·les?

Va saber mantenir en secret el seu enamorament i la seva admiració fins a l'últim moment. I quan va comprendre que l'havien assassinat, Mercè se'n va anar a veure el seu marit i va contar-li-ho tot. Joan Gurguí, en un primer moment, no se la va creure. Ella, com a prova que deia ve-

ritat, va ensenyar-li l'única carta d'amor que Nin li havia
enviat. El marit, enervat, la hi agafà de les mans i l'estripà
en quatre trossos que ella recollí de terra i guardà zelosa-
ment. L'endemà, amb els seus pares i amb el seu fill, aban-
donava el carrer de Saragossa i tornava al casal de Manuel
Angelón. Nin, un cop mort, li donava la força necessària
per fer el pas decisiu en el seu camí cap a la independència
que, paradoxalment, la retornava al casal de la seva infan-
tesa feliç.

Aquest amor per l'Andreu Nin no el devia conèixer Fran-
cesc Pujols quan va escriure a Mercè Rodoreda, en un dels
seus moments inspirats, aquella magnífica carta oberta so-
bre l'Amor i l'Amistat:

«... I vós no crec que hagueu estimat mai cap home, en-
cara que potser més de quatre us han fet sentir la gelosia,
perquè vós amb la condició de no ésser l'anell de promesa,
us ve com l'anell al dit aquell títol d'aquella obra caldero-
niana titulada: *Antes de amar tuve celos*.»

Amb la contundència de l'home que diu saber què és
l'amor i amb la seguretat de no caure en el ridícul, Pujols
procura d'explicar a la seva jove col·lega les diferències subs-
tancials que hi ha entre l'amor i l'amistat i quins comporta-
ments condicionen l'un i l'altra:

«L'amor és una amistat absoluta i l'amistat un amor re-
latiu. Tant els enamorats com els amics tenen desig de veu-
re's. La diferència és que els enamorats es volen veure sem-
pre i els amics només de tant en tant. Els qui s'estimen per
amor no poden passar ni un dia sense veure's, mentre que
els qui s'estimen per amistat poden passar dies, mesos i fins
anys, perquè no els ve d'un dia ni de dos ni de tres. L'amor
és el desig de veure's sempre i l'amistat el desig de veure's
de tant en tant.»

Pujols es dirigeix a la «deliciosa inspiradora de l'amor»,
a Rodoreda, per fer-li veure que s'equivoca i que confon els
sentiments amb els termes que s'usa habitualment per
anomenar-los. Es tracta d'una carta de recriminació moral?
No en té gens l'aspecte. Tampoc ens porta a imaginar que

Francesc Pujols, el filòsof i inventor de religions, s'hagués pogut sentir rebutjat per l'escriptora. És una puntualització que no tan sols sembla dirigida a corregir el comportament (que es revela frívol en aquestes seves paraules) de la jove autora, sinó que enfoca els seus personatges de ficció. De tota manera, Rodoreda se la degué llegir amb molta atenció.

Molt poca gent sabia què havia passat i era fàcil que s'interpretés exageradament la confusa separació matrimonial de Rodoreda. Sussina Amat mateix, que la va conèixer bé aleshores i que va mantenir bones relacions amb ella fins a la mort, no sembla que estigués al corrent de l'aventura. Sussina recordava aquells anys de transformacions anunciades i esperades en comú com els temps d'un desvetllament dels instints de la revolta. La seva actitud no tenia res a veure amb la de les seves col·legues de generació que van veure en l'esclat de la guerra la millor hora per combatre en favor de les reivindicacions feministes. No, elles eren «ciutadanes», simplement. La seva procedència no era tan distinta de la d'aquells homes que aviat es converteixen en els seus companys i que no veuen la necessitat d'anar al front perquè estan convençuts que el seu lloc és encara a les biblioteques de la reraguarda. De fet, elles eren unes intel·lectuals, no conscients de cap tipus de responsabilitat social o política, en procés de formació. La seva tasca era, bàsicament, plantejada des del punt de vista de la provocació i molt sovint es convertia en un estirabot per la forma. Per exemple, Sussina recordava que una de les seves distraccions consistia a anar al cinema, a veure els films que aleshores es programaven a Barcelona amb una voluntat propagandística (amb títols que incloïen la producció soviètica, per aixecar l'ànim del públic; i d'altres d'europeus, dirigits a distreure-li les penes) només per «rebentar» el globus moralista que s'establia a la sala fosca. En el millor moment de la pel·lícula, quan els espectadors eren al punt de convertir-se ells mateixos en els protagonistes somniadors d'aquelles històries èpiques, la Sussina, la Mercè i la Julieta (que sovint les acompanyava) esclataven a riure sorollosament, sense solta ni volta, però aconseguien que els altres, crèduls d'històries inventades, tornessin immediatament a la realitat barcelonina. Un esperit similar és el que descriu

Ferran Soldevila l'1 de novembre de 1938. Es trobava al local de la Institució de les Lletres Catalanes quan es van sentir els espetecs de la defensa antiaèria. Soldevila treballava: «M'arribaven alguns mots de la conversa; i de tant en tant les riallades estridents de la Rodoreda em feien vibrar penosament el timpà. Allà al fons, la senyora Trabal (a penes se li endevinaven les faccions en la penombra), ben repapada en una poltrona, es complaïa a mostrar unes insospitades, bellíssimes cames nues, alhora esveltes i plenes. Quan les detonacions sonaven més fortes, la conversa cessava, per a reprendre tot seguit. I la Rodoreda reia més fort que mai.»

EL CONTACTE AMB LA COLLA DE SABADELL

Sentir-se capaç de donar un tomb, que creia definitiu, a la seva vida, la va dotar d'una força estranya. Ella, que fins aleshores havia estat una mica «bleda» i tot, podia convertir-se en una dona agressiva, d'aparença frívola i amb el cap ja no ple de pardals sinó d'ocells de gran volada. Es diu que es deia que Mercè Rodoreda tenia la mirada posada en els integrants de la colla de Sabadell i que són ells els qui influïren en la seva creació literària dels últims anys trenta. Els va conèixer, efectivament, a la Institució de les Lletres Catalanes, creada pel Departament de Cultura el 1937. Francesc Trabal, Joan Oliver i, sobretot, Armand Obiols, van exercir un paper important en la seva vida. Amb Francesc Trabal, de qui s'ha escrit que fins i tot les dones consideraven «massa bell per ser un home», va haver-hi seducció immediata. Ella, després, explicava a la seva íntima amiga Anna Murià que només havia estat una aventura passatgera, per consolar-se de la gran pena soferta amb la mort de Nin, des de la qual, li afirmava, «vaig per la vida amb una carta estripada».

Amb Trabal va tenir l'ocasió de fer un viatge a Praga per assistir a un congrés del Pen Club. Era l'any 1938. Van marxar amb la dona de Trabal, que era francesa i els havia d'ajudar a fer els tràmits al mateix temps que ho aprofitava per veure la seva família, mentre ells dos se n'anaven a Praga representant l'organisme dels escriptors catalans. Una situació que tothom va trobar normalíssima i que, pel fet d'haver-hi la dona en l'expedició, quedava deslliurada de qualsevol mena de possible sospita d'aventura amorosa. En tot cas a la Institució de les Lletres tothom va aprovar la proposta feta pel mateix Trabal i deixaren que la Mercè abandonés, per uns quants dies, el seu lloc de treball. Un treball la naturalesa del qual mai ha quedat explicitada. Era una autora ja reconeguda, amb diversos llibres publicats, amb nombroses col·laboracions a revistes especialitzades i, a més a més, amb un flamant premi literari, el Joan Crexells, atorgat per la seva *Aloma*.

Trabal, bàsicament, era de Sabadell, fet que no sembla voler dir gran cosa però que és determinant. A més a més d'escriure es dedicava a promoure empreses de cultura, iniciativa que avui l'hauria convertit en un «gerent» estimable i que aleshores només li valia el qualificatiu de «bon» organitzador. Era atractiu, fumava amb pipa anglesa i es delectava amb el gest més que amb el tabac; portava corbata de llacet fet amb un cordó de sabata. Seduïa tothom i era amic dels grans del moment. A Sabadell era conegut pel pseudònim pintoresc de «la pepa de deu», tot plegat perquè era vermell de galtes i tenia els ulls, grossos, una mica com fora d'òrbita. Era, pel seu caràcter i pels seus coneixements, un gran intuïtiu, cosa que, a la llarga, el va perdre, però que en aquells moments en què coexistien la indecisió i l'efervescència intel·lectual li va valer tots els mèrits. Tenia el do de l'oportunitat i feia les preguntes més prosaiques i pragmàtiques i resolia qüestions importants que cap altra poeta ni escriptor no era ni tan sols capaç d'imaginar que existien. Se suposa que és l'autor de *L'any que ve*, un llibre publicat a Sabadell el 1927, segons paraules de Domènec Guansé, amb «una sèrie de ninots volgudament inhàbils, acompanyats d'uns peus volgudament estúpids», apadrinats per un «ambigu» pròleg de Josep Carner «amb el qual hom no sabia si es rifava de l'autor o dels lectors». Se suposa, perquè sembla més exacte, que *L'any que. ve* va ser escrit entre tots els membres del grup de Sabadell. També va escriure *L'home que es va perdre, Judita, Hi ha homes que ploren perquè el sol es pon, ¿Quo vadis, Sànchez?* i *Vals*, amb la qual va obtenir el Premi Crexells el 1936 i l'estranyesa de tots els homes i dones de les lletres catalanes que l'havien llegit.

La seva audàcia i el seu sentit modèlic de creure en les coses li van valer llocs de responsabilitat, però sempre amb un peu al marge de l'administració oficial. D'aquí ve que el trobem representant el Pen Club a Praga i, sobretot, és l'home que es fa càrrec de la sortida dels intel·lectuals catalans, ja perduda la guerra, des de Catalunya cap a França. Un cop a l'exili, Trabal va escriure poca cosa. Se'n destaquen els seus articles a diverses revistes americanes de poca categoria, dels quals, per donar-ne una idea general, podem recordar l'efecte que produïren en Anna Murià: «Diu el que jo ja deia a les revistes feministes durant els primers dies de la guerra.» També va escriure un llibre, *Temperatura* (1947), qui sap si inspirat en el mal record que li havia deixat la seva aventura sentimental amb Mercè Rodoreda.

La mort de Francesc Trabal, a mitjan 1957, va commoure la Mercè i li va desvetllar vells records. Ni s'atrevia a parlar-ne amb l'Obiols (el seu amant d'aleshores) que, per la seva banda, no va demostrar cap mena de sentiment per la desaparició del qui havia estat el seu millor amic de joventut a Sabadell. Ella, però, va reconèixer a Rafael Tasis que aquella mort l'afectava molt per una colla de coses: «entre elles perquè, probablement, li havia amargat la vida i perquè havia estat una mica enamorat de mi. Són d'aquells secrets que em penso que sap tothom.»

ELS TEMES NO ES TRIEN, ES TROBEN

Mai li havia interessat la teoria. Tal vegada perquè vivia massa intensament. «És molt fàcil això d'enraonar quan saps que, davant teu, ningú no et dirà: calla!», escriu al pròleg del seu primer llibre publicat, el 1932, *Sóc una dona honrada?* Fàcil?, és en tot cas una raó contundent per a provar-

ho. Si no podia parlar a casa, almenys provaria d'escriure
als altres: aquesta era tota la seva teoria. Era, molt més exac-
tament, l'instint de la supervivència, un impuls de l'auto-
conservació, el que li donava la seva consciència intel·lec-
tual. En aquest sentit era com un dels molts personatges
de Meredith, a qui va retre homenatge, posteriorment, citant-
lo: «*My dear, these things are life.*» Però estava als seus ini-
cis i havia d'aprendre a escriure i li costaria molt de temps.

Sóc una dona honrada? és, tal com ho va reconèixer anys
després, una novel·la molt dolenta. Explica l'ensucrat ena-
morament d'una esposa de notari de poble amb el passant
del seu marit. Ella, que es diu Teresa, no s'atreveix a anar
més enllà del seu reialme, que no és altre que el de l'avorri-
ment. Comença, per exemple, amb un intent de retratar els
personatges prototipus del poble, recordant l'apotecari, que
només sap parlar dels seus viatges a París, Buenos Aires
i Itàlia. Mercè Rodoreda utilitza per a la seva redacció un
refregit dels llocs comuns que semblen trets d'una guia de
viatge segons l'ús de l'època i qui sap si farcit amb les pa-
raules que ha sentit de la boca del seu propi marit. Evi-
dentment, parla del que no ha vist perquè, simplement, no
ha tingut l'oportunitat de viatjar. Amb un bagatge molt es-
càs començava ara un llarg viatge.

«Dic el que no penso i penso el que no dic», avisa. I, co-
queta, afegeix: «Em sembla que els bunyols són la meva es-
pecialitat.» Té tota la raó, en aquest cas: el llibre és un
bunyol que no escapa a les convencions de la novel·leta rosa
i que, com en un intent últim de clarividència, al final reco-
neix que «sóc honrada (...) encara que no hagi fet el que vo-
lia perquè no he pogut, i sigui, la meva, una honradesa for-
ça dubtosa». Paraules expressades per l'heroïna que poden
molt bé posar-se en boca de la mateixa autora: és, verita-
blement, honrada car intenta escriure el que «vol» escriure.

En sortir al carrer *Sóc una dona honrada?*, la Llibreria
Catalònia anuncia a la contraportada del mateix volum que
la casa editorial ja té en preparació tres llibres més del ma-
teix autor: *Jo sóc! (tot fent gatzara)*, que haurà de ser un lli-
bre de caricatures; *Lluna de mel*, novel·la estrictament; i *El
que fa la fam (Barcelona - Buenos Aires)*, novel·la de caire
social, s'explicita, per si no quedava prou clar amb el ma-
teix títol. La informació editorial, que el temps desmentirà,

no deixa de retratar-nos la Rodoreda literata als seus 24 anys: havia publicat un llibre, en tenia tres més en perspectiva que no acabarà, i tres més que publicarà de manera gairebé immediata, amb un dels quals, l'últim, *Aloma*, guanyarà el prestigiós premi Crexells.

Sóc una dona honrada? també havia estat presentat al Crexells, el 1933, i malgrat no ser una novel·la convincent obtingué certs vots, segons consta. I és que, malgrat tot, els seus llibres eren una bufetada social: no sols explicava «brutalment» històries d'infidelitats enrevessades, sinó que filtrava un tracte afavoridor per als personatges tradicionalment maltractats, per als marginals o per als «fora la llei». Entre la dona ben casada i l'amant, Rodoreda defensava el paper de l'amant; entre la fidelitat entesa com a una obligació i la infidelitat com a mostra de sentiments reals, Rodoreda tria aquesta segona. I això punxava. I, lògicament, com tots els seus altres llibres, també aquest va despertar sentiments contradictoris entre els crítics del moment. Per exemple, Pere Estrany, a «L'Opinió», la comentava d'aquesta manera:

«L'interrogant que planteja la protagonista de *Sóc una dona honrada?* és desenrotllat per la senyoreta Rodoreda amb gran desimboltura. Les explicacions alternades que ens donen els dos protagonistes flueixen bé i amb una gràcia massa sovint malmesa per una cruel brutalitat. És bonic de sentir aquesta escriptora parlar d'un "apotecari apaïsat", o explicar l'anècdota d'en Peret i la dona grassa, o uns escrúpols de primera comunió, per exemple. El mal és que pocs autors saben combinar una desimboltura com la de la senyoreta Rodoreda amb la recerca de vitalitat per a llurs personatges. Els d'aquesta escriptora no ens fan pas la impressió de contradir la vida, però tampoc no ens deixen la sensació profunda d'ésser vida ells mateixos.»

En canvi, per a Joan Puig, que escriu a «El Poble», de Sabadell, sembla que sigui necessari defensar l'«objectivitat» de la novel·la:

«El que sorprèn d'aquesta novel·la és la manca de prejudicis morals amb què és escrit i tractat un tema, el qual, per vell, no deixa sempre de ser interessant. És, diem-ne, un cas d'adulteri, exposat sense cap objectiu polèmic, sense finalitat preconcebuda d'establir paral·lels enutjosos. Aquesta és, pràcticament, la valor simpàtica del llibre, i potser, en suma, la seva millor moralitat. L'autor ni juga amb la conseqüència que resulta dels contactes íntims entre éssers oposats i no del tot lliures, ni es plau a perfilar volgudament els efectes patètics que són producte dels esclats passionals que motiven semblants erupcions amoroses. *Sóc una dona honrada?* pertany a un gènere literari gairebé inèdit a casa nostra. Hom podria adjectivar que l'estil de l'autora és descordat, seguint un costum que determinava un cert atavisme indòmit, però cada època té el seu estil, el que li és propi i característic, fugint de les traves que l'ús fa més vigoroses, i a major llibertat de procedir, més audàcia en les maneres descriptives.»

Aquesta audàcia, de fet, la «senyoreta» Rodoreda també la reivindicava al seu pròleg:

«Només sents: "No s'escriuen llibres, les dones no escriuen llibres; totes tenen mandra"; i això m'ha cogut, i he volgut demostrar que jo escrivia un llibre, i per tant donava una prova irrefutable de la meva diligència i de la meva manca de mandra. Així, doncs, es pot dir (per a defugir responsabilitats) que jo m'he dit: "El cas és escriure un llibre." I ací el teniu; jo us el voldria presentar en safata però encara us faria més l'efecte d'un bunyol. Deixarem la safata per a un altre.»

Bona o dolenta, la seva professionalitat literària es farà realitat. Demostrarà que les dones no tenen mandra i que diuen les coses pel seu nom. I per a una jove mare de família que treballa, ni que sigui de manera esporàdica, a la ràdio, que fa articles i narracions curtes per a diverses revistes i que té en projecte diverses novel·les a més a més de les que va publicant, no és poca cosa. Rodoreda parla del que veu i viu. Explica històries viscudes. La Teresa d'aquest seu primer llibre inaugura també una galeria d'heroïnes que no ho seran mai. Un dels trets que les caracteritzen molt particularment és el de «ser sense ser-hi». Rodoreda despulla els personatges de la vida real, i, nus, els transporta

a la literatura. Amb una nuesa, feta d'una aparent imperso-
nalitat o manca de caràcter, que els ha de permetre expres-
sar millor la seva bipolaritat.

Per exemple, el pobre senyor Rampell, d'*Un dia qualse-
vol en la vida d'un home*, que s'ha de beure el got de «rubi-
nat» perquè la seva dona s'entesta a voler creure —és que
ni li passa pel cap que pugui ser altra cosa— que els ennu-
volaments del seu marit són només la conseqüència d'una
disfunció intestinal, precisament el dia en què ha fet el cor
fort i s'ha decidit, valent, a tirar endavant els seus impul-
sos amorosos d'home que ha arribat a vell sense saber es-
timar.

Impersonalitat, manca de caràcter o, més exactament,
aparent ingenuïtat que li permet alhora, simplement afegint-
hi unes gotes de tossuderia ratllant la rebequeria infantil,
de confondre la ignorància intel·lectual amb la saviesa de
la vida, l'absurd amb la lògica, el bonic amb el lleig, el bo
i el dolent, la felicitat i la tristesa. És cert que a *Sóc una
dona honrada?* Mercè Rodoreda es permet una broma i una
ironia, que no li surt bé precisament perquè no és fruit del
distanciament. Està parlant no del que ha viscut, sinó del
que encara viu i viu dolorosament. No parla d'ella, perquè
encara no se'n sent capaç, parla del que l'envolta i ho fa
defenent-se ella mateixa no sap, encara, ben bé de què. Tot
just comença a intuir-ho.

«Demà em mataré. Jo vull viure... Tindré a prop la Cin-
ta i el nen amb la boca esquinçada. Em... demà em mataré.
Demà. Serà només per riure. La gent s'espantarà. Tots creu-
ran que m'he mort. Serà bonic d'enganyar... què fara, el gat?
Es creuran que sóc morta, i jo, cada nit, com les dones d'ai-
gua, em passejaré per damunt del riu... L'aigua em farà...
què? Sí; l'aigua... sents l'aigua com em crida, gat? No em
miris... Tinc por... por... por... por... de tu, de la muntanya
que s'apropa... em vol colgar... Tinc por!!!...» (final d'*El que
hom no pot fugir*).

Per als amants de simbologies la citació és gairebé per-
fecta. Però no és això el que interessa, sinó de veure que en-
tre els dubtes manifestos destaca la necessitat de posar en
evidència el propi protagonisme: ella sí que és la seva prò-

pia heroïna, ella sí que és una gran somniadora que ha llegit moltes novel·les. Els seus primers personatges, però, encara no n'han après (són plens de punts d'admiració i entaforats entre punts suspensius), perquè ella no els ha sabut inculcar les seves pròpies característiques. Aquest domini d'ella mateixa, aquesta consciència del joc familiar i social que li ha tocat representar no es farà evident fins més tard, amb *Aloma*, una consciència, però, que, un cop ultrapassada la frontera dels coneixements més cultes o més crítics del món literari que ja comença a viure més profundament en aquests últims anys a Catalunya, deixa d'interessar-li molt ràpidament.

Mercè Rodoreda o l'escàndol és el títol d'una columna publicada al diari «Treball», arran del premi Crexells a *Aloma*, en la qual a més de reconèixer que «el nu sempre esvera, tant si es tracta del cos o dels sentiments», s'assegura categòricament que la «manera de pensar i de dir les coses» de Mercè Rodoreda «s'adreça de dret al gran públic». Mercè Rodoreda «aboca en l'escriptura inquietuds i problemes que la turmentaven». Són qüestions que es prestarien a «la literatura pseudo-transcendental», però la seva «lúcida intel·ligència», l'en salva.

Una lúcida intel·ligència que li permetrà dibuixar uns personatges francament distints dels habituals de la producció literària catalana, i, un cop haurà fet la seva pròpia revolta personal i familiar, que haurà estat capaç de passar el llindar de la imposant família Gurguí, podrà adoptar sense prejudicis morals, amb l'aparença del silenci, les veus dels qui no han estat capaços de fer com ella. És a dir, les heroïnes de les seves ficcions, progressivament en els últims anys trenta, i sobretot a partir d'*Aloma*, es bastiran a partir d'una galeria de personatges reals, sovint familiars, que ella se sent capaç de mirar des de fora, externa ja a tot el que els pugui succeir. I serà literatura, històries que no tria, sinó que troba.

Mercè Rodoreda, en efecte, mai no s'ha mostrat com una teoritzadora. Ni aleshores ni després, no va voler entrar en converses ni en disquisicions allunyades del fet concret, prosaic, tangible i descriptible, ni fins i tot si s'aplicava al terreny de la literatura. No obstant això, sobre el paper dels intel·lectuals a la política va mantenir posicions incommovibles en més d'una ocasió. Josep Tarradellas, president de la Generalitat de Catalunya a l'exili, recordava una conversa «tibant» de sis hores mantinguda amb ella dalt d'un tren francès amb destinació a París. Hi havia en Rodoreda, segons paraules de Tarradellas, «el recel de l'intel·lectual a acceptar la crítica i l'opinió del polític en el que fa referència a la seva obra o la dels seus companys (...)» i, en ell, «l'actitud de l'home polític, sempre disposat a judicar severament el pensament de l'intel·lectual, quan aquest es desvia del seu camí». Al cap d'un temps, llegint uns sonets que ella li havia enviat, Tarradellas podia recordar «no solament el que vàrem dir, sinó el que vàrem silenciar». Era una carta, escrita el 14 de gener de 1949, de nou pàgines!

Pocs dies després ella li contestava una carta molt més curta:

«Estimat amic,

»He estat una mica malalta i per això no us escric fins avui. Davant d'aquell sobre tan gros vaig pensar: "Aquí dins hi ha posat el plàstic." El que hi havia era la susceptibilitat. Dèieu que no éreu susceptible: jo em jugo el meu prestigi de psicòleg (relatiu, és clar) a dir que ho sou, i exageradament. Ja sé que un polític no s'ha de deixar portar per les passions, que ha d'ésser tot raonament i astúcia, que ha de desar els sentiments que fan nosa, i no dubto gens que ho feu. Però, de tant en tant, un excés de susceptibilitat explota i aleshores us poseu a matar mosquits a canonades.

»La conversa del tren, entre la fressa de les rodes i de fusta, i amb excés d'orelles expectants, no em va pas deixar *très fière*, oh no! Al contrari. Els meus múltiples complexos d'inferioritat no m'ho permeten. Me n'ha quedat un record de crits, de roncs, de calor desagradable, atenuada per unes quantes onades de perfum de taronja.

»Sobre el problema de l'intel·lectual i de la política, teniu tota la raó. Però caldria, potser, matisar una mica la vostra tesi. En primer lloc perquè hi ha un cert tipus d'intel·lectual que reïx plenament en política: per exemple, Prat de la Riba. O bé Lenin que, si hagués mort l'any 1917, hauria passat a la història del socialisme com un simple doctrinari. En segon lloc, perquè és molt difícil, quan es tracta d'un polític, o d'un intel·lectual que vol fer de polític, de determinar amb precisió quina ha estat la seva eficàcia, és a dir el seu valor real. Hi ha casos, és clar, sobre els quals tothom està d'acord: Cavour, o Bismarck, o Disraeli. Són casos extrems. El pla de la política és un pla de coses relatives; reeixir-hi o no, de vegades, és un pur atzar. Molt sovint tot depèn d'una mort oportuna. Ciceró no faria una mala figura com a polític si hagués mort l'endemà de l'afer de Catilina. I si Lenin no hagués mort l'any 24, potser ara viuria a Mèxic i el citaríem com a model de pedant perillós. Què pensaríem de Macià si hagués mort l'endemà de Prats de Molló?

»I és que el problema no es pot posar en termes absoluts. El mot "intel·lectual" és, altrament, una mica vague. Si ens limitem a Catalunya, i si diem que un intel·lectual és un home que aspira a produir una obra literària (ja sigui de pura creació o, simplement, erudita) el problema, per a mi, s'aclareix molt. L'intel·lectual català té, del renaixement ençà, una manera de fer política, i "només una": produir en català. Si els nostres intel·lectuals s'haguessin limitat a llur missió, Catalunya, evidentment, hi hauria guanyat molt. Seria absurd que vós, demà, decidíssiu d'aprendre el grec per traduir Aristòfan, per exemple. Però encara ho seria més que Carles Riba volgués ésser diputat. Carles Riba és massa intel·ligent per tenir una idea com aquesta. N'hi ha d'altres que l'han tingut, o que la tenen. La política reclama unes qualitats que cap intel·lectual, en principi, no posseeix: són massa incompatibles amb les seves. I no parlem ja dels mitjos intel·lectuals, la gent que, de fet, té més tendència a fer política. Poden ésser desastrosos. Deixeu actuar sol, una temporada, el nostre amic Pi, i ho veureu.»

Encara que no ve gaire a tomb, em sembla que pot interessar al lector seguir la carta fins a l'acabament, quan Rodoreda reprèn les consideracions que li ha fet Tarradellas al seu sonet «Les servents penjades».

«M'ha plagut molt el que em dieu del meu sonet. No acabo d'estar d'acord amb vós, però, en l'afer del mot "gibrell". Per a mi, no és un mot vulgar (ho és el seu femení, és clar!). Morents, les penjades poetitzen una mica el seu nom. Però, només, "una mica". En el pla purament formal, el mot "gibrell" em dóna el so de LL final que serveix d'eco a la LL del mot "espill", una "r" que m'equilibra la del mot "rodó", i, sobretot, la "i" que, amb les dues dels mots "espill" i "aigua" dóna al vers, em sembla, una transparència tota líquida. No crec pas, com Verlaine, que calgui en el vers *de la musique avant toute chose*". Però aconseguir una música adequada al contingut, em sembla que ha d'ésser un dels objectius del poeta. Potser en aquest cas no he reeixit del tot! No he escrit encara "Filoctetes". Pero us envio uns sonets dels que us havia promès. No és pas de la sèrie d'*Ulisses*. A mi em plau. M'heu dit coses tan pertinents sobre "Les Penjades", i, en general, sobre poesia que m'agradarà molt, i us ho dic ben sincerament, de saber què en penseu.

»Molts records a la vostra muller. Amb tot l'afecte.»

Fins al 1952 els Tarradellas es veieren amb certa assiduïtat amb Obiols i Rodoreda. Van polemitzar llargament sobre el tema i el mateix Obiols, en algun cas, fins arriba a penedir-se de la seva agressivitat, que Tarradellas traduïa amb unes immenses ganes de *taquiner*, prova, però, d'una amistat sincera i ben intencionada.

La carta que signa Rodoreda aquell gener del 1949 fa tota l'olor de l'escriptura de l'Obiols. Amb raonaments i un to semblants ell s'adreçava a Tasis i a Muntanyà en cartes escrites contemporàniament. En aquest cas, no és gaire important el qui va posar una paraula darrera l'altra i el que és cert és que és ella qui hi estampa la firma. El sentiment que s'hi respira i que interessa destacar és que mentre la parella considera oportú que el polític es tinti de persona culta, el procés a la inversa el consideren imperdonable i improcedent. La fiblada al conseller de Cultura, Carles Pi i Sunyer, n'és l'exponent visible.

SEGONA PART:

PARÍS - LLEMOTGES - BORDEUS - PARÍS
1939-1953

I. EXILI O FUGIDA

EL BIBLIOBÚS DE LA GENERALITAT

El matí del 21 de gener de 1939, el bibliobús de la Conselleria de Cultura de la Generalitat s'aturava darrera de la casa dels Gurguí a Sant Gervasi. Amb un equipatge més aviat reduït, Mercè Rodoreda s'hi enfila després d'haver-se acomiadat amb poques paraules de la seva mare i del seu fill, Jordi, que té nou anys i mig. Un comiat d'urgència per a una separació que durarà ja tota la vida i que no tindrà cap interregne fins al cap de 10 anys.

Al bibliobús, un autocar adaptat per facilitar la lectura als soldats que eren al front, s'hi troben ara coneguts i desconeguts de l'escriptora, alguns d'ells autors dels llibres que el vehicle repartia per les trinxeres fins pocs dies enrera. Tots porten el mateix interrogant a manera d'expressió a la cara. El destí de tots ells, molt vague i molt concret alhora, és el mateix: travessar la frontera francesa sense saber quan podran tornar a fer-ho en direcció contrària. El que deixen al darrera és, però, ben distint per a cadascun d'ells. Per a ella, Mercè, l'exili no deixa de ser també una fugida d'una situació familiar insostenible. Les mesures preses per aconseguir una desitjada independència no han pogut funcionar tan bé com havia semblat possible en un primer moment. La guerra, que havia servit per camuflar desacords i desajustaments familiars, avivava, en canvi, les dificultats de la supervivència. La mort del seu pare, Andreu Rodoreda, el novembre del 1938, havia estat també un fet determinant de la crisi. El seu pare, «ja feia temps que era com si fos mig mort», emmudit per la seva pròpia inoperància a l'hora de dur endavant la família, els Gurguí, que el sobrepassaren sempre en caràcter i en la capacitat de viure de la simple i sovint desastrosa fantasia. Com el pare de Colometa, a *La plaça del Diamant*, Andreu Rodoreda va morir literalment d'espant en un bombardeig:

«I quan van bombardejar des del mar, el meu pare va morir. No per culpa de cap bomba del bombardeig, sinó perquè de l'espant, se li va parar el cor i s'hi va quedar.» (*La plaça del Diamant.*)

Joan Gurguí tampoc no era present a l'adéu-siau. Li era dolorosa aquella partida que el deixava de nou al càrrec de tot i dels qui es quedaven, la seva germana Montserrat i el seu fill Jordi que, en els darrers mesos, havia vist en comptades ocasions. Cedint a la voluntat de la Mercè acceptava tornar al casal del carrer de Balmes. De fet, a partir d'ara, tot seria com si no hagués passat res entre ells, només que «raons polítiques» aconsellaven un allunyament «passatger» de la seva esposa. Gràcies al manteniment del seu estatut de casada amb Joan Gurguí, Rodoreda va poder disposar molt més aviat que no pas d'altres d'un passaport de ciutadana espanyola, i deixà de ser una «refugiada» en país estranger.

Aquell somriure als llavis, més pròxim a la ganyota irònica, tan característic de la Rodoreda, es va deixar veure també aquell matí fred, fredíssim, de gener de 1939, a Barcelona: era la seva manera de defensar-se del plor.

L'evacuació dels escriptors i intel·lectuals havia estat planificada amb temps des de la mateixa Conselleria de Cultura de la Generalitat i, amb poques i relatives dificultats de darrera hora, tot va anar com havia estat previst. Formant grups més o menys nombrosos, havien de dirigir-se cap a diversos masos de l'Empordà adaptats des del començament de la guerra pels departaments corresponents com a llocs de reserva per guardar-hi el patrimoni artístic. Can Pol de Bescanó i el mas Perxés a Agullana eren prou espaiosos per habilitar-los com a refugi i acollir els intel·lectuals que ha-

vien decidit l'emigració. Pompeu Fabra, Pau Vila i Francesc
Trabal, un gramàtic, un geògraf i un escriptor més aviat
impertinent, consten com a responsables improvisats
d'aquestes colònies necessàriament provisionals dels pri-
mers passos cap a l'exili. A les seves memòries de la guer-
ra, el qui aleshores era conseller de Cultura, Carles Pi
Sunyer, reprodueix la llista, elaborada per Pompeu Fabra,
amb els noms dels intel·lectuals, escriptors i artistes que
havien anat agrupant-se cada cop més a prop de la frontera
francesa. Gràcies al document sabem que Mercè Rodoreda
i Armand Obiols es trobaven en un primer moment a can
Pol de Bescanó, juntament amb unes altres 40 persones, i
que, poc després, van ser traslladats també al mas Perxés
d'Agullana, prop de la frontera, on van passar-hi dies, fins
després de la caiguda de Barcelona.

EL MAS PERXÉS

El mas Perxés, situat a la part alta del terme d'Agulla-
na, és una casa gran, entre senyorial i pagesa, que en altre
temps s'havia dedicat al conreu i a la producció del suro.
Als salons de la planta baixa, de parets gruixudes i voltes
resistents, hi havia guardades diverses col·leccions del Mu-
seu Arqueològic de Barcelona; al primer pis, els principals
retaules medievals procedents del Palau Nacional de Mont-
juïc: tot un museu. Malgrat això encara té prou lloc per
encabir-hi un centenar de persones. Però el nombre de gent
que acudia al mas desbordà totes les previsions. I hi man-
cava de tot, des dels llits, matalassos i flassades, fins als
aliments i l'espai físic. Explica Pi Sunyer que la sala gran,
convertida en dormitori comunal, «fou un exemple del jeu-
re socialitzat».
Amb una administració més que rudimentària, el mas
va convertir-se també, necessàriament, en la Conselleria de
Cultura. Hi havia dues màquines d'escriure, amb molta gent
disposada a teclejar-hi, però amb una única i exclusiva fei-
na per fer-hi: la tramitació urgent dels passaports i visats

per poder passar tots la frontera. La cosa no va ser fàcil perquè el govern de la República, instal·lat a Figueres, va optar per la dilació i els inconvenients. La situació esdevenia angoixant i, desesperats, molts —sobretot els qui estaven en edat militar— van decidir de córrer el risc de marxar a peu i de travessar la frontera per la muntanya, sense papers de cap mena que els acreditessin.

A part dels intel·lectuals i de molts fugitius que hi arribaren isoladament, al mas Perxés també s'instal·laren els diputats al Parlament de Catalunya, el president Companys —que es sentia massa sol a Darnius on, en principi, estava destinat— i el president d'Euskadi, amb la qual cosa s'entén la freqüent visita d'un tercer president, el de les Corts de la República, Martínez Barrio. Si hem de fer cas de les memòries escrites per nombroses persones que en algun moment van viure al mas Perxés, haurem d'imaginar un ambient enrarit i divertit al mateix temps en aquelles últimes hores passades a Catalunya pels exiliats. Els diputats eren els qui menys disposats es mostraven a obrir-se en favor del que sovint semblava una acampada amical. Tenien la sensació que se'ls havia deixat de banda, fins molt tard, a Barcelona, i que les conselleries del govern català s'havien preocupat principalment de la protecció dels seus familiars i amics poetes. Aviat, però, hagueren de llimar suspicàcies.

D'actituds personals n'hi havia de tots colors. Des dels qui no podien sostreure's a la imatge de la dissort, fins als qui estaven convençuts que la derrota no podia ser més que passatgera, la gamma dels comportaments era molt variada. Hi havia qui, sense esma ni per plorar, es mantenia en un racó, silenciosament, mirant sense veure què feien els altres. Especialment coratjós sembla que va ser el comportament de les dones, gràcies als dots domèstics de les quals l'allau de visitants i el moviment constant dels polítics van poder-se encaixar sense masses problemes. La cuina, segons tothom recorda, era una de les més ben considerades de la Catalunya del moment, sobretot si es té present la generalitzada penúria de la guerra i que a Agullana hi havien fet cap tots els millors provisors dels despatxos del govern català.

No és difícil de comprendre, doncs, que, malgrat la rudesa i la crueltat que suposava per a tots haver perdut una guerra, l'estada al mas Perxés arribés a significar, per a la majoria de tots ells, com a mínim l'etapa de reviscolament humà que els hauria de ser tan necessari poc després per sobreviure, amb un punt de moral, la indignant rebuda que se'ls va concedir a l'altra banda de la frontera.

El 31 de gener, sota la tutela de Pompeu Fabra, totes les dones i les criatures i els qui tenien més de 50 anys marxaven cap a Perpinyà amb el mateix bibliobús que els havia tret de Barcelona. Un cop a la capital del Rosselló s'havia de resoldre la destinació concreta dels centenars de milers d'espanyols que es trobaven en la mateixa situació, si no més desesperada. De com van ser tractats i maltractats pel país que els acollia en camps de concentració encara no se n'ha parlat prou. Va ser tan dura i inesperada la rebuda francesa que desenes de milers de derrotats optaren per creure's que la invitació a retornar a Espanya feta pels policies de Franco era ben intencionada. «*Los que no tengan las manos manchadas de sangre...*», assegurava una veu escandalosament traïdora pels carrers i estacions del sud francès. Els qui s'ho cregueren, però, sovint ni tan sols els deixaren baixar dels trens: els mataven tots a ràfegues de metralleta. Hom recorda l'exemple de l'enterrador d'Irun, que no va poder aguantar l'espectacle de tanta mort i no va sentir-se capaç d'executar la seva feina, de manera que ell també va marxar cap a França, triant la incògnita dels camps de concentració en país estranger.

Els qui travessaren la frontera sota la responsabilitat de la Conselleria de Cultura de la Generalitat van tenir, dins la misèria general, molta més sort que no pas els seus companys d'exili. I si bé és cert que la policia francesa no feia gaires distincions entre un paleta i un artista, la cosa certa és que els que viatjaven a càrrec de la Conselleria van ser força ben rebuts a Perpinyà, on van poder dormir damunt d'un bon feix de palla neta i flonja i menjar un pa blanc que feia temps que no havien vist. El Pen Club i altres associacions corporatives d'escriptors van negociar un sistema privilegiat d'ajudes amb el govern francès i amb les agrupacions col·legiades. Mentre es buscaven solucions millors, el grup d'intel·lectuals catalans va ser destinat a Tolosa de Llenguadoc, on la universitat havia organitzat un centre d'acolliment als emigrants espanyols a les velles dependències del servei dels bombers. Potser no era un lloc de somni però en aquells moments ho era prou per provocar les enveges i els comentaris més indignats dels molts milers que no se'n van poder beneficiar. Mercè Rodoreda no s'hi va quedar gaires dies, a Tolosa. Francesc Trabal, que era a París negociant amb els francesos altres solucions millors per als seus col·legues escriptors, la va reclamar molt aviat. A París, Trabal i ella van viure els últims moments de la seva història d'amor. Ella havia trencat moltes barreres i es sentia capaç de gairebé tot: la capital francesa li ho posava a l'abast.

«París no acaba de satisfer-me; això que porto un barret amb un vel que m'arriba fins als talons i això que tinc una gran requesta entre l'element *au bord du tombeau*. Voldria saber què ho fa. Us va dir en Roure que vaig fer un moro? Anava amb un cotxe que arribava de la Place de L'Étoile a la place Clemenceau. Però res. Diu que deixen les dones esterracades. Res. De tant en tant no dino o no sopo i vaig a un cafè *ultrachic* on hi ha uns meravellosos *tzigans*, ja sabeu que m'agraden. Tinc una inconfessable i morbosa passió per la rapsòdia húngara.» (Carta de M. Rodoreda a Anna Murià.)

UN CASTELL A FRANÇA: ROISSY-EN-BRIE

Francesc Trabal és qui va fer possible que vint catalans poguessin continuar el seu exili en un lloc clarament idíl·lic, en un castell de la plana de la Brie, a poc més de trenta quilòmetres de la capital francesa, en un poblet anomenat Roissy. El castell, que és ara l'Ajuntament del poble, aleshores era un centre adaptat per hostatjar els joves francesos durant els períodes de vacances i van destinar 40 places per als espanyols. Trabal va aconseguir que una vintena d'aquestes 40 places fossin per a catalans. Ell mateix va fer la llista dels afavorits.

El 2 d'abril de 1939 un autocar transportava el grup de selectes des de Tolosa cap a Roissy-en-Brie. Va ser un viatge llarg, fet sota la pluja, que va durar unes vint hores «trontollants, grises, monòtones», segons adjectius usats per Xavier Benguerel, que formava part de la comitiva, a les seves *Memòries*. Els espanyols, Mercè Rodoreda i Trabal ja eren al castell quan els de Tolosa hi van arribar. Monsieur Samson, responsable del castell, els va rebre tots amablement i els féu saber les normes de la casa. A alguns l'aspecte del palauet els va semblar desolador; a d'altres magnífic. L'escàs mobiliari de la planta baixa no permetia la confusió sobre el lloc en què es trobaven: una *auberge de jeunesse*. I, tot plegat, no deixava de ser una cosa ben estranya: més que d'unes vacances pagades es tractava d'iniciar unes vacances obligades de les quals hom no es podia queixar en absolut, sobretot perquè les informacions que arribaven de fora, dels seus mateixos companys, alguns dels quals no podien escapar dels camps de concentració, eren cada cop més angoixants.

Ells, a Roissy, podien seguir els seus costums: llegien, escrivien, passejaven pels prats i boscos magnífics de la zona, o pel jardí del castell, sembla que dissenyat pel mateix personatge que havia aixecat Versalles, Le Nôtre, i de qui, particularment, ha quedat en el record de tots la imposant *allée* Cavalière amb una escultura representant el discòbol a l'extrem. A Roissy uns van poder aprendre a anar amb bicicleta, altres a nedar i encara uns altres s'aficionaren als jocs de saló com els escacs o les dames. A Roissy, de catalans hi havia: el matrimoni Benguerel, Joan Oliver i la seva primera esposa, Cèsar August Jordana, la dona i dos fills, Trabal amb la seva esposa i la seva mare, Sebastià Gasch, Lluís Muntanyà, Armand Obiols i Mercè Rodoreda, Anna Murià i Agustí Bartra (que hi arribà més tard), Domènec Guansé, Pere Calders i Rosa Artís, i Enric Cluselles, dibuixant més conegut per Nyerra. Rodoreda, juntament amb Anna Murià, els Trabal i Cèsar August Jordana, va ocupar les habitacions de la mansarda del castell; Obiols, Sebastià Gasch, Muntanyà, Pere Calders, Nyerra i Domènec Guansé ocupaven unes minúscules habitacions que es trobaven al denominat *château d'Eau*.

A Roissy els exiliats espanyols tenien totes les qüestions

materials més importants resoltes. Algun cop Pau Casals els va enviar una quantitat de diners perquè se la repartissin en concepte d'*argent de poche*, amb la qual cosa fins i tot es podien permetre, demanant un permís de la policia, d'arribar-se fins a París. També, segons recorda Benguerel, els van fer arribar un equip compost d'un pantalon curt i de dues samarretes per tal d'animar-los a fer esport. L'arribada dels refugiats espanyols no havia estat gaire ben vista pels habitants de la plana i del poble de Roissy. Refugiat i espanyol eren per als francesos sinònims de vandalisme. Però les suspicàcies va saber-les foragitar amb molta diplomàcia un pintor del grup espanyol que va aconseguir fer-se molt amic del rector de la parròquia proposant-li de fer un magnífic fresc a l'església. El mossèn va accedir-hi i tot el grup d'exiliats se'n va veure sorprenentment beneficiat perquè els camperols de la zona, summament religiosos i fins jansenistes, van canviar radicalment d'actitud i els van correspondre amb la mateixa i generosa cordialitat. El mateix capellà, quan els trobava, els convidava a cafè o copa; el sagristà passava de llarg amb la caixeta de les almoines; el mosso del bar no els admetia mai cap propina i, més important, el barber va establir uns dies a la setmana en què els seus serveis passaren a valer la meitat del preu habitual, pensant en la clientela espanyola.

La meravella que constituïa el paisatge feia que tot, a Roissy, semblés un paradís, si no fos per un brot amenaçant d'una certa mala consciència col·lectiva, segons apunta Benguerel:

«(...) La vida del nostre grup de Roissy s'anava convertint, jo diria biològicament, en una escena més aviat grisa i vulgar de la inevitable comèdia humana i, potser perquè ens trobàvem al país creador del vodevil, amb aspectes lleugers i sarcàstics.» (*Memòries, 1905-1940*, pàg. 344.)

Algun cop, parafrasejant Benguerel, els hostes de Roissy es preguntaven a ells mateixos «què he fet durant la guerra; millor encara, què he deixat de fer». Sovint arribaven a la conclusió que havien treballat i escrit, una manera tan noble com una altra de lluitar. L'autoexplicació, convincent de portes enfora, devia corsecar-los tots, gairebé sense excepció. Potser per això mateix el poeta Agustí Bartra, que va arribar-hi més tard que no pas tots els altres, salvat del camp d'Agde, va demostrar «una barreja d'alegre sorpresa i d'indiferència» en constatar «la vida fàcil» del *château* de Roissy. Però, en aquesta vida relativament «fàcil», tot, fins el fet més insignificant, era susceptible de convertir-se en motiu de desacord i d'aixecar emocions contradictòries, filles molt sovint de l'escrúpol. Es parlava de guerra, de traumes sentimentals i d'histerisme. Algú, emparant-se en la saviesa de l'il·lustre Joanot Martorell, repetia irònicament: «Amor de lluny i fum d'estopa tot és u.» Les visites de Pere Tries, pertanyent al comitè d'ajuda als refugiats espanyols, de Pous i Pagès, president de la Institució de les Lletres Catalanes, amb Eduard Ragassol, l'editor, i amb Rafael Tasis, entre altres, els donaven confiança: la seva situació era tinguda en compte pels dirigents del govern a l'exili, es preocupaven de revitalitzar les seves finances i feien allò que humanament era possible per portar-los notícies del que passava a Espanya, a Barcelona, per apropar les famílies separades, i els posaven al corrent de les negociacions dutes a terme amb els francesos.

Amb tot, la vida no tan sols esdevenia monòtona i provocava sentiments desagradables d'una substancial pèrdua del sentit del temps, sinó que progressivament nodria la discòrdia. Aviat s'adonarien que l'exili iniciat amb la idea que només duraria uns mesos podia ser molt més llarg, i davant la trontollant situació bèl·lica del país que els acollia, un important grup dels reunits a Roissy es decantà per la idea de prosseguir-lo lluny de la vella («i decrèpita» segons Benguerel) Europa.

JOAN PRAT / ARMAND OBIOLS

Enmig d'aquesta contrastada existència, enmig de «l'agulloneig de les petites passions exacerbades» i «de l'atmosfera eròtica», en paraules d'Anna Murià, Mercè Rodoreda va descobrir el seu gran amor: Armand Obiols.

Joan Prat i Esteve havia nascut a Sabadell el 18 de juny de 1904. Escriptor i «monjo claustral de cafè», com el qualifica Domènec Guansé, passava tardes senceres assegut vora una tauleta de marbre d'un cafè barceloní, prenent un únic cafè i bevent grans gerres d'aigua mentre esperava, entrada de fosc, que els seus col·legues i conciutadans el despertessin dels seus somnis per tornar amb tren cap a Sabadell. Aprenia idiomes i llegia i consultava quantitats immenses de llibres que li subministraven els seus amics, especialment Joan Garriga i Joan Oliver, pertanyents a les bones famílies de la ciutat grisa i industrial que era ja aleshores Sabadell i capaços de nodrir millor que no pas ell les seves respectives biblioteques, sovint, però, sota l'acurat i no gens desinteressat consell de l'empedreït lector que era Prat. L'origen més versemblant del seu pseudònim, Armand Obiols, sembla que és l'*hermano Viola*, un escolapi que va ensenyar fins molt vellet a un llarg seguit de generacions sabadellenques. Va estudiar, o més ben dit va matricularse per estudiar, Dret, carrera que no se sap si va acabar mai però que, en tot cas, no ocupava el seu interès cultural. Escrivia poc o, potser més exactament, publicava molt poc. Sols se li coneixen alguns poemes difosos pel «Diari de Sabadell» i articles (sovint no firmats) apareguts a la premsa catalana (local i barcelonina) i després a les revistes de l'exili. Era, bàsicament, un home de projectes: sembla que en tenia una infinitat. El més destacable, potser perquè és el que va arribar més a prop d'un plausible final, era una novel·la que, segons recorden els seus contertulians, fins i tot algú, un dia, en va arribar a llegir un capítol. La novel·la explicava l'assassinat per confusió d'un taxista barceloní pels pistolers de la patronal, òbviament amb l'acció situada a la Catalunya de l'època en què «a Barcelona mataven pels carrers». El capítol dedicat a l'assassinat portava el següent lema: «Tocava el clàxon amb molt de sentiment.»

Sembla que la lectura de *La jeune parque*, de Paul Valéry, va impressionar-lo tant que literalment va deixar d'escriure. Aquest fet, que pot semblar desmesurat, no ho és si es té present que, fins ben enllà de la seva plenitud intel·lectual, Joan Prat, que no dubtava mai ni un moment a l'hora d'exemplificar amb una citació erudita les seves actituds culturals i vitals, no va recórrer mai al mencionat

text de l'autor francès, qui sap si per por o per pura elegàn-
cia envers qui l'havia posat en el veritable antecedent de
tota aventura literària.

Amb tot, aquesta mena de *monsieur* Teste que va ser
l'Obiols, ha estat qualificat pels qui el conegueren més de
prop i pels qui seguiren —o han llegit molt posteriorment—
els seus articles periodístics i de crítica literària, com
l'«home més llibresc que han conegut» (Joan Oliver, a la
notícia biogràfica que inclou l'edició de dos poemes d'Ar-
mand Obiols, editat als llibres de l'Óssa Menor, de Proa).
Josep Carner, per posar un alt exemple, el considerava el
millor gramàtic i rigorós metrista a qui podia sotmetre a
ulls clucs la seva creació poètica i, des del seu exili belga,
no va deixar ni de fer-li consultes, ni d'escoltar i admetre
les seves rectificacions. També l'esposa de Carner, Émilie
Noulet, va comptar sovint amb la seva valuosa col·labora-
ció com a documentalista i historiador de la literatura.

Militant d'Acció Catalana, va destacar com a editorialis-
ta i crític literari a «La Publicitat», fins que, amb Rovira
i Virgili, abandonen el partit i el periòdic i creen «La Nau»
(1927), on es manté en la mateixa línia de mordacitat críti-
ca ja apuntada anteriorment, per bé que amb els mecanis-
mes de la clarividència tant més exacerbats que generaren
conflictes notoris, particularment amb Joan Estelrich. El
seu mestre, Rovira, en aquella ocasió es va veure obligat
a prendre-hi part contrària i Armand Obiols va ser conve-
nientment —per a la publicació, s'entén— substituït.

De paraula fàcil i d'ànim especialment despert, Joan Prat
prenia molt cafè i fumava pels descosits, duia ulleres per-
què era miop i es tocava les mans contínuament fent petar
els dits de manera insistent i enervant per als seus conter-
tulians. Des del 1923 que sempre anava acompanyat del tam-
bé sabadellenc Francesc Trabal. Tots dos, juntament amb
Joan Oliver, van ser els responsables de la fundació de l'ano-
menat «coro de Santa Rita» o colla de Sabadell, que unia
els membres que la componien pel grau elevat del seu sen-
tit de l'humor i pel seu comú concepte esportiu de la litera-
tura i del patriotisme. El diari local de Sabadell va fer-se
famós quan els tres membres emèrits de la colla decidiren
de col·laborar-hi quotidianament. Joan Oliver, que va arri-
bar a ser-ne director els anys de la República, era l'únic

que s'ho prenia una mica seriosament. Hi escrivia els editorials i ho feia a la manera dels mestres erudits barcelonins, especialment de Rovira i Virgili. Trabal i Prat/Obiols s'encarregaven, per la seva banda, de redactar-hi notícies mig inventades i d'omplir-lo de reportatges la majoria dels quals eren fruit de la seva més pura imaginació momentània. Van fundar, també, una editorial mare d'una única col·lecció, «La Mirada», en la qual van aplegar els millors escriptors catalans del moment i a través de la qual van aconseguir l'apadrinament dels grans poetes, com Josep Carner i Carles Riba, quan, el 1927, van publicar el polèmic *L'any que ve*, signat per Francesc Trabal. Malgrat el pròleg elogiós —almenys en aparença, segons opinió de Domènec Guansé— de Josep Carner, el públic va manifestar la indignació per publicacions d'aquella mena, on l'acudit incomprensible, acompanyat de dibuixos volgudament esquemàtics i mal fets de Vila Arrufat (demanaven al pintor, que dibuixava massa bé, de fer les il·lustracions amb la mà esquerra), pretenien posar en joc una ambigüitat cultural que, de totes totes, no era tal. La direcció de «La Publicitat», per posar un exemple paradoxal, va prohibir als seus redactors fins i tot de mencionar el volum en concepte de novetat literària i, el que és més contundent, es va organitzar un retorn sistemàtic dels volums a les llibreries i una demanda de devolució dels diners de la part dels lectors.

En fer-se càrrec de publicar la «Revista de Catalunya» la Institució de les Lletres Catalanes (creada feia poc, el mateix any 1938), la Generalitat encarregà la direcció de la revista a Armand Obiols. Era l'espernetec final de la cultura catalana, l'any de la cultura catalana, segons recorda el qui aleshores era conseller, Carles Pi Sunyer, però Obiols va aconseguir que, per primera vegada en aquest país, una publicació oficial sortís al carrer amb puntualitat britànica i que es distingís tant per la qualitat com per l'amplitud dels seus sumaris i la rellevància dels seus col·laboradors. I això que l'encàrrec oficial no havia deixat de sorprendre un cert sector que coneixia les maneres de fer sovint abruptes de l'Obiols que, a més a més, molt poc abans, havia fracassat estrepitosament com a responsable de la formació de la biblioteca de la Conselleria d'Economia, on, endut per la seva passió llibresca, va aconseguir agrupar els més feixucs tractats d'economia i finances imprescindibles per a la institució pública i, alhora, organitzar-se una substanciosa biblioteca literària de gust ben personal.

L'any 1936, just començada la guerra, s'havia casat amb Monserrat Trabal, germana del seu col·lega escriptor, amb qui van tenir una filla, Anna Maria. Va ser un casament sonat, celebrat sota l'autoritat civil de Sabadell i a la festa van afegir-s'hi un grup de revolucionaris pertanyents a les anomenades patrulles de control, un membre de les quals era parent dels Trabal. La cerimònia va tenir lloc a la serra de La Salut, prop de la capella on es casen els fills de casa bona de Sabadell, només que Joan Prat i Montserrat Trabal van triar el cementiri, prop del santuari, i van maridar-se davant la tomba del pare de la núvia, Vicenç Trabal, que havia estat un conegut procurador dels tribunals. Recorden els amics que van ser-hi que algú va dir a la parella: «Vosaltres no us heu casat pel civil, sinó pel criminal.»

El gener de 1939, com Rodoreda, també l'Obiols, amb la justificada excusa de l'exili, deixava la seva dona i la seva filla a Catalunya. Amic i cunyat de Francesc Trabal, era lògic que es trobés sota la seva protecció al castell de Roissy, on va començar, clandestina, la història d'amor. Clandestina perquè naixia sota la desaprovació absoluta dels membres representants del clan Trabal, que tant defensaven la seva germana sentimentalment traïda com, en el cas de Francesc, el seu propi punt d'honor.

«Roissy ha estat la revifalla d'una joventut sense joventut», escriurà poc després Mercè Rodoreda a Anna Murià. Roissy és per a ella el descobriment «que la felicitat existeix». Finalment, però, haurà estat un paradís de curta durada, no tant pel conflicte bèl·lic que amenaça Europa, com pels múltiples maldecaps familiars i sentimentals que els caràcters dels dos amants, tan distints, però igualment tempestuosos, generen en una curiosa barreja de drama i de frivolitat.

D'UN AMOR REVOLTAT
A UN AMOR DIFÍCIL

De viure un amor revoltat, Rodoreda passa a viure, amb Armand Obiols, un amor difícil. Començava enmig d'una guerra perduda i es perllongaria fins gairebé als límits del franquisme, amb la mort sobtada de l'Obiols, a Viena, en ple estiu de 1971. El seu enamorament va ser l'espurna que va posar en evidència el malestar general entre els intel·lectuals reunits a Roissy i es convertí en l'entreteniment mòrbid de tots ells. S'organitzaren dos grups: els qui donaven suport a Trabal, i a la seva família, i els qui el donaven a l'Obiols i Rodoreda. En un primer moment, aquesta situació d'enfrontaments personals fins i tot els diverteix, perquè posa unes gotes més de misteri a les que de natural ja necessita una aventura romàntica en l'edat adulta. La Mercè té 31 anys i es sent més jove que mai havent d'amagar als qui l'envolten l'expressió de l'enamorament que alimenta envers l'Obiols; ell, per la seva banda, sempre una mica al marge de les qüestions més prosaiques, no s'adona ben bé de què passa: de moment, està ben disposat a deixar que la Mercè elucubri i satisfaci el seu desig de viure aventures apassionades. Al cap i a la fi són també, d'alguna manera, literatura. Es troben als vespres, lluny de la mirada de tots, al parc o a qualsevol petita sala del castell. Anna Murià es presta sovint a fer-los d'intermediària: «Diu que t'esperarà...» Després, un cop acabat el moment romàntic, quan Mercè torni a l'habitació que ambdues comparteixen, coneixerà els detalls més memorables de la cita. Amb l'Anna, la Mercè pot parlar amb tranquil·litat, pot dir-ho tot i més. L'Anna, que aviat també sabrà el que és l'enamorament sense pal·liatius, la comprèn i l'escolta. Avui, després dels anys que han passat, el record d'aquella amistat nascuda de l'amor i de la guerra segueix viu amb gran nitidesa. Mai, després, un cop tornades de l'exili, cap de les dues no va intentar el camí del retrobament. Havien perdut, amb el temps, les formes de l'expressió d'un vell sentiment. Havien estat massa a prop l'una de l'altra, havien passat juntes hores i hores de confidències, i de consols: eren massa paraules, les dites i les no dites, per recuperar-les, al cap de tants anys i de dues vides tan distintes.

Si en un primer moment els dos amants van poder amagar les seves trobades, molt aviat fou impossible de portar a terme cap intent de clandestinitat romàntica. Les tensions van arribar a tal extrem que el grup pro-Trabal va demanar a les organitzacions que els facilitaven la vida a l'exili la possibilitat de ser traslladats a un altre lloc. Benguerel, sense explicitar-ne ben clarament les raons, explica a les seves memòries que va anar a passar uns dies a un altre castell, al de Saint-Cyr-sur-Morin, la propietària del qual, Jeanne Cuisinier, experta en botànica, havia viscut molts anys a Indo-xina i escrivia un assaig sobre el Simbolisme. Fugien de l'absurd per caure en l'extravagància.

L'OCUPACIÓ NAZI

El primer dia de setembre de 1939 Anglaterra i França declaraven la guerra a l'Alemanya nazi, que havia envaït Polònia. A les desenes de milers d'espanyols reduïts als camps de concentració mentre esperaven una sortida, que confiaven que fóra més digna, cap a l'altra banda de l'Atlàntic, els van oferir dues oportunitats: entrar a formar part dels batallons de marxa o incorporar-se en una, anomenada, companyia de treball. Sobre el paper dels resistents espanyols durant la Segona Guerra Mundial hi ha molta cosa escrita. El llibre d'Avel·lí Artís-Gener *La diàspora republicana* continua sent un dels millors i dels històricament més entranyables i explica molt bé com una proposta que els van fer amb caràcter d'ajuda voluntària va convertir-se (o ja ho era d'entrada) en la més vil fórmula del xantatge: els qui fins ara havien estat considerats com «repugnants rojos anarcocomunistes», només dignes de sobreviure sota el control policíac del camp de concentració, podien esdevenir honrosos soldats francesos. Dels qui van anar a parar als batallons de marxa molt pocs han sobreviscut i els qui ho aconseguiren acabaren molt poc després als camps d'extermini nazis.

L'altra possibilitat d'alliberament era la d'incorporar-se
en una companyia de treball, bàsicament per a fer fortifi-
cacions en contra de la invasió alemanya, en un primer mo-
ment; i, després, en contra dels aliats, un cop envaïda Fran-
ça per l'exèrcit de Hitler, que cada cop exigia més i més
homes al «govern» de Vichy. El poderosíssim Franz Todt,
director de l'organització alemanya a França, que va morir
molt aviat (1942) en un accident d'aviació, va crear una im-
mensa xarxa de col·laboradors que va arribar a la quantitat
de 700.000 homes sortits dels llocs més inversemblants. Un
d'ells seria l'Armand Obiols.

Pocs dies després de declarada la guerra, el castell de
Jeanne Cuisinier era requisat, de manera que els espanyols
i catalans que hi havia refugiats van haver de tornar a
Roissy. «Uns quants amics eren a l'estació, esperant-nos.
Em produïen l'absurda sensació que la vida d'ells s'havia
deturat durant la nostra absència com una pel·lícula ines-
peradament interrompuda i que reprenia el seu curs a l'ar-
ribada del tren», recorda Benguerel. Era, però, una repre-
sa momentània. Esperaven que es resolgués la seva partida
cap a Amèrica, els uns; i, els altres, «repatanis europeis-
tes», esperaven per dir-los adéu.

També el castell de Roissy, poc després, va haver de ser
desallotjat. Els últims a fer-ho, segons la memòria de Ben-
guerel, van ser Sebastià Gasch i Lluís Muntanyà. La guerra
que ells mateixos ara protagonitzaven impedia als france-
sos de continuar ajudant els exiliats espanyols. Els van per-
metre de quedar-se al castell sempre que fossin capaços de
mantenir-lo i alimentar-se ells mateixos sense dependre dels
organismes oficials francesos. Els pocs francs que rebien
del SERE (Servicio de Evacuación de Republicanos Espa-
ñoles) i de la JARE (Junta de Auxilio a Republicanos Es-
pañoles) no donaven per a gran cosa i menys per fer-se càr-
rec d'un castell. Aviat van optar per abandonar-lo i instal·lar-
se a diverses cases del poble. Rodoreda i Obiols van fer-ho
a la vil·la Rosset, una casa de planta baixa i pis que havien
trobat els pares d'Anna Murià.

Les sovintejades visites a París feien encara més agra-
dable la vida dels enamorats a Roissy. Per sempre més re-
cordaran aquests mesos passats en un dels llocs més mera-
vellosos de França. Potser per aquell benestar idíl·lic van

decidir de no acompanyar els seus amics Anna Murià i Agustí Bartra a la República Dominicana. Van preferir la història a l'aventura del nou continent i van quedar-se en companyia dels pares i el germà de l'Anna. Dos, i fins tres dies a la setmana, l'Obiols se'n va a París, on treballa a la redacció de la «Revista de Catalunya». Mercè es queda a Roissy perquè no sempre pot acompanyar-lo. Aprofita les hores per llegir, escriure i reflexionar sobre la seva nova vida sentimental.

«Qui no és feliç és perquè no vol i ja estic cansada de fer de dama de les Camèlies. A treballar, a escriure, a veure si faig alguna cosa que el dia de demà pesi en el meu país, a prendre la felicitat que em donin i a pensar en la mare i en el fill que de debò m'estimen.» (Carta de M. Rodoreda a A. Murià, del 3 de maig de 1940.)

ORLEANS, TRES QUILÒMETRES

Fins que van arribar els alemanys i van haver de fugir. Van fer-ho des de París, el 12 de juny de 1940. A l'estació de Denfer-Rocherau van enfilar-se a un tren que els havia de transportar a la zona dita lliure, la França que quedaria sota el règim del govern de Vichy. Eren cinc: Antoni Maria Sbert i la seva secretària, Monsieur Berthaud, administrador de la «Revista de Catalunya», l'Obiols i ella. Al cap de tres dies gairebé no s'havien mogut de lloc. Anaven bruts i estaven cansats. Van canviar diverses vegades de ferrocarril fins que s'adonaren que cada cop tenien els alemanys més a prop i que era millor fer com gairebé tothom: caminar camps a través o per les petites carreteres que els acostarien a Orleans. Van aconseguir de passar el Loira i una nit van dormir sobre la palla en un cobert i a dos quilòmetres de l'exèrcit d'ocupació. Van poder descansar en palla neta. Van passar gana i set i se'ls «omplia el nas i la boca de pólvora». Van travessar Orleans tot encès i, al final, van poder-se refugiar en una granja mentre se signava l'armistici. I van poder descansar a Llemotges, on l'Obiols va pendre nota minuciosa de tot el que els havia anat succeint en aquelles darreres hores angoixants. Després ella n'escriuria un conte, *Orleans, 3 quilòmetres*.

«A banda i banda de la carretera s'estenien els camps de blat. Les espigues es doblegaven, madures, plenes, a punt de rebentar; una brisa lleugera les omplia d'onades rosses. El sol es ponia entre boires: un solor de color de carmí que omplia el paisatge de tons malva. De tant en tant una rosella treia el cap entre les espigues, excessiva d'immobilitat. La carretera era plena de gent que no sabia on anava. Passaven carros curulls de mobles, de gàbies plenes d'aviram assedegada i famolenca, de matalassos, d'estris de cuina, d'eines de treball.» (*Orleans, 3 quilòmetres*.)

Van saber, també, que la Marie Therèse, que els havia servit al castell de Roissy, un diumenge assolellat i de cel molt blau es va vestir de blanc i amb una flor al cap es «deixà aixafar pel tren».

L'onze d'octubre de 1940 el «Journal Officiel» del govern de Vichy publica el decret que obliga tots els estrangers entre 18 i 55 anys a incorporar-se a un grup o companyia de treball «si és que no realitza ja un altre servei considerat eficaç» i si és que no volia retornar al seu país d'origen. Aquests grups de treball quedaven a disposició del Ministeri de Producció, Indústria i Treball, que era el responsable d'establir les condicions laborals de cada enrolat i podia, en certs casos, destinar-los a treballs agrícoles sota la tutela de patrons particulars. S'entenia que els estrangers adscrits a aquests grups no rebrien cap sou: era la manera d'agrair a França el fet d'haver-los acollit. S'admetia, però, la possibilitat de rebre, ocasionalment, primes econòmiques en concepte de producció.

Joan Prat i Esteve no podia defugir les ordres governamentals. Va ser destinat a Saillat, un poblet molt bonic «on es podria reproduir el miracle de Roissy». El 10 de juny de 1941 l'Obiols treballa a la pedrera, cosa que troba no especialment dura i, en realitat, molt millor que no estar-se al camp tancat i sense fer res. Espera que els dies de la

setmana passin sense més entrebancs i que el cap de set-
mana pugui gaudir d'un curt permís que li permeti de visi-
tar la Mercè, que és a Llemotges i aquí sí, reviure caps de
setmana miraculosos, a la manera de Roissy. Ha formulat
la petició per anar a treballar a una *ferme*, tal com ho pre-
veu el decret del Govern, però de moment no li han contes-
tat. Malgrat la situació, ella no deixa d'escriure-li unes car-
tes més aviat doloroses on posa en qüestió el seu amor i
la seva fidelitat.

«No m'has acabat de conèixer encara, estimada. De dues
coses no vull que dubtis: de que t'estimo a tu sola i de que
he sofert també molt, encara que no sigui pels mateixos mo-
tius», respon l'Obiols.

Intenten, malgrat les reticències amoroses, ser a prop
l'un de l'altre i de trobar un *fermier* prop de Llemotges a
qui interessi contractar un home bastant fort físicament,
disposat a fer d'agricultor cada dia a canvi d'uns caps de
setmana lliures per poder-los dedicar a gastar les cadires
de la biblioteca municipal de Llemotges. A més a més, no
es tracta d'un exiliat espanyol qualsevol, ja que cobra un
petit subsidi, la qual cosa li dóna una certa rellevància en-
tre els *fermiers* francesos, més aviat desconfiats dels per-
dedors de la guerra civil. També hi ha la possibilitat de tro-
bar feina al camp d'aviació, on, segons sembla, es paga un
sou i, un cop acabada la feina, els treballadors forçats ob-
tenen llibertat absoluta. De tota manera la situació de
l'Obiols no deixa de ser estranya. Ell mateix no acaba d'en-
tendre per què es troba en aquesta companyia de treballs
forçats —organitzacions que en principi semblaven desti-
nades només a acollir els qui havien passat pels camps de
concentració francesos— i, en canvi, els col·legues que hi
havien estat fins a última hora semblen haver-se'n lliurat
sense complicacions. No arriba a trobar-ne la raó i fins creu
que potser és a conseqüència de la seva situació «irregu-
lar» amb la Mercè. Tots dos pensen que si estiguessin «vol-
tats d'una altra mena de gent no hi hauria ni la meitat del
problema. No n'hi hauria gens i hauria sortit d'ací el ma-
teix dia d'arribar». La Mercè li recomana que es queixi a
les autoritats franceses. Però ell veu que això és impossi-

ble: «No et creguis que això d'aquí sigui dantesc, ni molt·
menys. És un món molt diferent del meu, és clar, ple de
petites molèsties, però suportable per un temperament com
el que jo tinc, una mica estoic, que només sap donar valor
a allò que hi ha d'essencial en el món i en la vida.»

Amb tot, potser tampoc pagava la pena canviar el destí.
Al conte *Cop de Lluna*, Mercè Rodoreda descriu el que hau-
ria pogut ser la vida de l'Obiols en una d'aquelles granges:

«Ni els dies que havia passat al Grup treballant a la pe-
drera, quan anava a buscar aigua al riu per als motors i
la pujava a galledes rost amunt fins a la màquina, no s'ha-
via sentit tan cansat.»

Ella no està sola a Llemotges. L'acompanyen els qui van
deixar París el mateix dia i de la mateixa manera que van
fer-ho ells dos. La Maria Antònia, la secretària de Sbert,
amb qui ho comparteix gairebé tot, ha demostrat ser real-
ment «insuportable», es queixa sense donar-ne més expli-
cacions.

Amb tot, és l'estiu, i té moments de placidesa i de tran-
quil·litat. Les cartes d'Obiols han de commoure-la forçosa-
ment: «Ja sé que t'he fet sofrir molt, pobra estimada meva,
i a vegades penso que he vingut al món per a sofrir i fer
sofrir per una mena de voluptat de l'escrúpol, per una mena
d'indecisió permanent que em ve, no pas de feblesa, sinó
d'un impecable afany de justícia, d'objectivitat, d'un hor-
ror profund a fer sofrir els altres, encara que sembli para-
doxal.» Obiols escriu aquest autoretrat moral el 21 de juny,
des del *foyer* de la companyia atapeït de treballadors i amb
música de ràdio de fons.

Res ni ningú no ha pogut resoldre la situació de l'Obiols
i quatre mesos més tard el trobem a Chancelade, en zona
ocupada i sota les ordres de l'exèrcit alemany. Des d'aquí
envia una única carta a la Mercè. Després seran setze me-
sos de postals interzones.

«Estimada,
»Bé, encara no sabem res. Sembla que demà al matí ar-
ribarà la comissió alemanya que fa el darrer triatge. He fet
una darrera gestió: he parlat amb un dels oficials france-

sos que hi ha ací, i hi ha, encara, una possibilitat de quedar-me. No molt sòlida, val a dir, però no del tot negligible. Com que segurament demà sabré una cosa o altra no vull fer més conjectures. Esperem.

»He anat pensant molt, estimada, en aquesta nova situa-ció. És terrible, però com més va més crec que no és irrepa-rable. Si vaig a la zona ocupada possiblement podrem tro-bar una solució o altra. Jo tinc la imaginació una mica massa lògica o geomètrica, i la realitat és sempre molt més mati-sada —o almenys més descordada. Tinc molta confiança, fins i tot preveient el pitjor. Faig un esforç per no perdre la paciència. Sofreixo molt pensant en tu: no et desesperis, estimada; mira de superar la depressió, la sensació de sole-dat... No vulguis creure que estem en un camí interceptat. Ens trobem, només, davant una situació nova i hem d'espe-rar que estigui ben plantejada: abans és inútil de fer pro-jectes o desesperar.

»Hem dormit en una casa gran que sembla un conven-tet, una mica fora del poble; una casa en reparació, sense mobles, acabada d'emblanquinar. L'interior recorda una mica aquella casa de la Ferté-Saint-Cyr on vam dormir un cop passada la Loire, sobre la palla. És curiós: vaig sortir de la zona ocupada dormint sobre la palla, també. La casa té un parc molt petit, abandonat, voltat d'un mur en runes, amb un brollador eixut: pel costat passa un riuet. El poble és molt petit, com Roissy, però complicadíssim i ja m'hi he perdut dues o tres vegades. Res de l'altre món, però amb tu ho trobaríem diví —com Celon, com Roissy, com la nostra cambra de Limoges, com el cafè de la Bourse! Mercè, t'esti-mo molt, t'estimo molt, molt més del que sé dir-te. Aquell vers de Racine! "Dans l'Orient desert!" Quina sensació de desert que tinc al meu voltant... com si tu fossis l'unic ésser vivent, tan profundament i obscurament barrejat amb el meu. Com si tinguéssim una sava comuna. Mercè, t'estimo; t'estimo com t'estimava aquelles nits prodigioses del parc, aquelles nits de llegenda, aquelles albes malaltes de tan amor... Potser no t'ho voldràs creure, però t'ho dic com t'ho diria cinc minuts abans de morir. M'ho sento a la gorja, al pit... I ara, escrivint-te ploro, ploro davant de tothom i no veig gairebé les paraules que t'escric... I és per tu que ploro esti-mada. Fes un esforç per superar la teva tristesa, fes-ho per mi. Mercè... Estima'm molt, però no et desesperis... Si no estic segur d'això no podré estar un moment tranquil...

»Aquesta tarda, des de Périgueux, et tornaré a escriure... T'estimo. Joan.»

Com als últims mesos de Roissy, com gairebé sempre, la Mercè no sap reaccionar si no és refugiant-se en la desesperança o en el cinisme. Però ara l'Obiols està en una situació tremendament difícil per agafar-se amb calma aquestes actituds extremes. Però, què hi fa ella a Llemotges, sense poder estar al costat del qui estima, del qui li escriu aquestes cartes d'amor absolut que ella no s'acaba de creure perquè pensa que en el seu fons sempre ha confiat en un retorn amb la seva dona? Per què no se'n torna a Barcelona, on l'esperen la seva mare i el seu fill que són els que «de debò m'estimen»? En efecte, els moments de falsa clarividència la porten a imaginar-se tornant a Barcelona, vivint a la seva «caseta de Sant Gervasi» i organitzant tertúlies amb els seus amics literats. «Sola, carrer de Balmes amunt», escriu a Anna Murià. «És amarg estimar molt una persona que m'estima tan poc a mi i prou a qui no ha deixat de considerar la seva dona, per poder-li escriure cartes d'amor», pensa i afirma Rodoreda sense cap motiu massa raonable. Montserrat Trabal, la dona de l'Obiols, fa i farà tots els possibles durant els anys de la guerra europea per saber com està el seu marit, que, a Sabadell, també va ser amic de joventut d'ella i dels seus germans, i intentarà de trobar-lo sense èxit. Això que pot entendre's com una reacció lògica i humana, Rodoreda ho interpreta com un joc de triangle, una història de film o de novel·leta barata i ella mateixa arriba «a fer-se fàstic». En realitat, ella és conscient que la seva actitud s'assembla massa a la rebequeria. No pot ser tan exigent amb qui no ho és tampoc amb ella. Però li costa un esforç massa gran canviar de manera de fer, se sent sola en aquest país i en aquesta ciutat en què no coneix pràcticament ningú. Acaba sentint-se impotent i només hi veu una sortida: fugir, encara que no sap cap a on. No pot fer res per estar amb el seu estimat i tampoc no fa gran cosa per resoldre els seus propis problemes familiars sobre els quals, prudencialment, la seva mare continua informant-la des de Barcelona.

Els pares de Mercè Rodoreda en diverses es-
tampes: l'Andreu, fotografiat sobre fons ne-
gre; la Montserrat, que dóna instruccions al
seu germà sobre com mirar millor el retrat:
"Aquí em tens pensativa en aquesta postal
hermosament artística; és de totes la millor
pel meu gust. Mira-te-la contra claror, fa més
efecte"; i tots dos al jardí de la casa.

El jardí, donant al carrer de Manuel Angelón, era un espai per a les "mu-
ses", i la Mercè les va veure de prop.

Mercè Rodoreda amb el
seu avi Pere poc abans de
morir aquest.

De Montserrat Gurguí, la
mare de l'escriptora, en
queden pocs retrats de
després de la guerra civil.
Aquest n'és l'últim, a 78
anys, pocs mesos abans de
morir.

Dues fotos de Joan Gurgut: l'una de 1911, feta a San Andrés de Siles (Argentina); i l'altra ja de retorn a Barcelona.

II. ZONA LLIURE / ZONA OCUPADA

MERCÈ A LLEMOTGES — JOAN PRAT A BORDEUS

Des de Chancelade, al Perigord, on els alemanys havien instal·lat un camp de treball, l'Obiols va ser destinat a Bordeus. Els primers mesos de l'hivern 1941-42, va haver de treballar durament, sobretot de nits, transportant sacs de ciment i descarregant vagons de grava. Com gairebé tots els seus companys de la pedrera, també va passar per la presó. A poc a poc, però, i gràcies als seus dots de *bon causeur* i de bon coneixedor d'idiomes, es va anar guanyant la confiança dels alemanys, que havien decidit de construir, sembla que il·lògicament des del punt de vista de l'estratègia militar, una base de submarins a la capital de la Gironda. Però, mentre no va ser traslladat a Bordeus, l'Obiols només pogué comunicar-se amb la Mercè amb el que s'anomenava postal d'interzona, una petita cartolina on al lloc de la imatge o la fotografia de rigor no hi havia res i hom podia escriure-hi el seu missatge; al darrera, només dos requadres per omplir amb les adreces de l'expedidor i del destinatari. Evidentment aquestes postals havien d'anar escrites en llengua francesa per tal que els controls policíacs sabessin què s'hi deia i qui escrivia a qui. L'expedidor, en aquest cas, residia a la caserna colonial situada al passeig de Guynemer, a Bordeus. El destinatari era Mercè Rodoreda, *chez* Mr. Vinatin, al número 12 del carrer de les Filles de Notre-Dame, a Llemotges.

En aquest carrer i en aquesta casa, Mercè Rodoreda elu-
cubra sobre el seu passat, ja que no se sent gaire capaç de
fer-ho ni sobre el present ni sobre el futur. S'enyora de tot
i de certes persones, entre elles, molt especialment, d'Anna
Murià i de la seva «sol·licitud maternal» que tanta falta li
fa ara. Li agradaria de tenir al seu costat aquesta Anna que
va lligada «a la millor època» de la seva vida. I pensa en
aquells moments dolorosos de soledat que l'amistat amb ella
sempre, passin els anys que passin, es mantindrà «tan col-
pidorament forta» com ho era a Roissy. Passa penes i misè-
ries perquè els diners i el menjar que de tant en tant li en-
via l'Obiols no arriben per a gran cosa, però és que tampoc,
en aquests moments, hi ha gran cosa a adquirir a Llemot-
ges. Canvia d'angoixes «com de vestit», viu molt i escriu,
escriu molt més del que ella mateixa, després, no ha volgut
reconèixer. Escriu històries sense final, nombrosos contes
i textos teatrals que deixa empantanegats esperant un mo-
ment de més calma per tal que aquestes complantes, geniü-
des i martiritzades, puguin convertir-se en veritable litera-
tura. Les notícies que rep de Barcelona, en les quals la seva
mare l'informa dels canvis adolescents del seu fill, que ja
fa temps que ha mutat la veu i que comença a afaitar-se,
tampoc no l'animen a abandonar aquesta romàntica aven-
tura sentimental a la qual, en realitat, ella tampoc no veu
un final feliç.

DE L'AMOR AL CONFLICTE PERMANENT

A començament del 1943, el signe de la guerra sembla
voler fer un tomb a favor dels aliats. Franz Todt, l'implaca-
ble enginyer alemany, inventor i director de les organitza-
cions d'armament a França per a les quals treballa l'Obiols,
ha mort fa uns mesos. Ell, l'Obiols, amb el seu «estoïcis-
me», fa per manera que la seva situació a la caserna colo-
nial de Bordeus variï substancialment i és dels pocs que
pot tenir un sou una mica digne i la possibilitat de gaudir
de caps de setmana lliures. Els aprofita per, passant la lí-

nia de demarcació entre zona ocupada i zona lliure, anar a Llemotges a veure la Mercè.

En aquestes ocasions es muneix de llegums, verdures, fruita i carn que el cuiner del campament, un altre català, li dóna per portar als seus familiars. Aquests privilegis i la creixent responsabilitat que els alemanys li van donant són la causa que, després, un cop acabada la guerra, certs sectors l'acusessin de col·laboracionista. Ell, en tot cas, mai no va fer res per desmentir-ho. Potser perquè no l'importaven gaire ni les crítiques, ni la gent que les promovia. Altrament, en aquest començament de l'any 1943, el decantament de la guerra, variable és cert, encara estava per decidir. I ell procura subsistir en aquell cafarnaüm, habitat per uns tres mil homes que treballen per a l'organització Todt i que han passat sota la seva direcció. Les hores lliures es distreu llegint Giraudoux, descobrint Henri Michaux i devorant els epígons del surrealisme, Raymond Queneau i Michel Leiris entre altres. Cosa que fa posar de mal humor la Mercè: després de tres mesos de no veure's, ell és capaç de passar-se un curtíssim cap de setmana amb ella només interessat a llegir i a parlar de llibres.

A més a més, ella creu que l'Obiols li fa trampa amb la qüestió dels permisos i s'imagina, amb raó o sense, que se'ls fa venir bé. Sovint, quan ell arriba a Llemotges, la retrobada es converteix en un veritable camp de batalla on els retrets són l'arma comuna. Fills de la suspicàcia, els retrets s'acaben com la Mercè vol que s'acabin: en grans declaracions amoroses i en excitants *seances d'amour* que desmunten l'Obiols, que haurà de retornar a la vida del camp «amb la sensació de la teva pell als dits» i prometent que a Llemotges no tornarà a llegir «mai més cap llibre», promesa que fa sospitar de nou la Mercè: no ve a veure-la perquè prefereix quedar-se a Bordeus i anar al cinema o empassar-se més llibres. «Tornes a estar enervada —li escriu el 9 de març de 1943—. És el mateix clima dels dies que van precedir el meu permís anterior. Creu-me Mercè: tingues calma. No m'atribueixis a mi coses que són simplement conseqüència de les circumstàncies. Ni tinc la meva vida organitzada ací, ni em plau estar ací... En fi: no cal que insisteixi a dir-te totes aquestes coses perquè són tan evidents que em sembla que no cal insistir-hi. I sé que totes aquestes coses que penses les penses només els dies que m'enyores molt, els dies que m'estimes més.»

El futur és encara incert, però ell assegura que només l'interessa de deixar ben fixat, d'una vegada, què ha de fer: si continuar vivint a Bordeus, si traslladar-se a Llemotges, o bé si ha de buscar alguna cosa a París. Sap que ella n'està pendent: «De la solució depèn el que has de fer tu.» De moment el que continua sent més clar és que ja tenen organitzada una biblioteca, entre els llibres de Bordeus i els de Llemotges, que ja comença a fer «un cert efecte». I a més a més, s'estimen: «Em preguntes si t'estimo? Com vols, Mercè, que després de les hores que hem passat junts, que després de tota la joia i de tot el dolor que hem viscut junts, sota cels radiants i nits prodigioses, o literalment sota xàfecs de metralla, després de totes les inquietuds, i de la misèria i de la llibertat que hem viscut junts, després dels nostres pallers i dels nostres estables i dels nostres arbres, com vols que després de tot això no t'estimi, a tu que estàs plantada al mig de la meva vida com l'ànima dintre el meu cos? Ets com un tros de mi que per un fenomen curiós té una certa autonomia de moviments.»

I tot plegat, i passats uns primers mesos de veritable pànic, la guerra no és pas tan dura per a ells. Berthaud, sense anar més lluny, ha anat a parar a un camp de concentració. En canvi, l'Obiols pot fer-se fer, fins i tot, un vestit d'estiu molt clar, esportiu, que faci joc amb el vestit sastre de la Mercè, ja que els diners que li donen els alemanys (10,40 francs a l'hora i li apunten dotze hores treballades al dia, fins i tot el diumenge), de moment li ho permeten. Com li permeten, a ella, de recuperar-se amb un mínim de decència quan li cal de sotmetre's a una intervenció quirúrgica en un moment en què els hospitals i clíniques són plens de ferits procedents del front i dels bombardeigs.

«(...) no he tingut cap malaltia greu fora d'una operació greu a Limoges després de la retirada francesa que em va fer un metge vell, amb la barbeta blanca, amb els ulls blaus que m'ho descobrien tot». (*Paràlisi*.)

A la vida real l'operació no va ser tan «greu» com afirma la «malalta» del conte. Ella, no obstant, la va viure com

si ho fos i queixant-se perquè trobava llarg i pesat l'estar
sola —perquè disposa d'una habitació per a ella tota sola—
a la clínica. Avisat telegràficament, l'Obiols va anar imme-
diatament a Llemotges i va poder resoldre les qüestions de
l'internament, però només s'hi va poder quedar uns quants
dies. Malgrat tot no va estar desatesa com ho podria fer
pensar el moment en què va haver de ser intervinguda: *ma-
dame* Giroud va estar *aux petits soins* amb ella tots aquells
dies.

Després de l'operació tampoc no trobarà gaire meravel-
llosa la bona pensada que ha tingut l'Obiols d'instal·lar-la
en un poblet petit, a pagès, així que surti de la clínica, per
passar-hi la convalescència. Feta la intervenció quirúrgica
a mitjan abril, durant una particularment lluminosa prima-
vera francesa, no va tardar a refer-se'n físicament i al cap
de menys de quinze dies tornava a ser a casa. Empipada,
això sí, perquè ell no li havia escrit prou i perquè les seves
cartes traslluïen, al seu entendre, que només estava absor-
bit en la feina del *büro* a Bordeus. Ell, ofès per les queixes
injustes, intenta demostrar-li que ni un alemany no s'atre-
viria a fer les fugides que ell fa ni a trigar tant a tornar
al camp com ell, que s'arrisca a anar a parar a una com-
panyia disciplinària. Això sí, al costat d'aquestes paraules
indignades li declara el seu amor i li diu: «Només tinc ga-
nes de besar-te la cicatriu... Que tinguis al cos una cosa que
jo no conec em produeix gelosia.» Amb més determinació,
l'Obiols mira de trobar una caseta, si no a Bordeus, en un
poblet prop de la ciutat, on ella pugui instal·lar-se així que
s'hagi restablert. Serà la manera més fàcil de fer-li arribar
el menjar que tan sovint ella reclama perquè no pot adqui-
rir ni amb diners una cosa que no hi ha en un país en guer-
ra. I, sobretot, podran estar junts i passar llargues estones
estirats al llit: «Jo, amb un llibre i tu fent morros... Però
estaríem divinament bé», imagina l'Obiols.

Encara que esporàdicament, reprenen els contactes amb
els altres exiliats catalans. Primer va ser amb Carles Riba
que, a finals de març, els anunciava el seu imminent retorn
a Barcelona i enviava a l'Obiols les últimes poesies que ha-
via escrit. Després, amb Lluís Muntanyà (durant el mes de
maig) amb qui constaten que «es mantenen fidels als princi-

pis de Roissy», cosa que fa referència al respecte i a la fidelitat que ells sempre han mantingut envers la vella Europa. Muntanyà els explica que té la residència fixada a Perpinyà, però que de fet viu gairebé sempre a Marsella, on treballa, amb la col·laboració d'una casa comercial francesa, en la importació i exportació de productes espanyols i francesos. Reconeix que ha guanyat diners, «algun quartet, sobretot l'any passat perquè ara tot està paralitzat», que es gasta alegrement sabent que les coses s'arranjaran abans que no arribi «al fons del sac». Muntanyà, alegre com sempre, confia en la seva bona sort i no pensa fer com en Gasch que, igualment que Riba, ja ha tornat a Barcelona: «aquest *fauteil d'orchestre* val totes les peles del món», confessa, i no està disposat a prendre una butaca de segona fila per veure el gran combat final de la guerra del món des de Catalunya. Muntanyà aprofita per fer-los saber que Tasis, que s'ha quedat a París, es queixa que ningú no li escriu; que López Picó ha organitzat una exposició d'aquarel·les i olis sobre temes folklòrics catalans amb un èxit considerable i que Joan Alavedra ha guanyat la Flor Natural als Jocs Florals celebrats al Rosselló. No deixa de ser, tot plegat, un bon retrat de les activitats dels intel·lectuals i artistes catalans a França i de la seva peculiar col·laboració a la resistència francesa.

A mesura que es recupera de l'operació, Mercè torna a animar-se una mica. Encara que, en realitat, és sobretot perquè a Llemotges, aquesta primavera, hi ha trencat un cor. La cosa no tindrà més importància, però de moment li estimula les ganes de vestir millor i, així que pot i troba la persona adequada, no s'està de demanar que li enviïn retalls de roba amb els quals ella sabrà fer-se uns vestits o unes bruses magnífiques perquè, a cosir, hi té la mà trencada. A més a més, amb dues o tres conegudes han pensat que aquesta és una manera de guanyar-se una mica millor la vida i decideixen d'acceptar encàrrecs que els arriben, primer de les amigues i, ben aviat, de les amigues de les amigues.

El mes de maig de 1943, Bordeus comença a ser evacuat i, en conseqüència, el camp on es troba l'Obiols també serà progressivament abandonat, encara que no pas tan de pressa com ell ho espera. Cap al dia 27 hi porten 600 espanyols més que són, cadascun d'ells, «un niu de problemes» que haurà de resoldre mirant que no li destorbin gaire ni les sessions de cinema ni les lectures, per exemple, de *La Machine Infernale*, de Cocteau, que després envia a la Mercè recomanant-li que també el llegeixi, tot i que, al seu entendre, «es tracta d'un Giraudoux passat una mica per aigua». Entre l'Obiols i les «coses» del camp «hi ha com una muralla aïllant» que li permet de veure-les amb un cert sentit, sarcàstic, de l'humor. Encara que excepcionalment, quan està més animat que de costum, li escriu cartes contant algunes de les anècdotes protagonitzades pels espanyols que estan sota la seva responsabilitat. Anècdotes dignes de figurar en una antologia de les bromes de la colla de Sabadell, com ho és aquesta: un bon dia arriba al servei d'urgències un home que ha sofert un atac. Els dos sanitaris espanyols l'estenen sobre el baiard i amb una llanterna li examinen la reacció de la retina. La retina no reacciona i li posen una injecció d'oli camforat creient que està en plena agonia. Repeteixen la prova de l'ull i l'ull encara no respon. Els sanitaris s'esveren i, aleshores, el qui acompanya el malalt els diu: «Metges, no en facin cas, d'aquest ull, és de vidre.» També li explica que algun cop fa «un discurs al centenar de gandulls que treballen al camp, un discurs paternal però ple de severitat, amb algunes insinuacions d'amenaça «que fan impressió».

El 22 d'agost l'Obiols envia l'última de les 74 cartes (conservades) que ha escrit a la Mercè des de Bordeus. Fa uns deu dies ella hi havia estat per acabar de decidir si valia la pena que deixés Llemotges i anés allí, prop d'on ell encara té la feina assegurada. El 29 la Mercè escriu una carta a l'Anna Murià en què, poc convençuda però, no deixa de comentar la possibilitat del seu retorn a Espanya. Malgrat tot, li recomana que li contesti a París, a l'adreça de Magí Murià, el pare de l'Anna. A la carta, la Mercè es queixa que l'Obiols l'estima poc i no li notifica, en canvi, el que sembla més segur que farà de manera immediata: anar-se'n a viure amb ell a la capital atlàntica. A la carta següent, sense data, a més a més de demanar-li roba per fer-se vestits i combinacions, li dóna la nova adreça sense més explicacions: 43 *rue* Chauffour, Bordeaux, Gironde.

EL FINAL DE LA GUERRA

Els queda encara gairebé tot un any de veritable guer-
ra. Les informacions bèl·liques cada cop donen més garan-
ties de victòria als aliats. Però ells es troben en zona ocupa-
da. Viuen, pas a pas, les derrotes de l'exèrcit alemany a la
costa francesa de l'Atlàntic: la Bretanya, la Normandia, i
cap avall, La Rochelle i Bordeus. Però estan junts i la peti-
ta eufòria dels seus compatriotes al nord de França no deixa
de convertir-se per a ells en un motiu d'esperança. També
l'Obiols reprèn les activitats polítiques com a membre d'Ac-
ció Catalana, i en presideix la secció local, encara que l'ideari
del partit no es correspongui exactament amb el seu: «Els
partits —diu a Rafael Tasis— són superestructures ideolò-
giques bastides sobre un determinat estil de pensar i àdhuc
de viure. No són un instrument provisional, sinó un ideari
provisional.» Ha viscut l'ocupació de Bordeus durant dos
anys i mig i n'ha sortit indemne, creu que això és suficient
per demostrar el seu «tacte». Ha dormit cada nit durant
més de 18 mesos en una barraca de fusta d'un campament
situat a 200 metres d'una base de submarins. Els tocs de
sirena i les alarmes tenien un «patètic difícilment concebi-
ble» que l'han fet tot un altre. Han estat «quatre anys de
contacte mantingut amb marroquins acabats d'arribar de
llur càbila, argelins discursius i pesats, espanyols instintius
i directes, flamencs malfiats, congolesos suaus i llunàtics»,
que expliquen ara el seu agreujat escepticisme. S'ha ficat
en una mena «de camp d'extermini» i pesa 57 quilos. Ha
sobreviscut i, a parer seu, «els supervivents d'una guerra
ho són perquè un moment o un altre han tingut un reflex
de covards».

És un personatge tan singular, l'Obiols, que dos col·le-
gues seus ja l'han transportat tal qual és directament a les
pàgines de la ficció. Primer C. A. Jordana, que utilitza el
seu mateix nom i tot, a *Flames de juliol*; després, Rafael
Tasis, a qui la guerra ha despertat la vocació de novel·lista
policíac, el converteix en un detectiu afeccionat que resol
tots els problemes a *Paral·lelo*. També Benguerel el retrata

a *Els fugitius*, però en aquest cas la literatura no li fa cap favor.

Des de mitjan agost de 1944, un cop ha canviat el signe de la batalla internacional, l'Obiols treballa per al Control Interregional de la mà d'obra estrangera, dependent del Ministeri de Treball. Al principi li pagaven 4.500 francs al mes, quantitat que, de totes maneres i per contradictori que sembli, va essent substancialment rebaixada. Ella treballa «fins a l'embrutiment per a mal viure»: és una exageració. És cert que continua cosint camises de dormir i combinacions per a un magatzem que qualifica de luxe, però no costa d'imaginar que no ho devia ser gaire, ateses les circumstàncies. No ha perdut els seus deliris de grandesa i continua somniant a guanyar-se molt i molt bé la vida per tal de comprar-se vestits de «gasa negra amb estrelles brodades», més dignes d'una fada malvada que d'una refugiada espanyola, joies i molts parells de sabates «exquisides». D'ençà que són junts i que els alemanys són fora de Bordeus les ganes d'escriure es fan més evidents. Passa de la màquina de cosir a la màquina d'escriure amb un no-res: les dues coses li surten magistralment. Això fa encara més incomprensible la seva actitud posterior de no voler reconèixer que ja aquells anys tenia projectes ben concrets i definits i que fins intentés esborrar les pistes que donaven fe de tot el contrari. Em refereixo, concretament, a les còpies de dues cartes escrites per l'Obiols i destinades a Rafael Tasis on apareixen retallades les mencions a les activitats d'ella. La consulta feta a la correspondència guardada per l'escriptor i després per la família Tasis ens permet de comprovar que, efectivament, pensa i escriu contes sense parar. A final de 1945 ja en té cinquanta d'embastats i fins ja té emparaulat amb l'editorial de Ragassol un llibre que portarà per títol un simptomàtic *Rosa i Negre*. Molts anys després Mercè Rodoreda dirà que en aquells temps de guerra no escrivia perquè li semblava una «ocupació frívola», una afirmació moralista que els fets desmenteixen.

A París, doncs, que és on els catalans reagrupats immediatament després de saber-se les decisòries derrotes dels alemanys ja comencen a reorganitzar les seves activitats polítiques i culturals, saben que la Rodoreda té enllestides diverses coses per publicar.

La Fundació Ramon Llull és a punt de començar a actuar de nou, amb la qual cosa tant l'un com l'altre podrïen tenir feina ben aviat a París. És una cosa que convé perquè com més passa el temps més corre el perill de desaparèixer la plaça de funcionari que ocupa l'Obiols a la delegació ministerial a Bordeus. A París es parla de ressuscitar la «Revista de Catalunya», de la qual l'Obiols s'havia ocupat l'any 1938, a Barcelona, i l'any 39, a París. Ara seria «una de les poques coses que faria de gust», reconeix a Tasis, que és un dels encarregats de dur el projecte endavant i que, a més a més, manté el contacte directe i diari amb Nicolau d'Olwer, que té poders decisius, qui sap si amb la intenció de muntar un altre organisme o institució, al marge dels interessos polítics, que garanteixi la continuïtat de la cultura catalana en aquests moments difícils. L'alliberament de París vist, paradoxalment, amb acritud pels catalans, sembla voler accelerar el procés de les coses. «És necessària la unió d'esforços i d'activitats si volem ajudar a caure Franco i que els Aliats ens facin un xic de cas», escriu Tasis l'11 d'octubre de 1944. Una unitat «a l'entorn de l'obvi» que, a parer de l'Obiols, és totalment inoperant, i que a més a més, pel que fa al terreny polític, sembla impossible d'aconseguir: «Hi ha tres Esquerres (republicanes), no sé quantes CNT, i altres tantes variants de qualssevol partit i agrupació política catalanes; tots ells es consideren autèntics. Només el PSUC sembla capaç de mantenir-se sota els rengles de l'obediència, i amb això intenta d'enrolar els altres en la creació d'uns supraorganismes d'intenció unitària que cap més no vol acceptar.» D'altra banda, molt pocs d'entre aquests intel·lectuals i polítics catalans coneixen de debò en quines condicions es troba l'organització guerrillera dels espanyols i dels catalans exiliats a França, no en saben «ni les coses més elementals», segons reconeix Obiols. Per a ells la guerra ha estat «quatre anys de vacances dramàtiques», viscudes al marge del seu propi país, amb la qual cosa el diàleg amb l'organització comunista esdevé encara més difícil i fa que acabin tots ells, gairebé sense excepció, «embafats de tanta política» i enyorant els dies de l'ocupació en què només pensaven, com reconeix Tasis, «en la vana literatura».

De tot el que es fa a París, allò que més els interessa

és, doncs, l'anunciada represa de la «Revista de Catalunya» i la intenció expressada per Eduard Ragassol de dur endavant un negoci d'edicions catalanes i castellanes, que s'inaugurarà, a principi de 1946, publicant les *Històries de coneguts*, de Rafael Tasis. Ni els Jocs Florals, ni els homenatges a Verdaguer o a Lluís Companys, de moment, semblen dir-los gran cosa. De l'últim president de la Generalitat, afusellat a Barcelona, Obiols en fa un retrat, de gairebé quatre planes, realment escruixidor, per justificar la seva inhibició davant els actes commemoratius. «Un gran home és aquell els errors del qual no compten, ha dit Valéry. Els de Companys han comptat matemàticament tots. (...) La seva mort fou un suïcidi camuflat; i, per la forma, una mort usurpada.» (...) «La mort el depassa com l'havia depassat la vida», diu entre d'altres moltes coses sobre el qui considera que va morir amb un gest, «descalç», més propi del melodrama radiofònic, que és el que ha accentuat el seu martirologi de manera arbitrària: «accentuació arbitrària», sentencia Obiols, «que és d'on solen néixer els mites».

CARNAVAL, UN PROJECTE AMBICIÓS

Mentre tot plegat és encara un projecte diforme, Rodoreda i Prat es queden a Bordeus, almenys ara hi tenen casa i feina. Ella escrivint i llegint els contistes americans per fer-ne, segons diu, un estudi a fons: està de ple en Steinbeck, Faulkner i el seu «amor», que és Katherine Mansfield. No arriba a fer l'estudi però acaba escrivint uns contes magnífics, un dels quals, *Dimecres, 19 de juny*, tret d'un fet divers, segons explica, va ser escrit «com a reacció», quan va saber que els contes que havia enviat als Jocs Florals de Montpeller havien «esgarrifat» els Felibres provençals. *Dimecres, 19 de juny* és molt probablement el que ara coneixem amb el títol de *Divendres, 8 de juny* i que conta el suïcidi d'una mare jove amb la seva criatura. La major part dels contes, dels quals dóna notícia a les cartes que envia a Anna Murià i a Rafael Tasis, formen part avui de les antologies

Vint-i-dos contes i *Semblava de seda i altres contes*, la primera publicada el 1958, i la segona el 1978. Es tracta de *Nocturn, Mort de Lisa Sperling, Orleans 2K* (definitivament, *Orleans 3 quilòmetres*), *El bitllet de mil, Nit i boira*, que proposa a la seva amiga Anna perquè els hi publiqui a «Catalunya», a «Lletres», o a qualsevol altra revista que publiquen els exiliats a Amèrica. També sembla que té enllestida, des de final del 44, l'escena d'una obra teatral que s'haurà de dir *Alomena*. I confia fer de *Carnaval* un llibre de cinc històries que passin en una nit que «faci rodar el cap».

«... He descobert que el conte és un gran gènere. Penso fer-ne cinquanta. Ja sóc gairebé a la meitat. De *Carnaval* només tinc fet el conte *Rua* al voltant del qual giraran tots els altres. És una noia que fuig d'un ball, en un xalet de l'Avinguda del Tibidabo a la una de la nit. Troba un xicot —tots dos van disfressats i tenen divuit anys— i l'acompanya fins a casa seva. Ella viu a Consell de Cent. A la Plaça Molina els arreplega un xàfec solemne. Abans d'arribar a la Diagonal els surten dos lladres i els deixen sense "un sou". El Passeig de Gràcia és ple de paperets i pengen serpentines dels arbres i els balcons. La Rua ha passat i ells també. I ja està. Ahir vaig començar a escriure *El comissariat*. Els dos lladres de *Carnaval* entren a robar una torre de Pedralbes. El vigilant els agafa i els porta al comissariat del barri. Hi ha un policia nou que és el primer dia que fa guàrdia i un borratxo busca-raons. He d'escriure *La carota*. A un vailet de cinc o sis anys la seva mare li compra una carota a l'adroguer de la cantonada. Gran emoció. A la nit, quan tothom dorm, es lleva, es posa la carota i fa l'ase. Té la sensació que és invisible. Tot d'una sent "xiulets", és el vigilant que agafa Gabriel i Bernabé —els dos lladres—, es fica al llit amb la carota, respira l'olor de cartó amb delícia i s'adorm. Horrible com un malson. He d'escriure *Amants*, una parella que fa l'amor en un reservat de restaurant. Ella disfressada de Pompadour, ell de cavaller Casanova. El conte comença quan el *maître* d'hotel dóna ordres als cambrers perquè preparin els reservats. Hi ha la florista que duu poms de clavells per les taules. Li claven un escàndol perquè són pansits. Hi ha el minyó que reparteix el gel, tímid i melan-

giós. És el protagonista de *Carnaval* que a la nit es disfres-
sa amb un vestit llogat i troba la noia que surt del ball. He
d'escriure *Història de gos*. Quan Gabriel i Bernabé atraquen
els protagonistes de *Carnaval*, per allà la vora hi ha un pi-
lot d'escombraries i dos gossos hi furguen. Un d'aquests gos-
sos, després, segueix el protagonista de *Carnaval* quan ja
ha dit adéu a la noia que havia fugit del ball. Bé doncs he
d'escriure la vida d'aquest gos. I he d'escriure *Ball al Li-
ceu*. Voldria fer veure la pell rosada dels escots, la brillan-
tor dels ulls, els músics impecables, l'esclat dels cristalls
dels llums, el color de la catifa, la dolçor del vellut a les
baranes de les llotges, les senyores quan baixen d'automò-
bils superbs i pugen l'escala del *hall* aguantant-se les fal-
dilles convençudes d'ésser eix i força del món. Diré el color
de les serpentines, com es desfan sobre una espatlla nua
o sobre un *smoking* sever. Diré com cauen els paperets i
s'amaguen entre els cabells; a vegades queden enganxats
en grups de cinc o sis com una munió de microbis... Veus
si en tinc de feina a fer...» (Carta a Anna Murià, escrita a
Bordeus el juliol de 1946.)

Carnaval, finalment, va quedar només en una de les parts
anunciades, la primera, *Rua*, que amb tot és sensiblement
més llarg que els altres contes que elabora. Si l'hagués aca-
bat d'acord amb el seu pla anunciat, sens dubte s'hauria
convertit en una veritable novel·la. Per això sorprèn la seva
insistència a dir «no tinc temps» per escriure novel·les, o
bé «la novel·la és massa absorbent» (textual a la mateixa
carta a Anna Murià): què és una novel·la si no l'estructura
prevista per a *Carnaval*? Sens dubte és cert que Rodoreda
començava moltes històries i n'acabava poques. I, de fet,
al final de la seva vida ens ha deixat, publicats, 49 contes,
la mateixa xifra, pràcticament, que la que indicava com a
projecte els anys 40. A més a més, estava tan preocupada
per demostrar i demostrar-se ella mateixa que era una bona
escriptora que de fet prometia el que feia una mica a tot-
hom per tal que algú o altre li ho publiqués, i, d'aquesta
manera, autoimposar-se el treball d'acabar alguna de les
moltes coses iniciades. «Digues a la Mercè que compleixi
els seus anuncis», demana Tasis a Obiols el desembre de
1944, perquè tem que a darrera hora li falli per a les seves

publicacions. Tasis s'ha compromès, a més a més, a fer llegir a Ragassol les últimes produccions de Rodoreda per tal de publicar-li el llibre. Però aquestes produccions no arriben, perquè quan ja té prou contes per fer-ne un volum de gruix considerable, aleshores ella s'embala i prefereix acabar una novel·la que afirma tenir gairebé enllestida. En definitiva: aconsegueix despistar-los tots i, ben segur, també l'Obiols i ella mateixa.

Depèn de l'Obiols, que en aquests moments ja no guanya un sou tan brillant com els dies de l'ocupació, tal com ho ha volgut, però alhora li dol. I tal vegada per això continua cosint i pensant que, si amb l'escriptura les coses no li van tan bé com ho desitja, potser un dia podrà establir un negoci ben diferent, i més ben remunerat.

«Cada any aniria a París a buscar models. Prendria primera classe, vagó llit, seients de vellut i el cendrer lluent clavat sota de la finestreta. Cada temporada es faria fer unes targetes per enviar a les clientes, emmarcades amb tot de torterols cal·ligràfics i els seu nom en lletra anglesa, al mig. Perfumades. Les tancaria uns quants dies en una capsa encoixinada, i abans hi tiraria un rajolinet de perfum...» (*Fil a l'agulla.*)

Tampoc no hi acaba de confiar del tot, en els col·legues catalans de París, i entre altres raons perquè no pot entendre per què li han retirat el dret de subsidi de refugiada, «misèrrim i astral», com el qualifica l'Obiols, que sí que el rep. Ell, l'Obiols, que una mica més discretament ha reconegut que també prova d'escriure una altra novel·la (qui sap si aprofitant l'anècdota del moribund amb un ull de vidre), prepara per enviar a les múltiples revistes de l'exili escrits més prosaics i mig per encàrrec, notes de lectura sobre Aragon, Camus i Queneau. Més endavant, quan tot estigui més clar, diu que hi enviarà un poema i un conte. Té dubtes sobre la conveniència d'enviar-hi un assaig negatiu sobre l'obra recent del «príncep», Josep Carner. De fet, es justifica, troba inadequats la crítica i el mitjà.

Tenen una biblioteca de 1.200 volums (fet enormement singular si es pensa que han estat comprats en període de guerra, quan la manca de paper ha disparat els preus dels llibres a França) i tots dos, però sobretot l'Obiols, llegeixen intensament: Mallarmé i els seus biògrafs i exegetes, la vida de Trotsky, Sartre, Jean Jacques Lemarchand i Simone de Beauvoir i els clàssics grecs i llatins. Es troben particularment motivats a llegir més que mai per un curiós deixeble que li ha sortit a l'Obiols: un *gardien de la paix* que afirma no saber res de res i que sent, amb tota la bona fe del món, una necessitat imperiosa d'aprendre coses i que vol que li ensenyin sobretot Història Sagrada, que és el que més l'interessava de petit, quan anava a l'escola. A l'Obiols tanta «bona fe» l'irrita, però està disposat a ensenyar-li el que faci falta perquè l'actitud del *gardien*, tanmateix, el commou.

Obiols té, com ell mateix reconeix, l'art «una mica màgic d'escriure cartes que dissolen el destinatari», és a dir, tan llargues que provoquen el silenci dels qui les reben però gràcies a les quals, altrament, hem pogut resseguir els fils de la seva vida i els de la de Rodoreda. A Tasis, per exemple, li envia veritables manifestos sobre la seva vida i sobre la vida dels catalans a l'exili: «Al país de les meravelles —diu referint-se a la terra dels catalans— el millor ambaixador és el que divaga a les antípodes del realista.» I ell no aspira a ser ambaixador: està vivament interessat en la resurrecció de la «Revista de Catalunya» perquè la considera «una imperiosa necessitat d'ordre públic». Però els seus antípodes semblen entestats a no posar-se d'acord gaire aviat.

INFIDELITAT?

Els maldecaps sentimentals tampoc no han acabat encara. Montserrat Trabal, que s'havia quedat a Sabadell, que ha fet tot el possible i el que no ho és per saber on parava el seu marit —fins Tasis els ho ha avisat per carta—, ha sabut finalment, ningú sap ben bé a través de quina font humana, que l'Obiols és a Bordeus. Sembla que la Montserrat no sap, però, que hi viu amb una altra dona i decideix d'anar-lo a veure. El 19 de setembre de 1946 va arribar a Bordeus i va localitzar l'Obiols a la seva feina perquè, «sor-

tosament o malauradament», com diu Rodoreda a l'Anna
Murià, no tenia l'adreça particular. Comprensiblement, ell
va fer cas a la seva esposa, que havia travessat la frontera
només per veure'l, però la Mercè, en canvi, va adoptar el
paper de l'amant ultratjada i va decidir d'anar-se'n imme-
diatament cap a París, on es refugià a casa de la família
Tasis, decidida a no veure mai més la persona que més ha
estimat a la seva vida.

Vista des de fora, aquesta reacció només podia ser qua-
lificada de gelosia. Les seves paraules, escrites a Anna Mu-
rià, recorden un punt les dites pels personatges femenins,
extremadament domèstics, de les seves novel·les de pre-
guerra, novel·les que ella no tardaria a rebutjar, per l'es-
cassa qualitat:

«Què volies que fes? Que els anés a sorprendre a l'ho-
tel? Si haguessis vist l'Obiols aquella matinada, quan em
va deixar per anar-la a rebre, després d'una nit terrible. Més
que ganes d'anar-me'n vaig tenir ganes de morir-me. L'amor
no és un mercadeig, Anna. L'amor de l'Obiols ha estat un
amor de misèria. M'ha estimat, oh, sí! I m'estimarà quan
serà vell. Quan farà deu anys que viurà amb ella, quan la
seva filla potser ja s'haurà casat, l'Obiols plorarà per mi.
Llavors veurà clar que érem l'un per l'altre. Ara no em veu
a mi. M'estima massa. Però no em veu. Aquests anys que
hem passat plens de sofriment en què he viscut d'ell i per
a ell, en què no he tingut cap goig, només amargueses, no
se'ls podrà treure de sobre. Però això no em resol res, és
clar.» (A Anna Murià, 8 de febrer de 1947.)

Quan Mercè escriu aquesta carta, ja han passat cinc me-
sos des de l'encontre de l'Obiols amb la seva dona a Bor-
deus. Ell ja és a París, amb la Mercè, però ella encara no
oblida i no perdona. Exagera fins i tot i de manera incom-
prensible. Perquè tampoc no és que ella hagi fet res per re-
gularitzar la pròpia situació familiar. No ha intentat mai
el divorci (ni ho intentarà mai després, quan l'Obiols estarà
disposat a fer els tràmits necessaris) i ni tan sols ha volgut
que quedi constància de la seva separació matrimonial. Té
un fill i una mare a qui pretén ajudar amb diners, si més
no mentre no vegi l'oportunitat de dir-los que ells també

vinguin a establir-se a França. Rodoreda, tan independent i francament resolta a dur la vida pels camins més allunyats de la tradició, no admet la deferència de l'Obiols envers qui lògicament no pot haver deixat d'estimar malgrat la dissidència amorosa i malgrat la distància. Tal com no ha sabut ser esposa, Mercè Rodoreda tampoc no sap ser amant: una incapacitat, tal vegada volguda i alimentada, que quedarà reflectida, a través de força personatges femenins i masculins, al llarg de la seva obra de ficció. En certs moments es comporta com la noia de setze anys que havia estat temps enrera, desenganyada del seu oncle mitificat, el seu gran enamorament de l'adolescència. Però ara és a punt de complir-ne 38. Ha emprès un exili convençuda d'uns mínims postulats: el respecte democràtic i la llibertat personal. Ja no és una nena i es considera una professional de l'escriptura, una intel·lectual. Es podria creure que aquestes paraules les va escriure a la seva amiga íntima aleshores en un rampell de carrincloneria, humana també, al cap i a la fi. Però aquesta no és l'única carta: segueixen altres cartes en què usa el mateix to desagradablement desolador. Un mes després continua amb la mateixa història i escriu: «Podré viure en separar-nos? Quina agonia, Anna. En fi... Envejo la teva felicitat, el teu fill de l'home que estimes...» I encara, al juliol, altra vegada: ha decidit que «fora exili», que se'n torna a casa perquè «tot» s'ha girat en contra d'ella, perquè la família Trabal-Prat ha decidit de reunir-se uns dies a Andorra. Fet que Rodoreda interpreta com una jugada de la Montserrat per endur-se l'Obiols altra vegada amb ella, a Barcelona. Arriba fins i tot a dir que no entén «quin *charme* tan misteriós pot tenir per a un marit infidel aquella bona noia amb ulleres i sense cabell.»

Ho va fer tot per no perdre l'Obiols. Aquest va enviar un telegrama a la seva dona just la vigília del dia que s'havien de trobar a Andorra i Montserrat Trabal va haver de comprendre que la millor cosa que podia fer era deixar les coses tal com estaven. Comprensible o no, més que per qualsevol altra cosa, la Mercè sofria per aquest idil·li amb l'Obiols. Quan després, ja sent una escriptora consagrada al seu país, deia que «havia sofert tant» i n'amagava les raons, donava peu a interpretacions errònies: sociològiques, polítiques, mai amoroses. Tan sols una vegada, a un diari

de Girona, va admetre la importància màxima de l'amor en
la seva vida. Amb això ajudava a aixecar un mite al seu en-
torn, fet de flors i de silencis: infantesa i exili, dues parau-
les simptomàtiques de principi i de final, que volen, i po-
drien, explicar-ho tot i que, alhora, no diuen res, buides de
continguts concrets, de manera que qualsevol podia
emplenar-les com li convingués. Però Rodoreda va viure
de l'amor i per l'amor. «Jo no tinc una rival, Anna, el que
veritablement tinc és un *enemic*. I l'enemic és l'home que
estimo», escriu a la seva amiga el 17 de març de 1947. Para-
doxalment, del seu estimat, de l'Obiols, que va ser també
el seu home-musa, no va dir mai, públicament, ni una sola
paraula, ni de repulsa ni d'agraïment per tot el que havia
fet —de bo i de dolent— exclusivament per ella.

III. TRISTA EUFÒRIA D'UN MOMENT

FUGIDA PRECIPITADA A PARÍS

Una mica de sobte i amb la moral desfeta, Rodoreda deixa Bordeus i marxa cap a París, on s'instal·la, provisionalment, a casa de Rafael Tasis. Dóna per acabada la seva història amorosa. Alimenta el seu drama sentimental i escriu cartes desesperades. Moltes les estripa immediatament, altres les envia: a l'Anna, a la seva mare, a l'Obiols... A l'Obiols demanant-li de prendre resolucions expeditives: «o la teva dona o jo», li diu. Ell s'ha quedat a Bordeus, no pas perquè hi hagi la Montserrat, sinó perquè encara hi té feina i es guanya més o menys bé la vida. De París encara espera una resposta definitiva dels qui fa temps que li prometen el càrrec de redactor en cap a la «Revista de Catalunya». No vol tornar a la capital francesa mentre no estigui segur de trobar-hi un treball. Ella, aparentment més ben disposada a viure de l'aire, passa per dues situacions anímiques extremes que no li permeten d'asserenar-se: tant es veu com l'amfitriona d'ella mateixa, vivint sola i convertint-se en la flamant escriptora que vol ser a base d'esforços redemptors, com la derrotada que haurà de tornar a casa reconeixent el seu fracàs més absolut. Viu una novel·la, tanmateix. Una novel·la molt literària, i en el sentit col·loquial de la paraula, susceptible d'acabar amb el suïcidi de la protagonista. Ella mateixa, en aquest llenguatge en clau tan seu de dir sense dir res, en alguna ocasió ha explicat que, de jove, havia pensat en el suïcidi:

«Eren unes ganes de morir que venien molt espaiades, i, sobretot, molt literàries.»

Afegia:

«A París, en ple exili, al cap de molts anys, vaig tenir ganes de morir i, també com a divuit anys, molt literàries. Em consolava la idea de poder morir a voluntat; el més fàcil, tirant-me al Sena des del pont del Carrousel. Però un matí en la Brasserie Lipp, tot mirant els plafons de les parets voltats per una sanefa de mosaic amb lianes verdes on hi havia de tant en tant, i encara hi deu haver, una cacatua blanca, entre lianes, tot d'una vaig pensar que seria bonic de morir allà davant una tassa de cafè amb llet tot mirant aquelles cacatues blanques.»

I el que la complaïa més d'aquella mort era:

«pensar que algú diria: va morir a la Brasserie Lipp un matí a dos quarts de deu sense haver-se acabat el cafè amb llet. I ningú no podria saber mai de mai com havia estat feliç de morir, com qui s'adorm, davant d'aquelles lianes verdes amb una cacatua blanca de tant en tant.» (Fragment sobre París, inèdit, a l'IEC.)

Era, doncs, com ho reconeix molts anys després ella mateixa, evidentment literatura: no es va suïcidar, ni va intentar-ho. Només plora, que li «fan mal els ulls de tant plorar», i explica dramàticament i, en el fons ben poc convençuda, com preveient una petita venjança (quina cara hauria de fer i què hauria de dir ell quan tornés a París?), que amb Obiols ja s'ha acabat «tot». De fet, li surt la Ketty de Jimmy Sampson que havia estat, la nena educada sota els motlles de l'histrionisme de can Gurguí, la criatura del carrer d'Angelón que clava cops de martell al cap dels nens que no obeeixen les normes del joc que ella imposa. Tenia prop de quaranta anys, encara era força atractiva i demanava consol perquè, segons deia, el seu amant la deixava per tornar amb la dona.

«Hauria volgut deixar aquella casa, deixar-lo. Per a realitzar aquest desig m'hauria calgut no conèixer-lo. On podia anar? A continuar les meves estúpides classes de pintura? A casa del meu oncle, d'on havia sortit perquè no m'hi avenia? De tant en tant m'envaïa una secreta esperança.» (*Abans de morir*.)

Com la protagonista d'*Abans de morir*, Mercè té «com deliri» que algú l'estimi molt i de manera exclusiva, i aquest algú només pot ser, ara, Armand Obiols. Voldria oblidar, voldria que el passat que la molesta i la intranquil·litza hagués deixat d'existir. Però no fa com la jove de vint anys del conte: Mercè no es suïcida ni perd el seu amor. Tot just li queda de l'incident una cicatriu inesborrable. L'amor, «aquesta cosa importantíssima», tal vegada «la cosa més important en la vida», l'empenyia també cap a un terreny erm en què faria brotar l'esperança. No tingué temps de prendre cap determinació. Inconscientment, tampoc la volia prendre. Perquè, entre altres coses, l'Obiols arriba també a París més aviat que no es pensava. I la tardor, a la ciutat del Sena, bé es mereix una reconciliació.

CATALANISME A FRANÇA

A més a més, els espera una bella aventura cultural: ell durà endavant la «Revista de Catalunya» i ella treballarà per a la Fundació Ramon Llull, com en els millors temps de la República, però a París. Ambdues coses no aniran tan bé com s'imaginen o voldrien, però de moment la il·lusió haurà de servir-los per distreure els maldecaps personals i «per liquidar una sensació una mica inconfortable de disponibilitat, que és la que deuen sentir tots els inhibits amb una mica de fe», segons ha confiat Obiols a Tasis.

La represa de la «Revista de Catalunya» no deixa de ser un capítol dels més sinuosos de la història de la cultura catalana a l'exili. En principi, s'havia d'encarregar de publicar-la la Fundació Ramon Llull, constituïda a París el mateix 1939, per iniciativa del conseller Antoni Maria Sbert, amb la intenció, precisament, de reprendre l'activitat cultural des de França i, concretament, d'impulsar l'edició d'aquesta publicació, considerada una de les més ambicioses i prestigioses en català. La Fundació, amb un patronat format per vint-i-cinc membres, tretze de francesos i dotze de catalans, havia de fer el pont entre el govern de la Generalitat a l'exili i les autoritats franceses, sense el vist-i-plau de les quals no es podia pas pensar a abordar cap activitat d'una certa envergadura. Entre 1939 i 1940, a París ja havien sortit, sota la responsabilitat d'aquesta fundació i sota la direcció d'Armand Obiols, cinc números de la «Revista de Catalunya», i el sisè ja estava enllestit quan els alemanys van ocupar la ciutat i la Gestapo, sembla que avisada prèviament del que hi trobaria, va requisar tot el material i els originals dels articles a la impremta on s'editava la publicació.

Però a principi de 1945, un grup d'intel·lectuals es posaren d'acord per muntar Cultura Catalana, una associació que pretenia ser més acadèmica i viure al marge de les tendències polítiques. En un primer moment la va presidir Nicolau d'Olwer, fins que va marxar cap a Mèxic i fou substituït per Josep Quero i Molares, catedràtic de Dret Internacional. Cultura Catalana també va pensar immediatament en la represa de la «Revista de Catalunya» i la volien «rigorosa i culta». Rafael Tasis, Lluís Muntanyà i Joan Rebull van ser els defensors de la candidatura Obiols per dur endavant la publicació al seu consell directori. A Nicolau d'Olwer ja li semblava bé, però Quero i Molares eren partidaris de donar la responsabilitat a Just Cabot i, pel que sembla, van allargassar una mica inútilment les discussions fins arribar a dir que, al cap i a la fi, la publicació de la revista «era un luxe inútil i sense cap interès.»

El 1945 hi havia, per tant, dos organismes distints més o menys interessats a reactivar la mateixa publicació: la Fundació Ramon Llull i Cultura Catalana, aquesta segona sembla que amb més possibilitats econòmiques per fer-ho. La constitució d'un nou govern de la Generalitat de Catalunya, tot just alliberada França, el 14 de setembre de 1945, sota la presidència de Josep Irla, va canviar, momentàniament, el sentit del projecte. La Generalitat va (voler) recordar que la institució responsable de la revista era la Fundació Ramon Llull i que era ella que n'havia de reprendre la publicació. I encara que Cultura Catalana deia que tenia diners per fer-la i que la Fundació Ramon Llull havia d'esperar que li arribessin les subvencions oficials per reprendre qualsevol activitat, fou escollida la segona opció. Amb això s'expliquen els gairebé dos anys que l'Obiols va haver d'esperar a Bordeus la decisió que s'havia de prendre de manera imminent a París des dels primers mesos de 1945. Mentre s'espera que el govern de la Generalitat rebi el «substanciós» subsidi que el govern de la República espanyola li ha promès, amb el qual, al seu torn, podrà subvencionar la Fundació i la revista, passa un temps. Aquest temps, en contra del que Tasis i Muntanyà recomanen («Qui cara veu, cara honra»), Obiols ha preferit d'estar-se a Bordeus. Però anem per parts.

A final del mes de maig de 1946, Tasis informa Obiols que ha estat aprovada una subvenció (no especifica ni de qui ni d'on) per a Cultura Catalana de 600.000 francs, cosa que li ha de permetre de portar endavant la revista. Li diu també que s'ha convingut que «un» home idoni se n'ocupi de manera exclusiva i que ningú no dubta que és ell, l'Obiols, per a la qual cosa s'hauria de donar d'alta com a membre de l'entitat. L'Obiols contesta, ara sí, de manera immediata, satisfet per les notícies que li ha donat l'amic. Alhora constatant que li arriben al moment just, ja que sembla imminent la desaparició del Control de la Mà d'Obra Estrangera, organisme per al qual treballa. Fins i tot mistraleja: «*Tu que nous sauves l'esperanço*», sense deixar de fer-li notar la conveniència de «precipitar» el ritme de les activitats del consell de Cultura Catalana ara que justament ell i Lluís Muntanyà en són membres. Aquesta eufòria incipient data del 12 de juny del 46. Després, el silenci de Tasis. Un silenci incomprensible que inspira a l'Obiols un poema/crit escrit en francès que envia a París el 5 d'agost:

Le postier, cette fée qui acheminait nos plaintes,
nos espoirs, nos soupirs, nos chimères, nos voeux,
reclassé depuis hier, a délié les noeux
qui nous avaient figés par d'infâmes contraintes.

(Le journal me l'apprend quand l'aurore secrète
s'apprête obscurament à prendre son envol
et le ciel déjà vide du chant du rossignol
fremit d'attendre l'alouette.)

Iras-tu apporter, dans Toulouse la Rouge,
à ceux qui déjà las des rites du flambeau
hantent le lupanar, l'église ou le bistrot
pour oublier le deuil de leur Patrie farouche,

la parole qui sauve, le cri qui fend le coeur,
l'élan qui affermit le courage qui flanche,
la sagesse qui berce suspendus à sa branche
les nids d'où sortiront les oiseaux du bonheur?

Quand iras-tu là-bas pour y semer tes graines?
Quel jour pourrais-je enfin te rejoindre, oh Tasis?
Dans ta lettre déjà vielle de deux semaines
tu me disais —hélas!— ou le onze ou le dix.

(Le pauvre Lelian dans son «Art Poétique»
dit de joindre toujours l'indécis au précis:
j'aimerais —en dépit de «Naguère et Jadis»—
une formule plus classique.)

Prends donc l'encrier funèbre, lève ta plume d'or
sur l'extase glacée de la feuille candide!
Colle le timbre-poste, magicien splendide
par qui la page inerte est astreinte à l'essor!

Car malgré ma paresse eflanquée et tranquille
et le rêve furtif de mon fier nonchaloir
je connais l'art de lire sur le papier fertile
les stigmates noirs.

Ainsi sur un trottoir du Cours d'Alsace-Lorraine
ou dans un bar nacré de la Place Wilson
d'une poignée de mains nous assassinerons
la distance qui nous enchaîne.

A part d'un bon tip de riure al consell de Cultura Catalana, el poemet va provocar altres efectes. Amb l'interregne de la suposada infidelitat sentimental, Obiols va fer cap a París i, cap a final d'octubre, amb la Mercè, ja han trobat residèn- cia que els ha facilitat la família d'Olwer. S'instal·len en una cambreta del sisè pis d'un moderníssim edifici del número 21 al carrer de Cherche Midi, a tocar del Boulevard Raspail, al VIème. arrondissement parisenc. És una habitació petita «com un cop de puny» que els deixa, concretament, la ger- mana d'Olwer, que viu al mateix bloc de pisos i que no la fa servir de moment. Més endavant tenen la sort de trobar dis- ponibles dues cambretes una mica més amples, un pis més amunt, sota teulada, on viure és més còmode perquè són dues habitacions independents; dos espais airejats, des dels quals fins i tot s'arriba a veure la punta de la torre Eiffel i la cú- pula del Sacré-Coeur. Tenen poc a veure amb les típiques chambres de bonne que solen sortir a les pel·lícules d'ambien- tació parisenca, ja que l'arquitecte que les ha pensades i dis- senyades ho ha fet amb nous criteris d'habitabilitat. Més am- ples, però just hi cap un llit, una taula amb dues cadires i una caixa que fa les funcions d'armari dels mals endreços.

Aquí, en aquest edifici construït el 1938, viuen Monsieur et Madame Prat. Encara avui, estiu del 1988, hi queden algunes velletes que foren veïnes de Monsieur et Madame Prat. Jean- ne Chassale i Alexandrine, que viu als baixos d'un dels blocs de l'edifici i que, com aquell temps, encara passa llargues estones mirant per la finestra i imaginant la història dels qui travessen el jardí. La vellesa, amb tot, fa miracles i esborra del record tot allò que ens molesta del passat i del present:

—La dame espagnole, oui, elle est en haut, chez elle.
—Non, elle ne peut pas être ici, elle est morte.
—Peut-être, elle part souvent, vous savez. Mais elle revient toujours.

Jeanne i Alexandrine es troben i gairebé no es parlen. Viuen els seus passats amb independència, amb follia. No deixa de ser esborronador el que diu Isabel Martínez, una andalusa que va viure la infantesa a l'Hospitalet de Llobre- gat i que des de fa dotze anys s'ocupa de la porteria del carrer de Cherche Midi 21: «Las que se han quedado aquí

se han vuelto locas.» A Isabel, que encara és molt jove, li
fa por de quedar-se i vol tornar a Barcelona, on li han dit
que ara hi ha molta feina. Va ajudar Mercè Rodoreda a bui-
dar el seu apartament quan el va deixar definitivament. «*La
señora Prat era muy reservada y muy elegante. Él también,
pero venía menos. Se murió y casi no llegué a conocerle. Eran
gente de mucho cerebro. Ella, cuando marchó, me dejó al-
gunos muebles y libros. Algunos tuve que tirarlos porque no
cabían en casa. Hemos guardado unos pocos. Ahora me da
pena, ¡pensar que esta señora es tan importante!*» Entre els
pocs llibres que Isabel i el seu marit guarden hi ha *Morir
al día*, poemes de José Quiroga Pla, editat per Eduard Ra-
gassol, amb una dedicatòria a Joan Prat amb data de març
del 1971. Obiols ja no el degué veure, va morir pocs mesos
més tard. El barri es manté gairebé igual. Amb el mateix
forn de pa, amb els mateixos antiquaris que ella visitava
amb especial devoció, amb alguna sabateria i alguna altra
botiga de modes on a Mercè Rodoreda li hauria plagut de
badar.

Per aquesta meravella al bell mig de París paguen un
lloguer minúscul, que no superarà els 350 francs (nous) al
final, ja que són protegits per la llei i tenen un contracte
d'arrendament indefinit des del 1948. Cada matí, en llevar-
se, i si no plou, van directes al pontet que comunica per
l'exterior amb els serveis comunitaris. Des d'aquí divisen
París, el cel de París. Els bons dies és un lloc agradable per
llegir-hi i prendre-hi una mica de sol. Els serveis comunita-
ris són poca cosa: una pica i un WC que, algun cop, quan
està especialment animada i se li desperten els instints do-
mèstics —que té, tot s'ha de reconèixer, a flor de pell—,
ella mateixa neteja, rajola a rajola, pam a pam, deixant-lo
net, netíssim, com li agrada de tenir-lo encara que li costi
més de dues hores de feina pesada a còpia de mullar-se les
mans amb aigua i ajudada dels poc sofisticats, i més aviat
corrosius, productes de neteja que es trobaven en aquells
anys de la immediata postguerra a França. I si volen rentar-
se una miqueta més a fons no els toca més remei que pas-
sar una bona estona escalfant olles i olles d'aigua en un fo-
gonet que tenen instal·lat a la mateixa cambra. El fogonet
els serveix per cuinar-se els més aviat magres menús que
es combinen a partir d'una economia escassa i una salut

més aviat deficient. És aleshores quan aquest lloc deliciós i memorable els sembla, al contrari, ple d'inconvenients.

LA «REVISTA DE CATALUNYA»

Un cop passada la febre de l'amor retrobat, el fred esdevé gelat en aquell començament d'any 1947. Però estan lliurats de ple en una altra febre, encomanadissa, la de voler portar endavant la cultura catalana a l'exili. No tardaran gaire a adonar-se que els partits polítics «envesteixen» qualsevol iniciativa, sigui del caràcter que sigui, i impossibiliten de fer «literatura». Però fins i tot això és una raó per posar en evidència les seves respectives capacitats per a la polèmica. Havien passat molts anys sols, gairebé incomunicats de la resta dels seus col·legues en la sort o la dissort de dues postguerres. Restableixen els contactes amb gairebé tothom: Rafel Tasis, Josep Tarradellas, Joan Puig i Ferreter, Melcior Font, Berthaud i, sobretot, amb Josep Carner, que serà durant els pròxims anys el puntal de la seva activitat moral i literària.

Al Bureau Catalan, al número 10 de la *rue* de Washington, 1947 és un any d'intensa activitat. Carles Pi i Sunyer, a les seves *Memòries de l'exili*, recorda les activitats del govern de la Generalitat des de l'inici (octubre del 1945) fins a la seva dissolució (desembre del 1947) i en dóna les xifres referents a les diverses ocupacions. «Ja és sabut —escriu Pi i Sunyer— com, per dissort o per sort, la Generalitat marxà a l'exili sense recursos financers; com abans de sortir de la nostra terra es veié forçada a lliurar la seva hisenda al govern de la República, rebent com a sola compensació promeses que a l'exili quedaren incomplertes.» Tot seguit, però, el qui aleshores era conseller hi afegeix un curiós estirabot: «Pensant-hi, però, i malgrat els maldecaps i enrabiades que ens costà, jo encara no sé si, en el fons, fou dissortat o sortós. És probable que, administrant-los assenyadament, tenir recursos ens hauria permès fer moltes coses que no poguérem fer. Però qui sap si aleshores no hauria embolcallat a la nostra institució aquella atmosfera tèrbola i motivadora de recels que de vegades porta poder disposar de mitjans econòmics. Però deixem-ho.»

No deixa de ser infreqüent un polític que tem els diners. I és cert que, encara que Pi i Sunyer els dissimula a les seves memòries, de recels i d'atmosferes tèrboles n'hi va haver indubtablement durant l'exili; i afectaren el govern de la Generalitat a l'exili i els qui en depenien. No és el moment de recordar com van esclatar els malentesos, polítics, morals i financers, ni com els uns van ser desencadenants dels altres. Hi ha prou lletra escrita al respecte i només cal que historiadors de la cultura s'entretinguin a confrontar textos i en treguin certes inevitables conclusions. Joan Puig i Ferreter, a més a més, explicava a tothom qui volgués escoltar-lo la seva versió dels fets, viscuts amb protagonisme uns anys abans. Amb tot, cal reconèixer que no costa d'imaginar com devien anar les coses públiques en un país on els governants encarregaven a un escriptor (Joan Puig i Ferreter) la compra d'avions de combat a Londres. És lògic el pensament de Carles Pi i Sunyer: la possibilitat d'administrar diners atorga un poder que desperta recels i crea atmosferes tèrboles. Si la situació es produeix a l'exili i en període de postguerra del país que l'acull, les circumstàncies ho fan tot encara més difícil. Aleshores tot és encara «més patètic i fantasmal», per usar els adjectius del mateix conseller, i es converteix el tot en una situació en què «parlar en català era la millor manera de persistir».

En el període de «major plenitud» al despatx del carrer de Washington, hi treballaven Rafel Closes, Joan Tauler, Emili Vigo, Eugeni Xammar i Armand Obiols. El sou de l'Obiols estava comprès en el concepte de personal, encara que Pi i Sunyer no n'especifica la quantia. Pel que hem pogut saber de les informacions intercanviades entre Muntanyà, Tasis i Obiols, és de creure que el sou de redactor en cap de la revista, que incloïa a més a més altres petites responsabilitats un poc alienes a la publicació, devia rondar els 10.000 francs, més aviat menys que més. Amb aquests diners no es podia fer gran cosa al París de l'època però sí viure-hi decentment fins i tot dues persones.

Durant l'any 1947 van poder sortir tres números de la «Revista de Catalunya» (del 102 al 104) que, segons càlculs governamentals, costaven al voltant de 160.000 francs cadascun, tot inclòs, «un sacrifici econòmic que no podíem sostenir amb els pocs recursos amb què comptàvem, i més encara quan vingué la forta retallada en l'assignació per part del govern de la República», en paraules de Pi i Sunyer. I la qüestió és que, l'any següent, la publicació surt amb les màximes dificultats. L'acord inicial amb Cultura Catalana —que aporta, sembla, una minsa col·laboració econòmica— queda truncat aviat. Això confirma el que Pi i Sunyer assenyala: la revista es manté mentre funciona la subvenció oficial. Amb tot, doncs, i encara que no s'acabi d'entendre com és possible que deixin de funcionar els altres mitjans de finançament privats, amb dificultats i una certa desorganització la publicació continua editant-se.

Maria Capdevila ha reconstruït la —diguem-ne— vida financera a partir de les dades que subministra el mateix Pi i Sunyer i de la correspondència entre Armand Obiols i els col·laboradors. (Capdevila ho explica en un treball publicat a la «Revista de Catalunya», nova etapa, del setembre de 1987). De les cartes que s'enviaren l'Obiols i Josep Carner se'n poden extreure altres informacions. Carner estava en el seu paper de «jove patriarca» que, en paraules de l'Obiols, «no [tenia] més remei que assumir» i, des de Brussel·les, emetia el seu vist-i-plau a la feina que els intel·lectuals catalans realitzaven a París. Del primer número de la revista, al carrer en acabar el primer trimestre de 1947, se'n feia una òptima opinió: «No provincialeja, ni felibreja, dóna una impressió de dignitat i d'acurament.» Els dos números següents van merèixer un veredicte similar. Però els problemes de diners comencen a fer pilota de manera gairebé immediata. Fins a tal punt que, una mica al marge dels altres, Carner i Obiols imaginen les maneres de trobar patrocinadors importants, susceptibles de finançar la revista sense demanar res (concessions polítiques o culturals, s'entén) a canvi. A l'abril de 1948 ja parlen de la possibilitat de visitar Picasso i de demanar-li un quadre i, dos mesos després, es replantegen la intervenció en el consell de Cultura Catalana, institució que, malgrat no ser finalment l'editora de la publicació, hi mantenia una estreta relació per mitjà d'un complicat sistema d'intercanvis: hi aportava 40.000 francs

l'any i demanava que els presidents de les seves tres sec-
cions (Ciència, Art i Literatura) figuressin en el comitè de
direcció de la revista. A més a més, també demanaven un
descompte en el pagament dels exemplars destinats als seus
400 socis.

El 31 d'agost, l'Obiols escriu una extensa carta a Carner
en què, sobre la situació de la «Revista de Catalunya», l'es-
tabliment d'un nou patronat i l'adquisició de nous socis,
diu el següent:

«No ha estat possible de fer res pel Patronat de la Re-
vista. Juliol i agost són dos mesos que la gent adinerada
prefereix de fer lliscar fora de París. Vaig veure Joan Miró
a casa de Melcior Font el dia 14 de juliol. Té un aire de
liró indecís, com si estigués profundament sorprès de veu-
re que el món no s'assembla a la seva pintura. El seu ar-
quetipus és Noel-Noel (*"Ademai saisi par la peinture"*). Font
el va envescar amb tot de vils adulacions, amb una mímica
exageradíssima. Ens va prometre *ore rotundo*, que al mes
de setembre ens donaria una obra important. Posteriorment,
Font em va llegir la lletra que li vau trametre per a Joan
Miró: és segur que, tot llegint-la, li devien caure els mit-
jons. He pogut copsar entre dos viatges Fèlix Ferré i Jaume
Vidal els quals m'han fet efectiu un semestre de llur subs-
cripció: 15.000 i 5.000 francs respectivament que ja he amo-
llat a la impremta. Els altres són més difícils d'aferrar.
Aquesta setmana miraré de sorprendre'n un parell més. El
número 4 de la revista està compaginat i corregit, però el
senyor Dantzig difereix tant com pot els treballs nostres i
s'estima més confeccionar prospectes farmacèutics perquè
els cobra, generalment, a la bestreta. Des del seu punt de
vista, té raó. Carles Pi i Sunyer m'ha escrit de Londres es-
tant, però no em diu res del tresor que ens havia d'acumu-
lar a Montevideo i als indrets adjacents. Francesc Villar ja
és a Buenos Aires i ja li he fet una primera tramesa d'exem-
plars. He nomenat representant nostre a Veneçuela un co-
negut meu que ha embarcat aquesta setmana. He rebut un
conte molt llarg i molt bo de C. A. Jordana, i versos de Car-
les Riba i de Clementina Arderiu. Si em dieu exactament
el dia que vindreu prepararé visites i, sobretot, la vostra
anada a Tolosa i a Perpinyà. Espero l'article sobre Super-

vielle: per si us pot ser útil us trameto un retall de "Une semaine dans le monde".»

Joan Miró, en efecte, va donar un quadre important. Ben o mal aconsellats, però, van concedir-ne la custòdia al representant d'art Zervos, que el valorava aleshores en 300.000 francs, amb la idea que després de la gran exposició que Miró havia de fer a la tardor a París el valor del quadre pujaria substancialment. En efecte, a començament de gener del 49 el Miró havia pujat de preu fins a 400.000 francs. I el 15 de març valia encara 100.000 francs més. Els valia sens dubte, però l'obra continuava sense vendre's mentre els problemes financers de la revista anaven en augment també: «Aquests sis o set mesos es deuen haver venut unes 40 pintures de Miró. Només deu quedar la nostra», escriu l'Obiols el 4 de juliol. Del que va succeir, finalment, amb l'obra de Miró, ningú n'ha dit mai res. Algú assegura que, anys després, lluïa a l'apartament d'Obiols i Rodoreda, a Ginebra. Altres diuen que va quedar en mans del galerista i/o del pintor.

Els problemes amb la revista s'agreujaven. Obiols preparava els sumaris dels números següents amb tanta il·lusió com incapacitat per resoldre les factures pendents amb l'impressor del carrer de Franc Bourgeois que els editava la publicació, més que res per simpatia i perquè era feta pels amics d'un amic. Però ja durant el mes d'agost de 1948 suren els problemes de salut en què, sovint, l'Obiols es refugia quan la feina no el mena enlloc. El 31 d'agost, en una carta a Carner, el redactor en cap de la «Revista de Catalunya» ha perdut un punt el seu humor: li'n queda només el sarcasme. Explica que ha estat malalt, «amb depressió nerviosa, insomnis, neuràlgies, angoixa i una fatiga infinita». El 4 de setembre, Carner li demana «que no es deixi espatllar». I afegeix: «Vegeteu, si cal, a París mateix. Aprengueu a fer que el vostre esperit s'esgarrïi dins la ufana d'un arbre, o s'immobilitzi en la contemplació de l'aigua marina o fluvial. Jaieu en l'herba o en la sorra. Buideu-vos de sentit i de record. Deixeu de banda llibres, converses, cigarretes, així com també les olles, soperes i perols de cafè. Oblideu que hi hagi mai hagut puigs i canemeres. Prou de cedir a l'atmosfera innatural on sonen el mutu retret dels malcasats, les confidències de Serra i Moret sobre la seva pròpia valor, les promeses vagues i vanes de C. Pi, els últims rastres *falots* de Tasis i Marca i altres coses que porten malastrugança.»

En efecte, les coses no anaven com havien estat imaginades des de Bordeus o tot just arribats a París. La Mercè havia tingut la gran sort de trobar-se immediatament marginada de qualsevol projecte i només vivia de retop les misèries i les decrèpites intencions dels intel·lectuals catalans a l'exili. La revista no funcionava i, per fer-se un sobresou, l'Obiols treballava també per a Puig i Ferreter, corregint-li i preparant-li l'edició de la seva immensa obra *El pelegrí apassionat*. Amb Puig i Ferreter, Obiols i Mercè hi passen tardes agradabilíssimes, al voltant d'una taula en què hi ha presentat un agradable berenar-sopar. Aprofiten els encontres per llegir-se els darrers textos que uns i altres han escrit; recorden fets diversos i, inevitablement, rememoren les últimes notícies franceses i catalanes que els afecten. Puig no és home donat a prendre's les coses pel bon costat: ben al contrari, és persona que dramatitza el més petit esdeveniment estimulant-ne els efectes amb una bona dosi de complexos de persecució. Al cap i a la fi, gairebé tot, més que notícia, esdevé simple xafarderia, xafarderia de les que acaben fent molt de mal. Qui ha llegit *El gran sapastre* de Ferran Canyameres i qui ha superat els primers volums d'*El pelegrí apassionat* recordarà el conflicte polític i amorós, molt tènuement novel·lat als llibres, que van protagonitzar Canyameres i Puig. L'Obiols i la Mercè el van viure de prop i, en conseqüència, en patiren les escorrialles.

També l'Obiols va ser objecte de severes crítiques dels qui consideraven que la «Revista de Catalunya» simplement no funcionava prou bé perquè ell no en portava bé la comptabilitat i, afegien veus tenebroses, s'embutxacava el que no li pertocava. Les aventures i desventures dels intel·lectuals catalans a l'exili mereixerien tot un llibre i, en tot cas, molt més espai que el que els pertoca en aquest, que, al cap i a la fi, només vol contar la vida d'una escriptora que va viure enmig de tot aquest embolic. Amb tot, és important que quedi constància ara que en aquest afer l'Obiols va comptar amb la solidaritat absoluta de Josep Carner, que no tan sols el creia incapaç d'una baixesa semblant, sinó que el tenia considerat com un professional de les lletres excepcional, fins al punt que, en el moment de pensar a nomenar marmessors de la seva obra, va escollir-lo a ell.

És, doncs, tot aquest malentès entre les diverses tendències culturals i polítiques dels intel·lectuals catalans, molt més que no pas el mateix exhauriment del fons financer públic, aquest malentès que dominava també entre les mateixes institucions exiliades, allò que va posar fi a la «Revista de Catalunya» i, de retop, a la feina més o menys segura que procurava sou i aliments a l'Obiols i a Mercè Rodoreda. El 10 de desembre de 1948, Carner escrivia amicalment: «És urgent que us cerqueu feina nova. Aquests senyors que sabeu seran inenarrables. És una llàstima que el número de la revista no hagi pogut sortir, però, si no pot sortir i vós trobeu altra feina, val més plegar, i deixar convivències que s'han tornat exasperadament hostils. Hem esdevingut l'enemic número 1, i qualsevol cosa que fem serà no solament objecte d'hostilitats a qualsevol preu, sinó també d'exhibició de misèries i descrèdit catalans. A aquesta darrera cosa no vull cooperar.»

La revista, al cap de molt poc d'haver renascut, «és un fòssil», segons reconeixia Rodoreda a Anna Murià. La vida accidentada de la revista és (i ja ho era) «un reflex, no pas gaire encoratjador, dels daltabaixos del nostre poble», deia Nicolau d'Olwer el maig del 47 (en una carta a Obiols que recull en el seu estudi sobre la publicació Maria Capdevila). Potser no era el «luxe inútil» que deia Quero i Molares, però era un «luxe» impensable en aquells anys de diàspora i de postguerra, que va durar el que va durar. La parella va tenir sort que Rafael Tasis decidís de tornar a Barcelona, de manera que l'Obiols a més a més de fer una feina incerta a la revista va poder substituir-lo a l'editorial de Ragassol, que havia marxat també a Amèrica amb una feina sembla que un xic més rendible: representant d'una distribuïdora cinematogràfica francesa a l'Amèrica Llatina.

La feina definitiva, però, també va arribar-li de la mà indirecta de Josep Carner: de traductor a la UNESCO.

Un cop alliberats d'aquells mals desastrosos de l'amor, un cop superats una anèmia, ella, i una forta depressió psíquica, ell, comença a fer-se més notòria la febre de la literatura. En aquests tres primers anys parisencs Rodoreda es constitueix en la primera dona de la història de les lletres catalanes contemporànies amb el títol de Mestra en Gai Saber. Com si la lírica l'hagués de transportar inevitablement al llenguatge dels seus orígens, posant a flor de pell una fraseologia que havia après amb els Gurguí a Sant Gervasi, i amb una necessitat explícita de sentir-se protegida, Mercè Rodoreda *fait appel* a un altre «oncle», formal, literari: Josep Carner. Unes cartes que van néixer fruit de la necessitat de comunicar-se amb Obiols per als afers de la «Revista de Catalunya» ho van fer possible i va donar lloc a una de les correspondències més magnífiques de les establertes entre els literats catalans.

Josep Carner està instal·lat a Brussel·les amb la seva dona, Émilie Noulet (estudiosa i catedràtica de Literatura Francesa i autora d'un magnífic treball sobre Paul Valéry), des del setembre de 1945, i és conseller del govern de la Generalitat, juntament amb Pompeu Fabra, Carles Pi i Sunyer, Antoni Rovira i Virgili i Joan Comorera, fins al gener de 1948. Professor de la Universitat Lliure de Brussel·les, hi ensenya llengua i història de les literatures espanyoles i dirigeix l'Institut Hispànic, que depèn de la mateixa universitat. Molt aviat els contactes iniciats esdevenen imprescindibles per als uns i per als altres. Es demanen llibres, s'envien articles, s'informen de referències, es corregeixen textos... Fins i tot, l'Obiols s'encarrega de fer una part de la feina d'investigació que ha de dur a terme l'Émilie a la Bibliothèque Nationale de París i fins de fer-li determinades gestions amb el seu editor. Això li val, almenys durant un temps, l'agradable possibilitat de fer de lector per a l'editorial Grasset.

IV. MISSENYORA SONETISTA

TRES FLORS NATURALS

Per als freds hiverns parisencs, la petita «cambreta» —com ells l'anomenen— de Cherche Midi és idònia: costa ben poc d'escalfar-s'hi i mantenir-hi l'ànim aproximadament despert. La tauleta plegable, que encara avui es conserva a la porteria del mateix bloc, no és gaire gran però els permet de ficar-se en les seves ficcions respectives amb una relativa intimitat. A més a més, com que l'Obiols té feina a la redacció de la revista, la Mercè pot disposar de l'apartament per a ella sola. Amb el temps, el «negre» i el «rosa» —els dos colors amb què volia titular el seu recull de contes— basculen intermitentment en la seva imaginació i en l'expressió dels seus sentiments. Han estat «quatre anys de vacances dramàtiques», de guerra, amb moments de pànic. Aquest mateix pànic també els ha proporcionat hores delicioses per la pròpia intensitat del que sentien. Potser no ho tornarien a viure, però ara els en queda un agradable record: han vist i han comprès, i això ho portaran dins seu per sempre més. Han conegut l'amor enmig d'una gran guerra i tenen damunt les espatlles la immensitat de dues experiències que se'ls posen al davant dels ulls com una pantalla que filtra present i futur.

En el terreny de la literatura, el temps passat a Llemotges i a Bordeus ha estat, en definitiva, francament positiu per a la Mercè. No tan sols no ha abandonat la ploma, sinó que fins i tot ha decidit d'estrenar-se en altres terrenys de la creació literària, especialment el de la poesia: «Ha estat com si els vomités», els poemes, reconeix. Probablement amb una doble motivació: la pena i la desolació amorosa i, més pragmàtica, la facilitat que li suposa escriure poemes vivint al costat del qui és considerat per gairebé tothom, i en tot cas pels millors poetes catalans, com el millor crític i corrector en la matèria. Han estat, en un principi, anys d'aprenentatge: lingüístic i literari. Ha consultat gramàtiques, ha batallat amb diccionaris, s'ha immergit en idiomes diferents (francès i anglès), ha recorregut a l'etimologia i al llatí. Ha experimentat profundament el joc amb les paraules.

Els resultats d'aquesta especulació teòrica són rotunds. I el seu atreviment poètic li serà recompensat amb justícia: de manera immediata i en tres anys consecutius (1947, 1948 i 1949) esdevindrà Mestra en Gai Saber, posseïdora de tres Flors Naturals. És Missenyora Sonetista, tal com l'anomena Carner, el príncep dels poetes en llengua catalana: «Esteu a un dit de fer els millors endecasíl·labs que mai s'hagin escrit en català», li escriu el 6 d'octubre de 1948. Aquest venerable «oncle» literari segueix de tan a prop les seves realitzacions poètiques que la Mercè assegura que així ho farà constar quan publiqui —si és que ho fa— el seu primer llibre de poemes: «No us enfadeu! I no us enfadeu si encara us demano més paciència: he acordat de sotmetre-us *tots* els sonets que d'ara endavant faré. Només així podré dormir tranquil·la. Si mai publico el llibre, ho faré constar al primer full», escriu «missenyora» el 14 d'octubre.

Ja ha guanyat una Flor Natural, als Jocs Florals celebrats a Westminster, el setembre de 1947. Eren els primers que es celebraven a Europa després de la Segona Guerra Mundial. Hi havia presentat cinc sonets: *Rosa, Amor Novell, Adam a Eva, Ocell*, i un altre sense títol. El jurat, al seu veredicte, havia notat «la bellesa de les imatges i de les rimes de la novella poetessa».

El cinquè sonet premiat és el següent:

Embadalit estol d'ombres acollidores,
la nit final comença dintre un gran llac d'estels,
reialme pur, espai tot bategant d'aurores,
tres claus d'or crucifiquen la volta dels teus cels.

La terra d'on sóc filla és lluny i sembla morta:
una flor ran del marge, una petja al sorral
i, sota el blau de l'aigua, un bleix d'oreig que porta,
floc de perles desfetes, la boira matinal.

Vora la mar i un arbre el meu cor las reposa,
una rosa de verms com neu ardent es posa
damunt la trista platja deserta del meu cos.

Tot és oblit de tot. Res no cal que defensi
el lleu sospir que sóc en el glaçat repòs
d'aquesta paorosa congesta de silenci.

Mercè Rodoreda no era a l'acte oficial. L'escultor Joan
Rebull va recollir el guardó en nom seu. I al discurs de clau-
sura, Francesc d'A. Galí va parlar dels efectes produïts per
la concessió de la Flor Natural a l'escriptora en aquests ter-
mes: «(...) ha produït una veritable sensació el descobriment
de Mercè Rodoreda com a poetessa. Tothom ha volgut te-
nir una participació en l'esdeveniment de la revelació. L'au-
tora de les excel·lents novel·les *Crim, Un dia en la vida d'un
home,* i *Aloma,* i de tantes dotzenes de contes magnífics,
ha estat la *vedette* de la nostra solemnitat. Em diuen que
per manca de papers i de visats no ha pogut assistir a la
seva consagració poètica. Ha estat una llàstima. La seva pre-
sència a Londres hauria acabat d'arrodonir aquesta perfec-
ta, sublim, transcendental, oportuna manifestació de cata-
lanitat intel·ligent.»

EL «MÓN D'ULISSES» I L'ONCLE CARNER

Malgrat la pompositat floralesca, la «revelació» també
va satisfer-la a ella mateixa. I, amb tot plegat, està engres-
cada a escriure més poemes per tornar a concursar en la
convocatòria següent. Treballarà amb més exigència enca-
ra. Prepara *Món d'Ulisses,* el conjunt del qual ha estat im-
possible, de moment, de reagrupar amb un cert rigor. Im-

possible perquè, incomprensiblement, mai ningú no s'ha interessat per l'obra poètica de Rodoreda, malgrat haver estat guardonada en diverses i successives ocasions. Ni tan sols els antòlegs de la poesia catalana contemporània en citen els títols. Només els qui han treballat la literatura de l'exili hi fan una vaga referència. Miquel Guinart (a *Memòries d'un militant catalanista*, publicat a la Biblioteca Serra d'Or) menciona a les fitxes que clouen el seu treball de cronista dels Jocs Florals a l'exili que Rodoreda va guanyar-ne les Flors Naturals. Per la seva banda, Rafael Tasis (que conegué bé l'escriptora), a *Un segle de poesia catalana: 1833-1953*, pondera la seva obra poètica però no és gens explícit a l'hora de subministrar-ne més informació: «... Mercè Rodoreda, ben coneguda com a novel·lista i que, amb els seus sonets perfectes, que li han valgut tres anys seguits la Flor Natural en els Jocs Florals de la Llengua Catalana, s'ha situat entre els primers dels nostres poetes lírics. ¿Qui podria dir que no devem a l'exili, a les seves angoixes i als seus esquinçaments aquesta nova i punyent veu de poetessa que canta amb paraules clares i amb versos perfectes, de gran rigor intel·lectual, els mites d'antany i els neguits d'avui?»

«Els mites d'antany i els neguits d'avui» són, en efecte, el centre de l'obra *Món d'Ulisses* que preparava Rodoreda aquell 1948, segons es desprèn de la correspondència que va tenir amb Josep Carner entre aquest mateix any i començament dels anys cinquanta. De la carta que envia el 18 d'octubre de 1948 n'extraiem el paràgraf més aclaridor:

«D'aquests sonets n'he fet dues col·leccions: a l'una, que he titulat, amb un esforç d'imaginació remarcable, "QUATRE SONETS", hi he posat els quatre que no tenen títol, amb el lema dantesc: *Tanto voler sopra voler*..., i amb el meu nom a la plica. Els altres quatre els he titulat *Món d'Ulisses* i hi he posat el lema, també dantesc: *Li miei compagni*..., i les meves inicials a la plica. Els lemes, com podeu suposar, són *d'Alfa i Omega*. Els he enviat a F. C. per veure si el commoc. FEU EL QUE US SEMBLI: vull dir, podeu agrupar-los tots *en un sol* conjunt.»

En aquesta mateixa carta a Carner, Rodoreda assenyala les modificacions que ha fet als sonets «d'acord amb els vos-

tres (de Carner) consells». Afirma que alguns són encara
«provisionals» i d'altres «poc satisfactoris» perquè «estic
encara massa prop d'aquests sonets per a poder-los mani-
pular amb l'esperit d'objectivitat necessari». La carta ens
permet almenys de saber els títols d'alguns sonets: 1) «Oh
ressaca estel·lar...»; 2) «Ciutat ombrosa...»; 3) «Sang sense
esclat...»; 4) «En quin ombrívol...»; 5) «Ulisses-Circe»; i 6)
«Elpenor». En cadascuna de les modificacions, Rodoreda
inscriu la primera versió del vers. Seria inútil, malgrat la
temptació de fer-ho, reproduir el que és tan sols fragment
d'una obra desconeguda del lector. Només, però, vull deixar
constància de l'existència d'aquest *Món d'Ulisses* amb el qual
la novel·lista va lliurar-se a la lírica. Tot al llarg de 1949
i de 1950 hi va anar afegint nous sonets. Així, per exemple,
«Fèmios», que hauria d'integrar-se, segons l'autora, a la sè-
rie «de la mort dels pretendents»: «Fèmios era l'aeda que
cantava en els seus (d'Ulisses) festins. Durant el combat
s'amagà com pogué i va salvar la pell. Ulisses va perdonar-
lo», explica.

Fins i tot premiada, per segona vegada, amb la Flor Na-
tural, als Jocs Florals de París, en què Josep Carner exer-
cia de president del jurat, i per tercera vegada, als de Mon-
tevideo, Rodoreda tampoc no va desistir a l'hora de
concloure aquesta visita mitològica. El 16 de febrer de 1950
envia encara un altre sonet destinat al mateix volum i ex-
plica a Carner els seus projectes: «Amb tres (sonets) més
que estic enllestint —«Tirèsies», «Anticleia» i «Aquil·les»—
formaré el grup de l'*Evocació dels morts*. El protagonista
d'aquest sonet és un mort desconegut que s'esmuny entre
els il·lustres que parlen amb Ulisses. Certs detalls de la vida
d'aquest home no corresponen del tot, em sembla, amb el
sistema social de l'època —però no crec que això tingui una
gran importància perquè no vull pas fer una reconstrucció
exacta. Ulisses, seguint el consell de Circe, va fer un sot
i hi degollà una ovella i un anyell. Els morts, per a poder
parlar, havien de beure la sang.» D'aquest mort descone-
gut, Carner descobrirà que «es veu que era un català com
una casa».

Amb molta tendresa i, alhora, amb bon sentit de l'hu-
mor, Carner assegura que a partir d'ara només podrà dirigir-
se a la seva confraressa amb les següents denominacions:

Mestressa 1 (en Gai Saber) o Pubilla 2 (de les Lletres Catalanes). Les seves esmenes són precises, minucioses. Rodoreda les accepta gairebé totes i de bon grat. Sovint les troba «esplèndides» i, sempre, li'n fa agraïment: «M'heu evitat qui-sap-les bestieses, cosa que us agraeixo profundament»; «... ara el vers diu exactament el que jo volia que digués i que estava convençuda que no deia»; etc. És un total de poc més de 30 cartes, moltes menys (més de 200) de les creuades entre Obiols, Carner i la seva esposa, Émilie Noulet. El tracte és similar, amistós i amb molta confiança, però amb una nota que les diferencia notablement: entre Carner i Rodoreda s'hi afegeix una coqueteria, ingènua, però coqueteria al cap i a la fi. El mateix fet de tractar-lo d'«oncle», o de reconèixer que «a Obiols fa temps que no me l'escolto», reprodueixen els fils d'un joc entre amable, picant, i distanciador alhora: «Si l'hagués conegut, Homer us hauria assegut a la seva falda i us hauria masegat apassionadament», li escriu després d'haver llegit una gran part dels seus sonets. I, per exemple, quan ella, el 26 d'agost de 1949, li comunica que per tercera vegada ha guanyat la Flor Natural, ho fa amb aquests termes: «(...) Si ara no m'escriviu i no em feliciteu ben felicitada us faré presentar la dimissió d'oncle meu honorari.» Exactament tres dies després, Carner respon a la Mestra en Gai Saber:

«Si fos en un vell carrer de Barcelona, entabanaria els vailets perquè el guarnissin de banderetes i de cadeneta: hi hauria sortija i aquell joc de l'olla i les màscares, i música de nit i ball de poetes. Vos ballaríeu una rumba amb L. P. (o L. - P.), i A. O. amb una filla de J. A. C. que escritoteja. Tot se vessaria, perquè la cosa s'ho val.»

El comiat també és il·lustratiu d'aquell tracte si és no és murri: «Us besa la mà (sóc polit, encara que família) el vostre vell i devot.»

El 17 de març de 1950, com a present per al dia del sant del poeta, Rodoreda i Obiols li envien aquesta carta-poema:

París, 17 de març de 1950

Sr. Josep Carner
Bruxelles

Estimat Carner:

Els sons diversos de les nostres lires
hem acordat, i ací en teniu el cant.
Som al cancell del dia que il·lustra el vostre Sant
i us trepitgem les onomàstiques engires!
D'altres encenguin les vermelles pires
i esquincin l'aire amb pífans violents.
La nostra amor és llarga: són curts nostres talents.
I si per celebrar-vos —no pas com escauria—
sentim que ens afalcona, dual, un sol instint
bé ens cal mig barrejar-nos, almenys fins a migdia,
en un monstre bicèfal, indistint.

1

De lliris boca-oberts en inaudible cor
al vostre Sant Josep li féu esplet la vara:
com us prefiguraven confusament, encara!
car del lliri teniu només la llengua d'or.

2

Si el vers deixeu, amb un diví sotrac,
tan llis com el ribot de Sant Josep la fusta,
bé puc —oh dolç poeta— blasmar la sort injusta
jo que només imito el crit del seu xerrac.

3

Ple de cançons un arbre gronxava brots novells.
Sant Josep arborat per un delit nefari
    l'abaté i en féu un armari:
qui sap si us suscitaren per abrigar els ocells?

4

Debades conjumina l'Infern els seus estralls!
A Sant Josep preguem que us siguin les malures
    ventisses com les seves serradures
i frèvols tots els dols com els seus encenalls.

5

A Sant Josep altívol enmig dels querubins
la neu tota la barba li blanqueja.
        No li tingueu enveja!
I que tostemps la vostra brilli com l'atzabeja
        —amagadeta dins.

6

Amb Sant Josep us voldríem
com si fóssiu tots dos un:
ell ens faria la taula
i vós les flors del damunt.

7

De Catalunya en l'obrador esbotzat
el martell no té puny i no té dents la serra,
el temps, de la garlopa, la llengua ha ben oscat
i els claus, tots rovellats, són escampats per terra!
I un jorn vindrà el Destí que ens té mig oblidats
        a fer-nos grans comandes:
muntants per les finestres i portes pels forats
i el sòcol per posar-hi, cenyida de garlandes,
        perquè la vegi gent de totes bandes
la nostra fe que al pou covardament s'està.
        Si vós hi sou, què hi fa?

8

Us ve de Sant Josep aquest fecund embat
    que res no esguerra?
El llit us queda sempre tot estirat a terra,
segudes les cadires, l'armari ben alçat.

Bé prou que ens afanyem ferits pel vostre esclat
    i treballem tothora amb dents estretes:
l'estol de les cadires ens queda de puntetes
i el llit sotja d'enlaire l'armari decantat!

9

Si un àngel radiant d'ales de seda
sovint del Purgatori la fosca vall depreda
per encelar-ne els qui pagaren llur redreç
    —amb dol s'hi paga, no amb diners—
    no sigui avui per ell dia de veda!
Que us tregui mal que fos pel peu, a l'inrevés,
d'aquest estol que juga a qui us malmena més:
    dels Pins, els Agelets, la Rodoreda
i, en tot discordes i mirant-se de través
    amb ira no gens freda,
dels Canyameres falsos i els Puigs i Ferreters,—
que són, per la malesa, conformes amb excés.

10

I tanmateix un ample freu destria
    el vostre Sant de vós:
ell no calgué perquè el miracle fos.
Sense vós el miracle qui el faria?

11

Si un jorn sentiu que enlaire la vara us vol florir
    amb tendres flors, llenceu la vara!
Car us volem complex, tal com sou ara:
amb flors, però amb una eina per colpir.

12

Ja l'alè se'ns ha neulit
i se'ns fa revés el tema:
oh lluna, quan serà en llit,
fes que vegi embadalit
en el tinell de la nit
l'espectre d'un plat de crema.

*   *

Tot allò que la serra xiulant descompartí
    els claus ho ajunten que el martell enfonsa.
    Sou lluny, no ens escriviu, —oh cor de bronze!
Però què hi fa? si ens rebla a vós nostre destí
amb una martellada de llum cada matí.

P. - S. - (Per a dues veus):

Ai Carner, mortal feliç
que amb un reny i amb un somrís
desbrollant mantes bardisses
dels sonets del «Món d'Ulisses»
que és un món no gaire llis
planteu casa en Paradís!

I serà de més d'un pis,
amb geranis al pedrís,
jardinets i porteria,
que ja la «Cosmogonia»
amb el front ple d'arteria,
embanyat i no submís,
va fent via, va fent via
cap a vós, de dins l'abís!

A JOSEP CARNER
(per a l'endemà del seu Sant)

Senyors rodons, escardalenques dames,
donzelles que es desmaien quan el promès les pren,
les que no es desmaiaren i tenen més d'un nen
i els nens que mig caminen perduts entre les cames
us han portat corbates, tulipes, lligacames,
      amb una timidesa que corprèn?

Us han tramès postals amb panorames
      sentides lletres a flotons
signades Irla, Pi i Sunyer, Riba-Bracons?
      Targes estrictes dels cosins infames?
i l'anònim missatge escrit vora els fogons
de la fàmula boja que es féu il·lusions
      i de qui antany vau atiar les flames?

Deixeu les vanes pompes, vermelles oriflames
      demà parrac no renadiu!
Tota verda de fulles una veueta us diu:
      «Oh foll, què més reclames?
la Primavera tendra fa repartir programes
pels seus moixons que troben massa calent el niu;
      en un frondós boscatge encara viu
la soca on barrejares d'amor tants anagrames
      i el blau del cel, patètic, et somriu
amb tot un va-i-ve d'àngels que et porten telegrames!»

UN TRANQUIL RETORN A LA PROSA

Tal vegada és certa l'afirmació feta a Anna Murià:
aquests poemes eren «com si els vomités». I tal com li va
sorgir la «malaltia», de la mateixa manera li va desaparèixer.
Els símptomes, però, els arrossegà per sempre més. No ha-
vien estat cinc anys de pertorbació inútil. La seva prosa,
mai abandonada d'altra banda, en sortirà particularment

beneficiada, encara que la resta dels humans tardin anys a adoñar-se'n. Que *Viure al dia* passés sense pena ni glòria és fatalment comprensible; que *Carnaval* indignés els membres dels jurats floralescos no té perdó. La prosa degué ser per a ella gairebé com un descans. No tenia problemes sil·làbics, les qüestions d'exactitud —«dir el que vull dir»— eren menors. A Llemotges i a Bordeus havia descobert Katherine Mansfield, havia plorat i havia somrigut llegint planes i planes d'aquesta dona de la qual es declarava enamorada. Devorava els contistes americans. Amb ells emmudeix i amb ells recupera la paraula. L'Obiols, des del seu obsessiu món llibresc, l'estimula, l'excita i la incita a obrir-se un nou camí d'expressió literària. Ha batallat amb les paraules per construir un romanç mitològic sobre els temps presents: se li han obert totes les portes de l'escriptura. Els dubtes són legítims. Tanmateix, s'aboca de nou a la prosa amb un bagatge consistent i, si bé comença el viatge contant aquelles històries més immediates i més personalment viscudes, a mig termini haurà de desfer l'equipatge per reprendre-hi els mots apresos i els personatges engendrats en la creació poètica. Té tot el temps per resoldre els imponderables. Encara és jove: una dona de quaranta anys. Té tota la força i les armes potents per passar d'un món a un altre.

Es troba com un peix a l'aigua: escriu i escriu, és el seu món. «Sóc feliç» i «estic contentíssima», llegim a les seves cartes. Fa poemes i la'n feliciten; escriu contes i els hi publiquen; s'endinsa en el teatre i aprova l'assignatura del dialoguista. Tot seria gairebé perfecte si no fos que per tot això no li'n donen ni cinc. A tot estirar li envien paquets de cafè i cacau, perquè en aquells anys difícils de postguerra els treballs intel·lectuals sovint es pagaven «amb espècies». No guanyar-se la vida era la petita espina que portava clavada, una d'aquelles «agulles que fan més mal que un punyal», en frase de Flaubert. L'aterria, encara anys després, haver de dir que no es guanyava la vida, que no era una dona econòmicament independent.

I, després, s'hi afegeix el defecte del desprestigi dels mateixos Jocs Florals entre un determinat sector al qual la Mercè i l'Obiols pertanyen. Amb aquestes paraules, viperines però clares, l'Obiols retratava el programa dels Jocs Florals del 1948 a Carner: «La polseguera de premis quasi infi-

nitesimals els dóna un aire de tómbola humanitària que se-
ria molt escaient si es celebressin a un llogarret. Si un fran-
cès desapassionat va a la festa em sembla que, davant la
desfilada dels quaranta premiats, es quedarà una mica per-
plex: serà dificilíssim de fer-li admetre que hi hagi a París
tanta gent de talent. Tinc la impressió que els nostres com-
panys de causa es pensen que organitzen un ball d'envelat;
és molt possible que a darrera hora drecretin que s'ha d'anar
a recollir el premi amb barretina morada. Quinze premis
de 30.000 francs, és a dir, els premis ordinaris i els espe-
cials (Rabell, Copa, Teatre, Poesia, Contes, Novel·la, etc) hau-
rien bastat, i encara sobrarien diners. Ara, la reina de la
festa tindrà un tirat de masovera que dóna menjar a l'avi-
ram. Massa pintoresc.»

Malgrat tot, la convocatòria de París va ser la que va
rebre més composicions, sembla que 398. Carner hi figura
com a president del jurat, i l'Obiols, el crític, i la Rodoreda
hi van concursar. L'11 d'octubre del 48, amb el seu humor
acerat com de costum, Obiols «bo i mossegant-se les ungles»,
es pregunta si «en una àrea tan reduïda com la que soste-
nen els altres sis pisos de Cherche Midi» es poden produir
simultàniament «dos miracles»: que Mercè guanyi de nou
la Flor Natural i, ell, l'Englantina que cobeja. «Dos gotes
de suor freda m'esborren els versos inicials de la meva en-
glantina», escriu a Carner. I afegeix: «Ja veieu que MR ha
entrat en deliri, com la Pítia. Jo pàl·lid d'enveja, en un racó
medito tràgicament una englantina. Demà, si tinc esma, m'hi
posaré».

Dues fotos de carnet, una d'en Jordi i l'altra de la Mercè, arrencades d'un vell passaport.

Mercè Rodoreda l'any 1938 quan inicia la independència familiar.

Mercè Rodoreda a l'exili, a Roissy-en-Brie: l'una amb Obiols; i l'altra, ells dos amb la família Murià a Villa Rosset.

Foto de carnet de 1942, necessària per adjuntar al permís de circulació.

Mercè Rodoreda —que guanyà les flors naturals dels dos primers Jocs Florals cele-
brats a l'exili— apareix a la fotografia amb Nicole de Fenosa, la reina de la Festa
celebrada a París, després d'haver rebut el guardó pels seus sonets.

Joan Prat (Armand Obiols), que en els Jocs Florals de París va ser guardonat amb l'Englantina.

Després d'uns anys francament dolents, Rodoreda va recuperar-se prenent les aigües a Chatel-Guyon: era a l'agost de 1954.

V. EL PRIMER RETORN A BARCELONA

EL FILL QUE S'HA FET GRAN

Juny de 1949: per primera vegada després d'aquell gèlid gener de 1939, Mercè Rodoreda torna a Barcelona. Hi troba la seva mare envellida de deu anys i el fill, que va deixar nen i que és ara un noi en edat de fer el servei militar. De fet, ja feia un any que tenia anunciada la visita a la família, però el temps, amb les coses, havia anat ajornant el viatge. La intenció, però, ha servit per reiniciar els contactes amb aquest fill que no ha vist des que ell encara no havia complert deu anys. En un primer moment s'havia promès a ella mateixa que se l'emportaria a França, on «les escoles són més bones que a Barcelona», li havia dit a Jordi. Però els anys havien anat passant massa de pressa.

Havia deixat un nen tímid i es trobarà amb un soldat que no s'interessa pas gaire pels estudis però que demostra unes ganes considerables de treballar i de guanyar-se la vida, un fill que sap que del seu pare, del marit de la Mercè, no en pot esperar gran cosa perquè de generós, no n'ha estat ni n'és gens. Aquesta és precisament la gran preocupació de Mercè Rodoreda: que el seu marit, Joan Gurguí, no vol ajudar en absolut tampoc la seva mare, que és la seva germana, i que la deixa com qui diu en la més absoluta de les misèries, en aquell casalot en ruïna i ple de goteres que és la somniada torre de Sant Gervasi de la qual, malgrat totes les incomoditats que presenta, la Montserrat Gurguí ni vol, ni pot, fugir. Probablement perquè és l'única cosa vertaderament seva.

Han passat molt anys des d'aleshores, des d'aquell primer retrobament. Jordi Gurguí i Rodoreda, avui malalt, una mica sord també, com ho era la seva mare, se'n recorda molt bé. I en parla, lentament, amb la seva veu fosca, la veu dels Rodoreda. Però no vol interrupcions, ni preguntes, com si volgués imaginar que, en realitat, ningú no l'escolta:

«Va venir. Va ser bonic. Però va marxar precipitadament. Sense dir-me adéu, només una nota escrita m'informava que un cotxe del Consolat francès l'havia passada a recollir mentre jo era fora de casa. Em va saber molt de greu. Ella no podia ser feliç aquí, amb el seu marit, que és el meu pare, però que també era el seu oncle, i que no estava disposat a ajudar-la, ni encara menys a perdonar-la. Vaig plorar com havia plorat la primera vegada, de petit. El meu pare també va tenir un disgust quan va marxar. Quan jo era petit vivíem bé a casa. El meu pare li donava mil pesetes al mes, a la meva mare, i ella tenia minyona i modista i tot. Però ella no anava a missa; en canvi, el meu pare era molt catòlic i cada diumenge m'hi duia. La mare no creia en Déu i no es va voler confessar quan va morir. Recordo la guerra. La mare sortia a la nit, deia que tenia feina amb els seus amics escriptors i se n'anava. El pare s'enfadava i jo no menjava. Estava tan prim i tan dèbil que quan sortia al carrer a jugar amb els altres nens m'enduia el coixí i després d'una estona de jugar m'ajeia en un esglaó, per descansar. Vivíem en una casa molt bonica, amb dos jardins, que havia comprat l'avi de la mare. Hi havia molts llibres a casa. El meu avi, el pare de la meva mare, era molt bona persona. Una vegada, pel meu sant, em va regalar un billar. Va venir des del baixador de Balmes fins a casa amb el billar al clatell i va arribar més mort que viu. Però l'avi Andreu es va morir. El meu pare no, el meu pare, que m'havia promès una bicicleta de dues rodes feia temps, quan me la va portar era de segona mà, era una BH, però de segona mà. Quan es va morir l'avi, la mare em va portar fora de casa, em va portar a casa d'un amic seu que es deia Trabal a passar-hi uns dies. No era a Barcelona, era un altre lloc, un altre poble, però no em recordo del nom. L'àvia era molt bona, però estava molt trista. Es deia Montserrat. Era la germana del meu pare: és molt important, això. Amb la meva mare, després ens vam discutir pels diners. Ella em va prometre que no em tornaria a veure mai més i ho va complir. Només l'he tornada a veure morta.»

Aquella nota escrita de pressa i corrents, «per evitar les emocions del comiat», Jordi Gurguí la guarda entre l'escassa correspondència que al llarg dels anys ha rebut de la seva mare:

«Estimat Jordi: com que me'n vaig amb un cotxe del consulat francès he de precipitar la meva marxa. Potser val més. Així evitarem les emocions del comiat. Amb el teu alferes ens podrem posar en contacte per escrit. Ja ho veurem. El que em preocupa és enviar uns quants cèntims a l'àvia. I com que a Barcelona m'ha fracassat tot, miraré si a París ho resolc millor.

»Fes uns quants petons a la Teresa de part meva i digues a la seva mare que em perdoni de no haver anat a veure-la. Però ja saps tu els tips de caminar que m'he fet i el poc temps que he tingut.

»Una bona abraçada i fins d'aquí uns quants mesos.

»Força sort i prosperitat i amor. Mercè.»

La primera carta rebuda (i guardada) per Jordi porta data del primer d'octubre de 1948. D'abans no hi ha res. Jordi assegura que a ell no li escrivia directament, que el que li havia de dir ho deia a l'àvia Montserrat i que aquesta li ho transmetia. Ell, altrament, tampoc li'n va escriure gaires més, de cartes, i es manifesta comprensiu amb els silencis de la seva mare. Aquelles primeres paraules escrites gairebé un any abans de la seva primera visita a Barcelona no sonen estranyes, no traspuen l'allunyament ni la distància. Fa pocs dies, li conta la mare, ha tingut la visita dels senyors Herbain, que li han fet mil elogis del seu fill: «Em van dir que eres tan simpàtic i tan bon xicot, apreciació que em confirma l'àvia cada vegada que em parla de tu...» I li manifesta la seva alegria per la ràdio que han comprat: «Em fa molta il·lusió saber que *tenim* ràdio, tot i que no sàpiga ballar», subratllant el plural de la primera persona.

I comenta la seva pròxima arribada a Barcelona i la impaciència que sent perquè ell li ensenyi la ciutat: «... me'n recordo poc i serà molt bonic de veure-la amb els teus ulls i a través de les teves explicacions.» S'acomiada amb «una abraçada ben forta de la teva mare. Fins al mes que ve, potser. Segur. Adéu, Mercè.»

A final del mateix any, veient que el viatge a Barcelona era ajornat, Mercè escrivia a Rafael Tasis demanant-li que li fes un «gran favor». Es tractava de la seva mare, que no es trobava bé i estava en una situació econòmica molt difícil. Ella creu, de París estant, que el mal és de bon resoldre hipotecant la casa del carrer de Balmes. Ha intentat de dir-ho a la seva mare però, per carta, no s'acaben d'entendre. Sembla que Montserrat Gurguí és partidària de demanar un préstec bancari, cosa que la Mercè qualifica de notable disbarat. Pensa que la seva mare està «deprimida» i com que encara no sap quan podrà anar a Barcelona, demana a Tasis de donar-li un cop de mà, aconsellant-la de com pot aconseguir una «petita» hipoteca. Tasis va fer la gestió. Va enviar una carta amable presentant-se i oferint els seus serveis amicals a Montserrat Gurguí que, per la seva banda, va apressar-se a comunicar a la seva filla que ja ho tenia tot «mig resolt». Però en aquesta situació «mig resolta» s'hi va mantenir fins a l'últim moment.

COM UN FANTASMA PER BARCELONA

No és veritat que la relació de Mercè Rodoreda amb la seva família s'hagués trencat definitivament en marxar el 1939. Encara més, la seva fugida-exili, amb els anys, esdevenia, almenys socialment, estricte exili. Amb la distància, alguns dels pitjors records s'havien diluït. La presència quotidiana de l'Obiols li pesava, se li feia insuportable dependre del seu treball, en aquests anys, força incert. Després del que havia passat, i sobretot després del que havia patit amb ell des de 1946, la Mercè no descartava la possibilitat de tornar a Barcelona. Altres amics, entre ells els Riba i els Tasis, ho havien fet. Les notícies que arribaven de Catalunya a través d'ells tampoc no eren del tot dolentes. Potser, ara, amb dues Flors Naturals i amb la secreta confiança de guanyar-ne la tercera, les seves possibilitats de sortir-se'n al seu país serien més grans. Però calia comprovar-ho. Calia que anés a Barcelona per veure amb els seus propis ulls si allí, novament, hi havia un lloc disponible per a ella i la seva obra. La seva mare, a través de les cartes, procurava inspirar-li la màxima confiança. Ella, per la seva banda, li amagava les dificultats i li exagerava els èxits. Els Gurguí sempre havien tingut grans dots per a la simulació. La Montserrat i la Mercè, mare i filla, no els perderen mai. Es retrobaven en un magnífic dia de juny, però en la Barcelona del racionament, i aquests dots de simulació no servien de gran cosa.

Reveure Catalunya, després de tants anys, en aquestes condicions, no la va commoure. Va trobar la ciutat decebedora: «Vaig per Barcelona com un fantasma sense contacte amb res», escriu a l'Obiols. Tan decebedora que jurà de «no tornar-hi a posar els peus en anys». Fins i tot, va avançar uns dies el viatge de tornada a París, on ja era el 17 d'agost escrivint les seves impressions a Josep Carner: «La primera impressió que es té quan s'arriba a Barcelona és que la F.A.I. va guanyar la guerra. I ara quasi es pot dir que si hi classifiqueu la gent segons llur pes —gent decent, fins a 58 quilos; bandarres, de 58 en amunt— no us equivocareu pas de gaire. Afortunadament encara hi ha alzines, pins i ginesta, i és molt possible que a partir d'aquests elements es pugui reconstruir tot.»

Hi havia, tanmateix, un punt inconfessat de materialisme en aquella primera visita. No sabia exactament amb què es trobaria. Era conscient que Joan Gurguí, el seu marit, patia la «malaltia crònica» de la gasiveria. Però confiava que el temps l'hauria reblanit tan sols una mica. Havia arribat a Barcelona amb un mal al braç dret que arrossegava des de feia temps. A París, els últims mesos, s'havia fet un tip de banyar-se'l amb aigua calenta amb sal i d'untar-se'l amb pomades que no li havien servit de res. Tantes vegades havia parlat d'aquest seu incomprensible mal que, mig en broma, mig seriosament, circulava la vaga idea que només era una excusa per no haver d'escriure quan li fallava la inspiració o havia de recopiar textos. La seva mare, però, va decidir que calia anar a visitar l'especialista. En va veure tres. L'un va dir-li que això es guaria immediatament amb l'acupuntura i li va clavar unes quantes agulles sense cap resultat. Un segon metge creia imprescindible com a primera mesura fer-li l'horòscop; li va dictaminar una polineuritis i, poc després, ella va saber que l'home en qüestió era un perfecte neurastènic. El tercer la va aterrir: tenia una lesió a l'espinada que derivaria en una paràlisi si no es medicava adequadament. Aquest mal, tal com li va venir li va desaparèixer. Era, com ella mateixa ho acaba reconeixent, una qüestió de nervis i el millor remei, la tranquil·litat. En tot cas, a Barcelona, la molèstia va fer el seu efecte i també va servir per deixar-se amanyagar i no haver de mantenir converses extremes amb el marit que, quan es presentava l'ocasió de demostrar d'una manera ben evident que ell sí que era generós i magnànim, llavors es desfeia en atencions. Si fins aleshores no havien formalitzat la separació matrimonial, tampoc era aquesta la millor ocasió per portar-la endavant.

Enmig de la relació familiar, d'una complicada aventura d'estira-i-afluixa, hi ha els interessos als quals ella té molt clar que no ha de renunciar. La casa que els ha deixat el vell Gurguí no valia gran cosa, però els terrenys en què es trobava sí. I eren propietat indivisa dels dos germans, de Montserrat i de Joan. Van passar molts d'anys fins que no es decidiren a vendre-la, que és el que la Mercè desitjava perquè d'aquesta manera la seva mare podria «viure com Déu mana» i a ella li correspondria una part dels diners que l'ajudarien a anar passant aquests anys parisencs durant els quals no arriba a independitzar-se de cap de les maneres. Però aquesta també és una qüestió que durant la primera retrobada tan sols s'insinua. De manera que, a Barcelona, les coses, de moment, tampoc no pinten gaire bé, ni des del punt de vista de la feina, ni en l'aspecte financer i familiar. Ni millor ni pitjor que a París. Però a París, almenys, hi ha Obiols, amb el qual, malgrat les enrabiades, és possible de viure-hi una vida més completa. París, malgrat la penúria, és encara la il·lusió, i el desconegut.

UN PASSAT IRRECUPERABLE
I UN FUTUR QUE NO ES CONCRETA

Aquest mateix estiu assegura que té pràcticament en-
llestida una novel·la. Joan Puig i Ferreter que, amb Josep
Queralt, tenen la intenció de reprendre les edicions Proa
amb la col·lecció «A Tot Vent», confia tenir-la a la tardor
per poder-la publicar ben aviat. La iniciativa editorial pro-
voca en l'Obiols i la Rodoreda unes ganes més grans de vi-
sitar l'autor d'*El cercle màgic* que, per la seva banda, està
abocadíssim en l'escriptura d'*El pelegrí apassionat*. Tot so-
vint van a veure'l. Hi arriben a primera hora de la tarda,
cap a les tres. I les converses s'allarguen fins ben entrat
el vespre. Puig, com ells, també està desencantat de tot i
no creu que sigui possible una tornada triomfant a Barce-
lona. L'única sortida que li queda és escriure, en una no-
vel·la, emparant-se en la ficció, el que ell creu que ha estat
la seva vida, defensant-se dels atacs furibunds de què ha
estat objecte, sobretot de la ploma de Ferran Canyameres,
personatge amb poder a París i a Barcelona i que l'ha desa-
creditat políticament i moralment. Quan tenen lloc aques-
tes interminables visites, la Clotilde, l'esposa de Puig, pre-
para el te i serveix un potent berenar. I la tertúlia s'allarga
encara unes hores.

Aquest any 49 l'expectativa de Proa encara és massa ver-
da. A Mercè li queden uns mesos per gaudir de la seva ter-
cera Flor Natural, concedida el setembre a Montevideo, i
sentir-se satisfeta amb el títol de Mestra en Gai Saber. La
recent visita a Barcelona, a més a més, li ha servit d'estí-
mul per conformar-se amb el que té a París. Pocs dies abans
de saber el veredicte dels Jocs Florals respon a una carta
del seu fill en què aquest es queixava perquè havia marxat
de Barcelona sense avisar: «(...) Ja em faig càrrec que et de-
via disgustar que a la vigília d'anar-m'en no et digués que
me n'anava. Però com que et sé molt nerviós i molt sensible
em va semblar que una despedida en forma encara seria
pitjor. Potser em vaig equivocar; si és així et demano que
em perdonis. No estiguis intranquil per mi; les coses em

són molt més fàcils a París que no pas a Barcelona tot i
que no nedi en l'abundància ni molt menys. A Barcelona,
naturalment, vaig tenir moltes decepcions; no em pensava
pas recollir-hi l'or a palades però tampoc em creia que to-
tes les portes se'm tanquessin.» Una d'aquestes portes en-
treobertes és doncs encara a París i és Puig i Ferreter qui
en té la clau: publicar una novel·la. Aquesta serà la seva preo-
cupació d'ara endavant.

Per ajudar a reactivar Proa, que fonamentalment vol pu-
blicar novel·la catalana, s'institueix un premi, dotat amb
100.000 francs, que s'atorgarà per primera vegada l'any
1950. El jurat el presidirà Pere Bosch Gimpera. Puig i Fer-
reter, promotor de la idea, estava convençut que Mercè te-
nia acabada la novel·la i que hauria tingut temps, en aquells
mesos, de passar-la a net i presentar-la. Tanmateix, no era
així. Potser aconsellada per l'Obiols, potser convençuda ella
mateixa que alguna cosa no acabava de rutllar en aquell
text, a darrera hora no la va enviar i, a canvi d'això, hi tra-
meté *Carnaval*. No va aconseguir el premi. Segons sembla,
per l'estricta raó que la narració era massa curta. «Em va
decebre no veure-la guanyadora», escrivia Joan Puig i Fer-
reter, el 26 d'octubre del mateix any. «M'han dit, però, que
sols hi va enviar un conte o narració massa breu per aspirar
al premi. (...) creia de bona fe que ella ja la tenia feta i que
sols era qüestió de posar-la en net.» La realitat, segons ex-
plica al seu fill i al mateix Puig i Ferreter, és que ha passat
una «mala tongada», s'ha trobat molt malament i no ha po-
gut acabar la novel·la «per manca material de temps».

En efecte, aquest any 49 és per a ells particularment do-
lent. Durant els mesos en què la Mercè ha estat a Barcelo-
na, l'Obiols ha tingut la sort d'uns encàrrecs fets per la dona
de Carner, Émilie Noulet, que, no podent ser a París per
consultar la Bibliothèque Nationale i adquirir les revistes
i els llibres que li calen per avançar en els seus estudis de
la literatura francesa contemporània, ha decidit dipositar
tota la confiança en aquest català tan i tan «erudit» i parti-
cularment «àgil» a l'hora de trobar textos introbables. Émi-
lie Noulet, fins i tot, li ha proposat que sigui el seu «secre-
tari» i vol remunerar-li la feina feta, cosa que l'Obiols no
accepta de cap de les maneres. D'entrada perquè li agrada
el que fa per a ella i, a més a més, perquè això li permet

d'establir contactes amb editors (Grasset, Corti, entre ells) i intel·lectuals francesos.

Aquests contactes eren absolutament necessaris si volien sobreviure, ni que fos intel·lectualment, a França. Carner, que és qui els havia vist iniciar un procés de defalliment a partir del moment en què a la «Revista de Catalunya» es concentraven totes les tensions polítiques, mesquines més que polítiques, dels catalans de l'exili francès, els havia aconsellat «deixar convivències que s'han tornat exasperadament hostils». I ho intenten, encara que no pas amb gaire èxit. Saben que si es queden a França ja no és només per raons polítiques: molts amics que han decidit de tornar a Barcelona i de reprendre les seves activitats professionals dins la misèria que permet el franquisme, estan convençuts que és des de l'interior que podran actuar millor, al marge d'una absurda ja conveniència político-catalanesca, que cada cop té menys sentit, defensada des de París. L'Obiols i la Rodoreda són conscients del perquè es queden a París: no es veuen amb cor de plantejar-se la vida en comú a Barcelona. De fet, potser inconscientment, creuen que encara viuen una aventura amorosa passatgera, de joventut. Ella, quan pensa en la possibilitat de tornar a Barcelona, no s'imagina fent-ho amb l'Obiols. Entre altres raons perquè ell sí que assegura que no tornarà a Barcelona mentre hi hagi Franco. A l'Obiols, a més a més, ja no li queda família a Catalunya; tota la família es troba exiliada, a Xile i a Mèxic. I, què hi podria fer a Barcelona, l'Obiols? No hi ha escapatòria. Els anys quaranta i cinquanta a Espanya tot just si donen oportunitats als qui es dediquen a la vida universitària, cosa que a ells mai no els ha interessat. L'alternativa de viure de la llengua i de la literatura castellanes ni tan sols la prenen en consideració i, sens dubte, els seria l'únic camí viable. Si es queden a França és per aprofitar-ne al màxim, per viure dels contactes amb una cultura estrangera però menys fràgil que la seva pròpia.

Però les coses no són tan fàcils com ho semblen a primera vista o com li semblen a Carner que, al marge del seu caràcter més obert, té unes vies d'accés a les plataformes culturals del país que l'acull més evidents i estables. Ell, de fa temps, que treballa a la Universitat de Brussel·les i d'aquesta manera, encara que a cops li sembli absurda la seva activitat professoral, li és fàcil de mantenir contactes amb els escriptors i homes de les lletres franceses. Per a l'Obiols i la Rodoreda, antiuniversitaris per excel·lència, amb un esperit crític a flor de pell, el cercle intel·lectual es va cloent cada cop més al seu voltant. Les expectatives creades a França amb la nova llei d'educació, que haurà de crear places oficials per a l'enseyament del català a les universitats, no animen l'Obiols a tirar cap a la banda docent. No, en apartar-se del món de la cultura catalana oficial a l'exili, en un allunyament provocat per les «hostilitats» naixents a l'entorn de la «Revista de Catalunya», semblen no trobar altra sortida que anar a caure en braços d'uns altres catalans, concretament de Joan Puig i Ferreter: van del foc a les brases.

SECRETS FAMILIARS PER A LA FICCIÓ

Si les circumstàncies professionals i sentimentals no són favorables a un retorn, tampoc la família invita a fer-lo definitiu. Joan Gurguí, a qui Rodoreda no intenta de parlar com a esposa, sinó com a neboda, sembla que li ha dit ben clarament que no pensa ajudar-la: «no compro material de segona mà», li etziba amb cruesa. Cosa, d'altra banda, del tot falsa ja que de fet viu de comprar i vendre material de segona mà; el seu negoci de finques cada cop es concentra més en el mercadeig de pisos de tercera categoria que després, sovint, lloga a gent amb unes finances i una vida moral més que dubtoses però que li proporcionen guanys considerables.

Amb el seu fill Jordi, no obstant, i almenys aquests anys, la Mercè hi està plenament d'acord: caldria vendre el casal del carrer de Balmes. «Si les coses canviessin en la forma que ja saps, ni ens faltaria res ni hauries d'amoïnar-te. Tot ens seria més fàcil», escriu al seu fill. Però els caldrà esperar: de moment, ni l'un ni l'altre no tenen gaire clars els projectes: «Projectes meus? No en tinc. Intencions? No molestar ningú i que ningú em molesti. Sóc ocellot de bosc.

Amb un fill que sembla canari de gàbia», escriu el 1952.

Joan Gurguí, en el fons, «és un bon home, però és un home emprenyador», li escriu Mercè, que corregeix, en rellegir la carta, «emprenyador» per «pesat». No està disposat a moure ni un dit per ningú, ni pel seu fill. Viu, de fet, una mica al marge de la família. Es passa hores i hores al seu despatx del carrer de Princesa, no pas treballant gaire, perquè amb l'edat ell mateix reconeix que li augmenta la gandúleria. I, després es deixa atendre per Glòria G.-P., la dona amb qui gairebé conviu en un pis, no pas de luxe, del barri de Gràcia. A la Glòria, Joan la va conèixer un cop acabada la guerra. Venia a can Gurguí per ajudar la Montserrat i, segons sembla, per servir «en les seves necessitats biològiques» l'home de la casa. La Glòria és una pobra dona que la guerra va deixar en l'absoluta misèria i que no ha tingut més remei que instal·lar-se a Barcelona per servir els qui encara tenen alguna cosa per poder-se permetre aquest avantatge que són les «minyones», pel qual paguen un preu irrisori.

Fins avançada la dècada dels anys quaranta, Glòria ha tingut un lloc al casal del carrer de Balmes. Però Joan Gurguí, que viu també de les aparences i que odia i estima la Mercè malgrat tot, decideix de fer-la fora del nucli familiar així que sap que la Mercè els ha de visitar aquest estiu del 1949. Joan Gurguí, en el fons, també dubta i no sap si la seva dona es quedarà definitivament amb ells o no. També hi ha una altra raó que sembla justificar-li el fet de treure de casa la Glòria: Jordi es fa gran i comença a portar els amics a casa i, ben aviat, la seva nòvia, Margarida Puig, que es convertirà en la jove Gurguí. I Joan, extremadament catòlic en aquestes qüestions, creu que ell ja no es pot permetre aquesta «vilesa» de mantenir l'amant-minyona davant dels ulls de tothom. Primer l'envia al barri de Gràcia i, poc després, decideix que és millor que sigui més lluny: a Buenos Aires. Allà, la pobra dona, que ja no té vint anys, es consumeix fins que troba la manera de tornar a Barcelona. Aleshores demana al seu antic amant, a qui no pot perdonar que la deixi tan i tan sola, que l'ajudi a trobar una feina a l'hospital de Sant Pau. Per un moment semblarà que Joan està decidit a restablir les relacions amb ella i, d'amagat, concerten cites a les esglésies de Barcelona. Si no es troben

—perquè Joan tot sovint no hi va— ella li deixa rams de flors en un banc convingut. Breu, Glòria no va a parar a Sant Pau sinó en una casa de Calella on atén una vella que es diu Sofia que viu també sola i és riquíssima: «... *La seño-ra es muy senzilla, en una palabra payesa, tiene 73 años, nun-ca fue al cine ni a diversiones ni disfruta de nada, es propie-taria verdad —nada hipotecado— de varias casas y vive en una torre hermosa que le dejó su hermana, junto con una fábrica de medias, que tiene el subfruto, su hermana testó al morir ésta para los Escolapios de este pueblo, es sol-tera muy rica, además tiene una masia que le dá de todo. Ya vé, unos tanto y yo con el cielo y la tierra. Como se dicen en castellano: "Dá Dios narices a quien no tiene pa-ñuelo"...»*

Tota aquesta història, que pot semblar marginal, és, ben al contrari, molt important en la vida de Mercè Rodoreda perquè en morir Joan Gurguí (el 9 d'abril de 1966) ella tro-ba el plec de cartes i de missatges que Glòria li enviava. L'escriptora les va agafar totes i se les va endur a Ginebra. La cal·ligrafia de la pobra dona és bastant deficient, com també l'ortografia i la sintaxi. Però les seves històries, i so-bretot la seva estada a Calella, van impressionar-la. Amb l'Obiols es van entretenir a transcriure cada una de les car-tes i a anotar al costat de les que anaven sense datar el «grup» a què corresponen: el de Buenos Aires, el de Cale-lla, el de Barcelona... Poc després tota aquesta trista histò-ria real quedaria incorporada d'alguna manera a *Jardí vora el mar* i a *Mirall trencat,*

«... una novel·la on tothom s'enamora de qui no s'ha d'enamorar i el qui manca d'amor busca que n'hi donin si-gui com sigui: en l'espai d'una hora o en l'espai d'un mo-ment.» (Pròleg a *Mirall trencat.*)

dos dels llibres que li van costar més fer i en els quals s'en-devinen, perquè les retrata un punt deformades, moltes se-qüències de la seva vida.

Però tornem més de deu anys enrera, quan Mercè reco-neix al seu fill que ella és, malauradament, «la teva mare que sempre ha viscut el gran drama de veure venir totes les males intencions de la gent o d'endevinar-les abans que

la gent les tingui». Es lamenta que el seu marit no l'ajudi
ni a ella ni al seu fill que, un cop acabat el servei, li ha de-
manat diners per obrir un establiment comercial. Ella des
de París no pot enviar-n'hi i li aconsella que no es desespe-
ri, que intenti de trobar bones marques de representació
i que faci de corredor, ja que viatjar li agrada: «Pensa que
fins a trenta anys no seràs un home. Tens camí per córrer.»
Tampoc, i en contra del parer de Joan Gurguí, ella no el
desanima gens a casar-se. Jordi li fa el màxim de cas i, al
cap de molt poc, la Mercè ja rep una postal del primer viat-
ge que el seu fill ha fet en qualitat de representant comer-
cial d'una fàbrica de pasta de sopes. Està tan satisfeta del
que li diu el seu fill que li contesta tot seguit una carta que
acaba així: «La meva salut ha millorat bastant, però m'he
de cuidar i menjar moltes pastanagues. Però amb gaires ale-
gries com aquestes aviat em tornaria jove. Abraçades i pe-
tons de la teva mare.»

TERCERA PART:
PARÍS - GINEBRA 1953-1978

I. FELIÇOS ANYS 50

ESCRIURE «A RAIG»

Dividida entre París i Barcelona; confosa entre aspiracions de popularitat literària que no obtenen ressò més enllà del floralisme; dubtant entre l'Obiols i la família, Mercè Rodoreda navega cap a una crisi que no tarda a manifestar-se fins i tot físicament. I entre unes coses i altres, i amb allò que en francès en diuen ben gràficament el *retour d'âge*, moment en què no solament canvien els aspectes físics de la dona sinó que la transformació moral sovint es fa sentir durament, aquesta dècada dels cinquanta comença força malament pel que fa a la salut. Sort, però, que Obiols comença a guanyar-se bé la vida: a través de Quiroga Pla, ha entrat a fer de traductor a la UNESCO. Amb els diners que ara els sobren, poden permetre's de fer cas al metge, que recomana a la Mercè de fer una cura de repòs a Abondance (Savoia). Hi va a final d'agost de 1951. L'Obiols de tant en tant li fa visites. En una certa ocasió, just quan ella ha tingut una forta crisi de fetge, ell també es posa malalt, amb una congestió pulmonar que l'obliga a quedar-se tota una setmana al llit. Tenen unes afeccions tan estranyes i sovintejades que fins els amics s'amoïnen: no entenen com s'ho fan per tenir «malaties tan espectaculars», diu Carner.

A l'abril del 52 Mercè torna al mateix sanatori. Però la seva salut no millora i el metge els aconsella un canvi de lloc. A l'agost del mateix any s'instal·la a Châtel-Guyon (prop de Vichy). Aquí les cures tenen un efecte positiu. Fa el mateix que fan els altres clients de l'hotel, amb un ritme horari compassat, metòdic. Dorm hores i hores i passeja pels jardins. A poc a poc es recupera, o, més ben dit, s'adapta al seu propi personatge i s'accepta. Fins i tot, acaba enyorant-se de l'Obiols, aquest home que li fa la vida impossible a base de posar-la tan sovint entre l'espasa i la paret. Sola, en aquests paratges magnífics de França, en el lloc adient i voltada de metges i assistents que saben tractar-la com una suposada malalta, aprèn a descobrir les petites comoditats, els petits luxes d'una vida més tranquil·la. Per exemple, a Châtel Guyon, Mercè és capaç d'enlluernar-se menjant una truita de riu, un peix que, segons explica, no havia tingut encara l'oportunitat d'assaborir.

Poesia, detalls quotidians, solitud: els tres cables que li permeten l'abordatge a la maduresa. A partir d'ara ja no li és permesa la rebequeria; tot el que faci en contra dels altres i en contra d'ella mateixa serà error. Els seus cabells blancs ja no són amable detall d'una personalitat forta: són el símptoma que porta pràcticament mig segle damunt les espatlles.

Aquesta soledat suportable, apresa durament i després domada a Châtel Guyon, li serà còmoda d'ara endavant perquè passarà dies i fins setmanes senceres ben sola: l'Obiols ha estat contractat pels organismes internacionals de Ginebra. En tenim un exemple, entre l'1 de juliol i el 7 d'agost de 1953, quan Mercè Rodoreda va escriure unes cartes meravelloses a l'Obiols. Se'n conserven (perquè ell les degué guardar) 21. Només va guardar les seves. De l'Obiols, d'aquest moment, no se n'ha trobat ni una. Juntament amb les còpies de les que va enviar a Josep Carner, aquestes cartes enviades durant poc més d'un mes constitueixen el gruix més important dins la correspondència rodorediana que conserva la família, és a dir, les que ella mateixa (i Obiols, evidentment) va guardar. No deixa de ser símptomàtic del control que ella exercí sobre el material que deixava a la diem-ne «posteritat». Havia de saber que aquestes cartes, tard o d'hora, serien revisades i llegides per algú, de la família o un estudiós de la seva obra. Així com havia censurat (retallant, ingènuament, paràgrafs de les còpies de les cartes en què l'Obiols parlava d'ella a Tasis, per exemple) certes cartes, aquestes que havia escrit en un moment d'eufòria, les conserva, sembla, íntegres. Es tracta de cartes «escrites a raig», tal com devia de fer-ho amb les seves obres de ficció. En aquest cas el mirall transportat per examinar la vida el tenia plantat davant d'ella mateixa. I és que estava exultant. Ella, que segons afirmava al seu fill, té «la sensació una mica diluïda misteriosament per la sang, que escric als morts» (desembre de 1956), descriu ara tot el que fa i veu amb una minuciositat preciosa i ben viva.

L'1 de juliol explica que dissabte ha anat al cinema, a veure *Robin dels boscos*, en una versió que no troba pas tan brillant com la de Douglas Fairbanks. Sortint del cinema se'n va al Bon Marché, que té molt a prop de casa, i es compra un *shantung* blau. Fins a les dotze de la nit i part de l'endemà s'ha estat cosint un vestit que estrena immediatament per anar a visitar els Puig i Ferreter. Diumenge a la nit, després d'un sopar frugal però molt bo i saníssim, intenta llegir *Mosquitoes*, que troba «avorridot». El dilluns, després de fer uns encàrrecs, se'n va a veure una exposició de Joan Miró i explica el que ha fet l'artista:

«Ha fet la següent cosa: ha triat un motiu i l'ha repetit, exacte, però amb diferents colors sis o set vegades. Fa molt bonic i el que deu ésser bonic és poder tenir la col·lecció de variacions, completa. Després ha descobert aquella mena de cartó gruixut que teníeu al camp Lindeman. Amb aquest cartó fa moltes filigranes. Hi fa sots, hi fa camins, i fa formes cremant-lo. Té un cap de mort i els forats dels ulls són dos forats de debò, fets aplicant un ferro roent a la matèria. Després el retalla de manera desigual, fent arestes, hi pinta quatre ruqueries, el fa aguantar entre dos vidrets gruixuts i la cosa serveix per posar damunt d'un moble i fa bonic. Té un quadre amb una figura molt abstracta però amb dos collons molt concrets: són blaus del mig i voltats d'una ratlla esfumada negra i situats on correspon. Després ha fet, sobretot, pintura de decoració, és a dir, per a plafons. Té un fris blau fosc, d'uns quatre o cinc metres de llarg, tot aombrat de negre i sembrat de rodonetes de colors lluminosos. Amb el cartó lindeman, ha fet una mena de dòlmens damunt un peu de fusta amb motius xinesos. Té un cap de pedra d'aquelles pedres que troba quan passeja per la seva finca, espaterrant. I té una troballa: una forca de pagès, pues i tot de fusta: ha decorat el mànec, però faria més bonic si no l'hagués tocat.»

La Mercè es troba «com un rei» i «els efectes de la cura es confirmen eficients». Encara no ha escrit novel·la, que és el que té entre mans. Llegeix i dorm al llit de l'Obiols: «Si vols que et sigui franca, no m'ha agradat gaire», escriu. S'ha emportat, per acabar el dia i amb la vaga idea que la inspirarà millor, *En souvenir de Barbarie*. L'endemà mateix, al matí, torna a escriure una llarga carta al «Bolet de truita», tal com diu l'encapçalament. I cada encapçalament de carta és diferent.

Ha anat a veure els Font i, aprofitant el trajecte, ha passat pel mercat de les flors. Ha comprat campanetes amb les quals ha substituït les caputxines que ja tenia, perquè «no paraven de fer fulla groga i les flors, tot just obertes ja es pansien». La visita feta a casa dels Font és especialment singular. Melcior Font, autor d'un *Cançoner de Nadal*, havia dirigit la prestigiosa revista infantil «Jordi». Havia estat secretari de Ventura Gassol, i vivia a París des d'abans de finalitzar la guerra civil. Era de Sant Andreu i s'havia casat a Cotlliure amb la Magda, que era de Ripoll. Poeta, es dedicava, per guanyar-se la vida, al cinema, on les seves opinions (fruit d'un gust exquisit) eren sempre escoltades i tingudes en compte pels millors directors del moment. També s'ocupava de fer pronunciar correctament el castellà als actors quan doblaven les pel·lícules franceses destinades al mercat sud-americà. Melcior Font era amic personal de nombrosos intel·lectuals i artistes del moment, tant catalans com francesos, i, sovint, es reclamava la seva presència i la seva intervenció per posar en contacte distintes persones per dur endavant projectes força diversos. Els Font, amb tot, eren singulars, amb un aire de no tocar gaire de peus a terra i d'estranyar-se sempre del pragmatisme dels altres.

Rodoreda, segons explica a la carta mencionada, ha anat a tornar-los un paraigua, i es troba que Melcior no hi és. Està treballant en un film protagonitzat per Michelle Morgan i Gerard Philippe: «Em va dir (la Magda) que Philippe era tan intel·ligent i que de seguida aprenia el text castellà,

que no era com Ives Montand que, segons digué, un cop que
havia de dir "cansado" diu "cansat", després del temps que
el pobre Melcior hi va batallar per a fer-li aprendre.»

En aquesta segona carta a l'Obiols, Rodoreda repeteix
la crònica que la Magda li havia fet a ella de la processó
del Corpus celebrada a Cerdanyola aquell mateix any:

«[Em va explicar] que la processó de Cerdanyola, la del
Corpus, va ésser preciosa i que va tenir una palestra amb
unes senyores d'un poble veí, perquè ella els va dir que tro-
bava la processó molt bonica però que li sobraven els sol-
dats i les baionetes i les senyores li van contestar "que si
la reina Elisabet duia escorta de soldats, amb més motiu
n'havia de dur Nostre Senyor que era més important que
la reina Elisabet" i ella els va contestar, bastant picada, "que
Nostre Senyor era més important que la reina Elisabet, i
que els soldats i les baionetes no l'havien de protegir per
res perquè Ell els podia desfer tots d'un buf". I diu que dis-
cutien totes assegudes fent rotllo en un gran jardí prop de
la carretera per on passava la processó i que totes les senyo-
res duien mantellina i totes eren senyores pones: totes eren
riques i totes tenien automòbil i xofer a la porta. I que aquest
jardí, gran com un parc i ple de flors era propietat, junt
amb la casa de cine que es veia al fons, molt lluny, tant
el jardí era gran i gran i gran, d'uns seus amics íntims, uns
amics que gairebé eren com germans amb en Melcior. I men-
tre m'explicava tot això, els pollancs i els plàtans del riu
feien una claror tota verda que s'anava fent fosca i el vent
els doblegava i jo vaig dir: "això s'acabarà amb llamps i
trons" i així que ho vaig acabar de dir va fer un llampec
que ens vam quedar arronsades.»

Potser li sembla que està «seca», perquè no li «surt» no-
vel·la, però els motors per escriure són calents, com és pos-
sible de comprovar llegint —encara que només siguin certs
paràgrafs— les seves cartes. I el fragment citat, sobretot
el final, recorda el to de determinats contes, com per exem-
ple *Una carta*:

«La figuera ja tenia pàmpols grocs i les figues, de coll
de dama, eren dolces com la mel: sobretot les que estaven

una mica picades d'ocells. Jo el mirava des de la finestra de la cuina tot preparant la calderada per les gallines i mentre ell anava a buscar l'escala al porxo, vaig pensar: així et rebentessis. (...) I quan vaig deixar de mirar aquell bé de Déu de dia que començava, vaig veure el meu marit a dalt de tot de la figuera, com un ocellot, i vaig pensar: està fent el boig, tan amunt... La branca va fer *crec*! i el meu marit, el cistell i unes quantes figues, tot per terra.»

Tanmateix, de moment, ella diu que frueix «com un boig». Tan aviat dorm en el seu llit com en el de l'Obiols. Ara, perquè ja tenen dues cambretes, pot organitzar-se les activitats del dia en dos espais diferents. Dijous, dos de juliol, s'ha llevat a les vuit del matí, ha fet neteja i ha endreçat les coses. Després ha anat a comprar, menjar per a ella i cucs per als peixos. Peixos que manté en una peixera i que li demanen moltes atencions. Ha dinat «com un marquès», a base de carxofa cuita, pernil, fruita i iogurts. S'ha instal·lat a l'habitació de l'Obiols. Ha agafat tisores, goma d'enganxar i papers de tots colors en abundància. Ha fet un quadre: «A les quatre de la tarda ja tenia una cosa molt bonica davant dels ulls.» «Estava tan engrescada» amb el que havia fet que, dues hores més tard ja n'havia fet un altre: «És a dir, una variant del mateix; bé, una variant, exacte, però amb diferents colors. I és cosa maca. Semblo boig d'alegria. Els tinc tots dos damunt de la cuina i tot escrivint-te, de tant en tant, me'ls miro. Els he firmat i tot. I encara els repetiré amb altres colors i en regalaré quan voldré fer alguna persona contenta. Un té el fons gris, l'altre el té vermell. Hi he fet aquelles figures sense braços, i només de mirar-los et ve com una mena d'alegria de boig.»
Tenim Rodoreda pintora fent *collage*. L'absorbeix tant aquesta activitat que l'endemà ja ha gastat tota una ampolla de Jeep gum. I al cap de tres dies ja té cinc quadres fets: «Ja tinc estil i un món», assegura el 6 de juliol. Està tan satisfeta dels seus quadres que decideix de fer-los emmarcar. Però quan els desembolica, a la botiga de Just Cabot, li cau l'ànima als peus: «A casa em semblava bonic, però, en *públic*, no semblava res.» Per consolar-se decideix anar al cinema: *A la recerca del tresor*, que considera una de les millors que ha vist dels germans Marx, «fora d'una

escena una mica allargassada en la qual Harpo toca l'arpa».
Com aquell qui res, un matí també diu que ha començat
a escriure: «Bastant bé. Estic contenta quan veig que puc
escriure.» I, en el fons, sap que fa «molt mal fet» de no fer-
ho més sovint: «El meu pervindre està en l'escriptura.» Uns
dies més tard, el 12 de juliol, ho torna a dir: «Escric fàcil-
ment, com si fos la cosa més natural del món.» I és que
es troba «com un àngel». Tot funciona, «i el cap» també.
Segueix la cura de repòs iniciada a Châtel, no menja res
«pesat» i viu en el pis més ordenat: ha fet 10 quadres sense
llençar ni un sol paper a terra. «Tot està ordenat, tot fa goig.
Això és el resultat de la salut. I saber que tu m'estimes, aca-
ba d'equilibrar l'equilibri. Cucurucut espanta mosques.» Té
el pis tan i tan net que, un dia, fins decideix ensenyar-lo
a la portera «que es quedà veient visions», no especifica si
de veure l'apartament «tan net com una patena» o de la sor-
prenent invitació de la llogatera dels quadres.
   Algun vespre, que és quan més troba a faltar Obiols, té
dubtes: no sap si anar al cinema —li fa una certa mandra,
tot i que anar al cinema és una de les seves prediccions
i hi va tot sovint— o bé quedar-se a casa, llegint, per exem-
ple *Geneviève*, de Gide, un llibre que, pensa, li serà «actual-
ment molt útil», i que havia llegit ja feia temps però no se'n
recorda. També acaba de llegir *Mosquitoes*, que finalment,
i contràriament al que n'havia opinat al començament, li
sembla un bon llibre: «Evidentment no és el Faulkner de
més tard, però ja és Faulkner en la traça d'insinuar, d'esca-
motejar, de prendre i deixar la vida de la gent. Té una me-
mòria privilegiada i cap personatge no se li desvia i tots
fan el que *forçosament* han de fer. És una novel·la remarca-
ble.» Després llegeix *The body*, de William Sansom, «una
anècdota vulgar —la gelosia d'un marit que sospita— però
està bé. Està ben fet i és bastant personal de tècnica. Expli-
ca amb calma i detalla molt.» I, també, *Adventures of a
young man*. Els llegeix directament de l'anglès, amb l'aju-
da d'un diccionari.
   Visita exposicions i museus que descriu magistralment.
Passa vespres amb els Puig i Ferreter, que estan particular-
ment desanimats perquè l'aventura editorial no acaba de
voler funcionar. Cosa que, per altra banda, fa témer a la
Mercè que ja no vulguin la seva novel·la. Passeja i admira

els aparadors dels antiquaris i dels joiers. I, també, aquests dies, descobreix la comoditat d'usar els banys públics: no cal escalfar olles i olles d'aigua calenta i l'aigua corrent d'aquelles dutxes li va molt bé per als nervis i, diu, també per a l'intestí.

Finalment, reconeix a l'Obiols que li donarà una alegria si quan acaba la feina de Ginebra es queda uns quants dies «només dedicat a passejar i riure. Perquè ja saps que quan ets aquí tot són baralles i desficis. Si sabessis quina felicitat és no haver de pensar tot el dia a fer cafè... Ets un carallot.» Des dels primers dies que pensa en el menú que li prepararà el dia que torni. Les tres primeres setmanes passen bé, però després troba «pesat» d'estar tantes hores sola. «Vina, vina», acaba una de les cartes. El 10 d'agost l'Obiols tornava a ser a París i aquesta meravellosa correspondència s'acaba. Ella mateixa n'estava cofoia, de tal com havia escrit les cartes, i en demanava felicitacions a l'Obiols: «Gràcies pel compliment sobre les meves cartes; sempre satisfà, després dels escàndols que m'havies arribat a clavar. I que consti que les cartes són escrites a raig de màquina.»

UN APARTAMENT A GINEBRA

Cada cop més sovint Obiols tindrà feina com a traductor a Suïssa i, aquest mateix any 1953, decideixen buscar un apartament a Ginebra: d'aquesta manera s'evitaran «unes separacions tan llargues». A hores d'ara encara no ha reconegut a la família que viu amb una altra persona i per tal de justificar la seva absència de París explicarà al seu fill que ha anat a Suïssa «a acompanyar un nen d'uns amics meus en un pensionat d'aquí» (12 de desembre de 1953). L'apartament de Ginebra, situat en el bloc 19 de la *rue* de Vidollet, és petit, però ofereix totes les comoditats. Amb una sala d'estar, una habitació, un bany i una cuina minúscula, talment el que habita la protagonista de *Pluja*. Un balcó-terrassa els permet d'endevinar el Salève i dóna directament a un agradable jardí de gespa i arbres frondosos. És ben

diferent del lloc on han viscut a París i ha vingut a tomb
llogar-lo perquè de les dues cambretes de Cherche Midi
n'hauran de deixar una molt aviat. L'altra la mantindran,
però, gairebé fins al final amb un contracte de lloguer in-
definit.

L'augment escalonat de les feines de l'Obiols als orga-
nismes internacionals s'explica per la concessió d'un crè-
dit (l'agost del 1950) de 60 milions de dòlars al govern de
Franco, la qual cosa havia significat l'aprovació internacio-
nal del seu règim dictatorial i, de retop, l'anul·lació de la
recomanació feta per l'ONU de no obrir ambaixades estran-
geres a Espanya. També, lògicament, el castellà adquiria
més notorietat en els congressos i en els despatxos dels seus
organismes i filials. Amb això, arriba no tan sols l'estabili-
tat financera dels senyors Prat (Obiols-Rodoreda) sinó l'ini-
ci d'una època francament molt millor, on els són possibles
un sensible millorament del tipus de vida i els viatges fre-
qüents que suposa el manteniment, per part de la Mercè,
de l'estatut d'espanyola resident a França.

Les notícies que rep del seu fill també la tranquil·litzen.
Un cop finalitzat el servei militar, Jordi hauria volgut ins-
tal·lar un negoci. Però el seu pare no n'ha volgut saber res.
La Mercè li ha escrit cartes animant-lo a mantenir-se inde-
pendent, a demostrar «que ja pots anar sol» i recomanant-
li paciència; l'invita a no triar una feina aparentment grati-
ficant però que l'obligaria a dependre del seu pare: «Això
de la fàbrica de macarrons potser és meravellós, no ho sé,
potser seria la teva sort i la manera de fer-te una fortuna
personal. No ho sap ningú. Però, ja t'agradaria encofurnar-
te i dependre més o menys del teu pare? Sospesa-ho abans
de decidir-te.» Mercè recorda al seu fill que encara és prou
jove per continuar un any o dos com fins ara, fent de repre-
sentant i viatjant a diferents indrets d'Espanya. Sap que Jor-
di té pressa a casar-se i, a diferència del seu marit, ella el
comprèn i no el desanima pas a fer-ho. «Has demostrat que
saps vendre i que et pots guanyar la vida com un príncep.
I com deia la vella, el demés són trons.»
El 26 de desembre de 1954, després d'un any de silenci
gairebé absolut —només s'han comunicat a través de l'àvia,
que cada vegada es troba més sola i desanimada—, la Mer-

cè torna a escriure al seu fill i, entre altres coses, considera les causes del seu no-retorn a Barcelona: «(...) Em dius que a veure si un miracle faria que poguéssim estar junts. Aquest miracle, estimat Jordi, és un miracle que depèn del teu pare. El teu pare té totes les cartes a la mà per a poder-lo fer. ¿Per què, quan vaig venir, no em va rebre millor? Qui et diu que jo no m'hagués quedat aleshores si en comptes de dir-me "Que Déu t'ajudi" m'hagués proposat d'ajudar-me ell? En realitat tot això són històries de vells que faltaria molt poca cosa per arreglar-les.»

¿Fins a quin punt és veritat que el retorn de Mercè Rodoreda depenia de la generositat de Joan Gurguí? Ella, en tot cas, a la seva carta al fill escriu: «... Si m'hagués proposat d'ajudar-me...» Al cap d'uns mesos de la seva primera visita a Barcelona, Joan Gurguí li va oferir mil-cinc-centes pessetes mensuals que ella va considerar, amb raó, una xifra absolutament irrisòria molt pròpia de qui practica la política d'estrènyer la bossa. En tot cas, i malgrat la indiferència, molt aviat, concretament el juny de 1955, ella va tornar a Barcelona: es casava el seu fill.

EL CASAMENT DEL FILL

«Vaig conèixer Jordi Gurguí a començament de 1953 —explica Margarida Puig—. Jo aleshores no sabia qui era Mercè Rodoreda i només veia que el seu fill me'n parlava particularment embadalit. Mai vaig veure en ell, ni mai he vist després, l'ombra del més petit rancor. Mai va queixar-se de no haver tingut la seva mare des de tan petit. Quan ens van presentar, no puc recordar exactament com ni on, totes dues estàvem una mica estranyes, una mica tibants. Ho vam donar tot per suposat, per conegut. Era, de fet, un enfrontament diplomàtic. Tot va ser molt educat, però en el fons jo crec que ni l'una ni l'altra ens vam acceptar. Jo era aquí, ella no. Els Gurguí sempre han estat uns grans comediants, en el bon sentit de la paraula, i en aquella ocasió aquesta habilitat seva ens va ajudar a totes dues: vam trampejar la situació.»

Al casament de Jordi i Margarida no es va estalviar res. Feia molts anys que a can Gurguí no es feien festes i l'ocasió s'hi prestava. Mercè Rodoreda es va gastar força diners per poder estrenar aquell dia un vestit ben elegant: un vestit de blonda negra i, mala sort, un capell de gasa rosa amb una cinta que feia joc amb el vestit, magnífic, però que era exactament igual que el que duia la seva consogra, Carme Casas de Puig. Va acomplir perfectament el seu paper de mare i, potser de retop, el d'esposa. Ningú va demanar més explicacions i tothom va trobar —o va fer veure que ho trobava— tan normal que la mare del nuvi, una intel·lectual, passés llargues temporades fora del seu país: per raons de feina, es fingia als uns; per raons de salut, als altres. I es veia tan satisfeta! La cerimònia religiosa es va celebrar a l'església de Sant Elies. Mercè Rodoreda, que no anava a missa, va acompanyar el seu fill fins a l'altar. La núvia anava amb un elegantíssim vestit blanc, model de Christian Dior. El banquet va tenir lloc al Monumental, del carrer Gran de Gràcia. Els nuvis hi van arribar tard perquè el fotògraf els havia entretingut. Amb tot, la festa va anar molt bé, només que va ploure tot el dia, sense parar.

«Tota la nit havia plogut i a l'hora d'anar a l'església queia l'aigua a portadores.» (*La plaça del Diamant*, pàg. 515.)

«Quan vam arribar al Monumental van dir que ja estaven cansats d'esperar-nos i els vam dir que el fotògraf ens havia fet fotografies artístiques i que això demanava temps.» (*La plaça del Diamant*, pàg. 377.)

Efectivament, les relacions amb el seu marit tampoc són tan nefastes. Fins i tot, a les cartes que envia al seu fill, li dóna records per al seu pare. Però hi ha una espina que els punxa tots dos, més dolorosa que la dels vells sentiments: els diners. Ell voldria que Mercè renunciés a la part que li pertoca, segons dret, de la casa del carrer de Balmes. Les raons que ell dóna per justificar la necessitat d'aquella renúncia, naturalment, no la convencen. L'endemà mateix d'haver marxat Jordi i Margarida de viatge de noces, Joan Gurguí li va plantejar de nou la qüestió. Van discutir una mica: «... i jo em vaig indignar. A la nit no vaig·dormir, l'endemà em trobava malament, estava nerviosíssima i, tement altres converses sobre el mateix tema, vaig anar-me'n. No va passar res greu, però és la història de sempre. El teu pare només vol anar a la seva sense preocupar-se dels altres. En fi, cap importància.» (Carta al seu fill, escrita a Ginebra el 29 de setembre del mateix any.)

Tampoc aquesta segona vegada, Joan Gurguí no es mostra més generós. El que cada cop la preocupa més a ella és la seva mare i demana insistentment al seu fill que l'atengui, que li faci «alguna finesa» i li doni «alguna alegria»: «... de la manera que ha sabut t'ha pujat, has estat el seu segon fill i t'estima molt. Per tant tot el que faràs per la iaia sempre serà poc.»

La salut de Mercè Rodoreda en aquests anys cinquanta no és gens bona. Ha tingut afeccions digestives i fortes crisis de fetge. Però les estades al balneari de Châtel-Guyon la restableixen i, sobretot, li donen un bon humor considerable i molta moral, que no tenia pas anys abans: «Em faig vella a passos de gegant i espero que ésser àvia em rejovenirà.» I cada cop més confia que les seves finances i la seva professió s'hauran de resoldre a Barcelona. Especialment dedicada a la pintura en aquests últims temps, té fins i tot pensat de fer-hi una exposició la primavera del 1957. Escriu francament poc sovint —una o, a tot estirar, dues cartes l'any— però és que no li agrada gens escriure cartes, ni al seu fill, ni a la seva mare, ni als amics, ni a l'Obiols: «(...) En el fons la meva aversió a escriure deu ésser això: sentir que estic al mig d'un cementiri i que començo un discurs a ningú. I tant que m'agrada rebre'n...» (Carta a Jordi Gurguí, escrita a Ginebra el 18 de desembre de 1956.)

Més endavant, per justificar-li de nou les seves escasses cartes li recorda que «(...) quan era jove feia una cosa molt bona; escrivia una carta, me la guardava uns quants dies i a l'hora d'anar-la a tirar l'esquinçava perquè tot el que havia escrit em semblava vell i ja pensava dir altres coses. I gairebé mai no en contestava cap».

No obstant això, ara escriu més i segueix de prop tot el que fan cadascun dels membres de la seva família. Està més oberta a tot el que pugui passar a Barcelona.

PREMIS I PUBLICACIONS

El juny de 1956 torna a ser a Barcelona: li han concedit el premi Joan Santamaria. Rafael Tasis li havia escrit, a mitjan febrer, notificant-li la convocatòria i demanant-li d'enviar-hi alguna cosa. Va ser un cop de gràcia rebut en el moment just: «Fa un parell d'anys que no guixo gaire. Tot i que estic millor de salut que en fa quatre o cinc —vaig arribar bastant avall— aquest canvi de París a Ginebra —a París hi estava profundament arrelada— m'ha fet més mal que bé. Potser en el fons —i em penso que és això i no cap altra cosa— es tracta d'una qüestió "d'edat". Estic, visc, bastant deprimida i això fa que la meva producció literària se'n ressenti.»

Assegura a Tasis que mirarà d'escriure alguna cosa per al Santamaria. Que, de moment, no té cap conte de vint-i-cinc pàgines: «I si treia, m'aniria molt bé perquè sempre serien uns quants centimets per a la meva mare.» L'1 d'abril escriu per dir que ha «tirat» al Santamaria amb dos contes: «El primer és un conte vell i estava convençuda que era *l'únic* que tenia la *mida*. Així que el vaig haver enviat, remenant papers, en vaig trobar un de posterior, innegablement millor. El vaig passar a màquina sense respirar i el mateix dia que havia enviat el primer, però a la nit, vaig enviar el segon.» Una explicació no gaire versemblant, però que va tenir els seus efectes positius: a final de maig rep un telegrama amb el qual se li notifica que li ha estat concedit el premi. El conte: *Carnaval*, escrit, com hem vist, a l'estiu del 1946 i amb el qual ja havia provat fortuna sense obtenir-ne.

Va arribar a Barcelona uns dies abans del 16 de juny, data en què era previst el sopar d'homenatge per a la concessió del premi. «Fa un temps esplèndid», segons afirma a l'Obiols, i la situació familiar està un punt més calmada que l'any passat: «Hi ha els drames i les angúnies de costum però amb menys violència. Tothom es va fent vell.» El sopar va ser, escriu dos dies després, «una animalada». Eren una trentena de persones: «Vam anar a sopar en una taverna, en un carrer brut amb els balcons de les cases plens de roba estesa. El sopar —ja te l'explicaré quan torni— va ésser una animalada.» Rodoreda s'enyora «de Ginebra i sobretot de la netedat»: «Fora del meu barri, on totes o gairebé totes les cases són noves, tot és vell i molt brut. Els carrers de Gràcia fan pudor de vaca i trepitges fems. És clar que és molt pintoresc, però potser ho és una mica massa i amb poca alegria.»

Tanmateix, no surt gaire de casa perquè «la mare té unes ganes de xerrar que no se li acaben mai i tenim la casa gairebé sempre envaïda per un ramat de velles que vénen a fer visita i a xafardejar». Amb tot ha visitat Carles Riba i Clementina Arderiu i ha anat amb el seu fill i la seva nora fins la catedral a veure com ballaven sardanes. També farà un *tour* amb autocar per la Costa Brava, un viatge ofert per un amic que té quinze Pullmans. Visitarà Arenys de Mar, Sant Feliu de Guíxols, S'Agaró, La Bisbal, Girona i Malgrat. Sortirà a les set del matí i tornarà a les deu del vespre: «Em fa il·lusió perquè no conec res de Catalunya.» Està instal·lada a casa de la família, però ha demanat a l'Obiols que li enviï les cartes a casa de Rafael Tasis. Ella li escriu poc: «Resulta un xic difícil tenint espies a prop.» L'u o el dos de juliol tornarà, amb ganes, a Ginebra: «Tot això d'aquí queda bastant baix de sostre. I aquesta mena de farrigo farrago de misèria i benestar, carrega.»

Malgrat la decepció barcelonina, la concessió del Santamaria va animar-la a replantejar-se el vell desig de publicar un llibre de contes al seu país. Havia aprofitat el viatge per visitar Josep Maria Cruzet i oferir-li un volum seleccionat. Cruzet va contestar-li que els contes no l'interessaven perquè no es venien si no era amb el suport publicitari d'un premi. Li va aconsellar que el presentés al Víctor Català. Cruzet, però, perquè en tenia referències vagues, va demanar-li per la seva novel·la. Rodoreda es va deixar estimar, sense dir ni sí ni no. El 20 de juliol del mateix any escriu la següent nota a Tasis: «Per tant, ja he agafat la que tenia mig enllestida per a Puig i Ferreter i ja he començat a treballar-hi i a refer-la de dalt a baix. Estic contenta —conseqüències de la vinguda a Barcelona— de tornar a tenir ganes d'escriure.»

Deu d'octubre de 1958: Mercè Rodoreda compleix cinquanta anys. El seu fill, Jordi, n'ha fets 29 i sembla que,

de moment, es porta força bé com a marit segons els infor-
mes amicals que ella ha demanat a la seva nora per carta.
Ja té un nét, que sincerament desitjava, però que encara
no coneix perquè és una àvia que va «per aquests mons de
Déu i tira per mal camí», i creu que algun dia coneixerà
el seu primer nét i «hereu» Jordi. Té la mare que viu en
una casa «que és una cova indigna d'una persona de la seva
edat», però no hi pot fer gran cosa i es complau creient que
tota la culpa la té aquest «home sense cor i capritxós» que
és Joan Gurguí. Però, com diu ella, «què hi farem». El seu
fill tira endavant en la seva feina de representant comer-
cial i fins i tot s'ha pogut comprar un cotxe, que més que
un automòbil sembla un carretó, però que aviat, n'està se-
gura, podrà substituir per un de millor. En aquesta famí-
lia, malgrat que les coses no sempre vagin bé del tot i que
la tristesa tregui el cap sovint entre ells, el bon humor no
hi falta mai: «Estic esperant venir per a fer-me aquells tips
de riure que només puc fer a casa», li reconeix al seu fill
Jordi a principi de 1958. Sens dubte és veritat que passa
un molt bon moment moral: «Ja veus que estic de bon hu-
mor; no sé què ho fa perquè no tinc gaires motius per a
estar-ho. La vida va així, el bon humor gratuït és per ajudar-
te a anar passant», escriu.

El 1957, tal com li havia insinuat Cruzet, li havia estat
concedit el premi Víctor Català pel seu recull dels *Vint-i-
dos contes*, que li publica l'editorial Selecta. I hi va inclou-
re *Carnaval*, però sense mencionar que el conte havia estat
premiat amb el Santamaria. Tasis s'ho va prendre malament:
«No és per manca d'atenció ni per manca de voluntat: és
una badada. I em sap greu. Dispensa: et prometo que sigui
quan sigui que es faci una nova edició ho faré constar amb
molt de gust. I si sabessis l'alegria que em va fer venir a
Barcelona amb motiu de l'obtenció del premi —i tenir el
premi— encara em creuries més quan et dic que em sap
molt de greu.» En posteriors edicions, però, no consta tam-
poc la menció al premi. I això que Tasis és un bon amic,
amb qui, finalment, després de tants i tants contactes, de
tantes confidències, just han decidit d'abandonar el tracte
de vós i canviar-lo pel tuteig: «... sempre vós, fa riure», diu
Rodoreda. Tasis és ja dels pocs amics que li queden. Puig
i Ferreter havia mort (1956) i havia deixat un gran buit a

la seva vida: «Era, malgrat tot, una de les poques persones amb qui podia parlar de coses nostres. Ell i l'Agelet, aquest darrer, és clar, en pla més de "visita"», afirmava a Tasis el febrer del 56. Perquè des que vivia a Ginebra, en efecte, vivia molt més desconnectada de tothom: «I tot i que sóc bèstia feréstega, a vegades trobo a faltar molt estar sense amics a la vora.» És evident que Rodoreda volia escriure «amb amics a la vora».

Però tornant al Víctor Català: en aquell moment «no li va bé» o prefereix no desplaçar-se a Barcelona i demana que sigui la seva mare Montserrat qui es faci càrrec de re-bre'n l'import de deu mil pessetes. Per tal que això sigui possible envia un document privat autoritzant-la a fer la gestió en el seu nom. Hauria d'haver fet poders notarials però per a això, segons li diuen falsament al consolat es-panyol, necessita una llicència marital i Joan Gurguí no sem-bla disposat a facilitar gaire les coses. De fet, en tant que dona catalana no necessitava llicència marital per a un acte com aquest i Joan Gurguí va escriure una estranya autorit-zació en uns termes del tot desagradables:

«Autorizo y concedo mi venia marital a D. Mercedes Ro-doreda y Gurguí, para que pueda cobrar el premio literario "Víctor Català" de =diez mil pesetas-10.000= que le fue otor-gado el año ppdo, 1957, o pueda autorizar a su sra. madre D. Montserrat Gurguí Guardia para hacerlo efectivo en la Delegación de Hacienda de Barcelona, ya que la interesada se encuentra en Ginebra en un sanatorio para cura de ner-vios. Barcelona, a 7 de marzo de 1958.»

Firmat, Juan Gurguí y Guardia.

No li ve d'aquí una nova mostra de rancor. Necessària-ment ha abandonat la idea d'instal·lar-se amb la família a Barcelona. Ha comprès que Joan Gurguí no l'ajudarà mai a construir-se la seva carrera d'escriptora. A més a més ha guanyat un premi i ja té a punt una obra de teatre que esta-va decidida a enviar al premi Ignasi Iglésies, però resulta que ha fet tard, segons explica al seu fill, ja que fa dos anys que s'ha suprimit la convocatòria. Havia confiat a obtenir les trenta mil pessetes i que li estrenessin l'obra premiada:

«Si tenia èxit, es podien guanyar molts cèntims. M'han dit
que una obra que fan actualment a Barcelona i que se'n
diu *Bala perduda* ja ha donat al seu autor unes sis-centes
mil pessetes. Quina sort!» Ella no tindrà la sort de Lluís
Elias. Però té gairebé acabada la novel·la. De fa temps que
se'n parla, d'aquesta obra. I tot, doncs, sembla voler-se ar-
reglar finalment des d'aquest punt de vista.

UNA «MORT CURTA»

Li caldrà, perquè els problemes a casa comencen tot
just a agreujar-se. A mitjan 1959 Joan i Montserrat Gurguí
tornen a parlar de la necessitat de vendre aquella casa que,
si no, aviat els començarà a caure al damunt. Can-
sada d'aquest afer, escriu al seu fill: «(...) És com si em par-
lessin que a la muntanya de Montserrat li han sortit ales.
No crec que la casa es vengui mai.» Per acabar-ho d'ado-
bar, Joan Gurguí s'ha trencat una cama: «(...) si quan li tre-
guin el guix de la cama queda bé, li hauran de reeducar
els muscles, a força de massatges i d'infrarojos. Si queda
malament, potser li hauran de tornar a trencar l'os, perquè
moltes vegades els ossos, i sobretot quan ja s'és vell, s'en-
ganxen malament. D'una manera o d'altra, hauria de pas-
sar uns quants mesos en una casa de repòs per a convales-
cents (suposo que a Catalunya n'hi ha), la iaia no pot
cuidar-lo, i ell, a casa, no pot rebre ni massatgista ni tenir
una infermera que el tregui a passejar. Esperem que Déu
ho arreglarà tot.»

I les coses no s'arreglen: empitjoren. El 22 d'agost del
mateix 1959 Mercè envia una carta lapidària: «Estimat Jor-
di: Jo sempre estic disposada a portar-me bé amb els que
es portin bé amb la meva mare. Una bona abraçada. Mer-
cè.» És tot. Les cartes, a partir d'aquest moment, canvien
de to. S'hi endevina un progressiu allunyament. Potser és
pura coincidència però la carta que envia (el 24 de febrer
de 1960), amb retard, per donar el condol a la seva nora
per la mort de la seva mare, l'ha escrita amb la banda ver-

mella de la màquina d'escriure: és l'única que envia escrita amb color. D'altra banda l'empenta professional amb què havia començat l'any s'ha esvaït en saber que la novel·la *Una mica d'història*, que havia enviat al Joanot Martorell, ha estat rebutjada. No n'havia dit res a la família, però ells —de quina manera?— ho han sabut.

Fins, en algun cas, s'hi endevina una certa bel·ligerància: «(...) no em falta res (que també és molt important); amb això estigues tranquil que no sóc cap ròssec. Hi ha persones que els agrada ésser ròssecs. A mi no m'ha agradat mai. Ni per posar a prova la família que Déu m'ha dat —no ho dic per tu— de pallassos.» És el gener de 1962. I dos anys després, en una carta especialment dirigida a la seva nora (en què, per casualitat?, fa la mateixa citació, una mica gratuïta, del Quixot que Obiols ja havia recordat feia temps en una carta enviada a Tasis: «*Dime cabeza ¿fue verdad o fue sueño?*», que li recorda l'expressió d'un dels seus néts en una fotografia), reconeix que no li estranya gens que «el Jordi es torni una mica garrepa. De mica en mica serà igual que el seu pare. El rei de la creació i les claus a la butxaca. Et caldrà, si estàs d'humor, usar dels teus dots de seducció. O clavar-li un cop de martell al cap a veure si així queda hipnotitzat i pots fer el que vols i fer-li fer el que tu vulguis.»

La climatologia remata el que la família Gurguí no sap com resoldre. La forta nevada del desembre de 1962 obliga Montserrat i Joan a abandonar el casal el mateix dia de Sant Esteve: la neu ha ensorrat bona part de la teulada i ha deixat la casa del tot inhabitable. Gairebé tot el que era dins ha quedat soterrat i no se'n pot salvar gran cosa. Durant uns dies els dos vells s'instal·len a casa del fill, que viu, amb els seus sogres, en un pis del carrer de Montseny. Les relacions esdevenen molt aviat insostenibles i la Montserrat prefereix buscar-se l'aixopluc en altres llocs, lluny del seu germà i del seu nét.

Les darreres cartes que Mercè rebrà de la seva mare són desesperançadores. «Què passa?», demana al seu fill Jordi: «Diu que no es troba bé, que ha hagut d'anar a casa del metge, que té vint-i-un de tensió, el fetge malament, però el que feia més angúnia, sobretot, d'aquestes cartes era el to. Molt deprimit. Que pateix i no en parla mai, que ha tingut molts desenganys, que li fan mal els ulls de tant plo-

rar... en fi, ja coneixes la iaia que diu les coses fent veure
que no vol dir-les i me les diu perquè jo li escrigui una car-
ta consolant-la.» Mercè Rodoreda està amoïnada i decideix
de baixar a Barcelona. És, en realitat, l'última carta al seu
fill. A partir d'ara seran notes de pura formalitat: el 24 d'oc-
tubre de 1964 moria Montserrat Gurguí i Guàrdia. Feia pocs
mesos (el 17 de juny) que s'havia formalitzat la venda del
vell casal. Pocs dies abans de morir, en l'última carta escri-
ta a la seva filla, li havia demanat com tenia *El carrer de
les Camèlies.*

«Va tenir una mort curta, un atac de cor a les set del
matí. La van trobar a terra, al costat del llit, encara en vida
(mai no es podrà saber el temps que hi va estar) i al cap
de deu minuts d'haver-la posada al llit va morir ofegant-se
amb els ulls fora del cap, etc.», explica en una carta escrita
tres dies després a l'Obiols. Montserrat Gurguí va morir
sola, perquè els seus néts eren, aquells dies, lluny de Bar-
celona, i la seva filla a Ginebra. El seu germà havia tingut
un petit accident de moto que li va servir d'excusa per no
ocupar-se de res. Com la mare de Maria, Isabel, a la no-
vel·la inèdita, Montserrat Gurguí va caure.

«... ha caigut a terra i el Sr. Lluís l'ha agafat en bra-
ços i l'ha duta al llit...» (*Isabel i Maria* o *Una mica d'his-
tòria.*)

Com la mare de Quimet (a *La plaça del Diamant*) va mo-
rir voltada de les amigues veïnes.

«... La seva mare se l'estimava molt a vostè... i als seus
nens. Però de vegades em deia que la il·lusió de la seva vida
hauria estat tenir una nena.» (*La plaça del Diamant.*)

I Montserrat Gurguí va morir sense recuperar aquella
«nena» que havia perdut el gener del 1939. La primavera
de 1965 el vell casal Gurguí seria definitivament ensorrat.
Un garatge i un bloc de tres pisos ocupen avui el seu lloc.
Amb els diners que havia reportat la venda, una part dels
quals li pertocaven, Mercè Rodoreda es va poder comprar
el pis nou al mateix carrer de Balmes, just al davant d'on
ella havia nascut.

Mercè Rodoreda tenia 54 anys quan va morir la seva mare. Una mort que inevitablement la va afectar, «tant per la mort com pels tràmits al voltant del mort», explicava a l'Obiols. Però amb la seva desaparició, Montserrat Gurguí li deixava les claus de la seva independència econòmica. «Amb deu anys he d'imposar-me i ser un gran escriptor. Hi deixaré la vella pell que em queda perquè agafo uns rebentaments que fan escruixir», havia escrit el 28 de setembre de 1961 al seu fill. Ara, a més a més, es treia del damunt una feixuga càrrega: la seva subjecció i la seva inferioritat respecte de l'Obiols.

II. LA FEBRE DE L'ESCRIPTURA

«VOLA COLOMETA, VOLA»

A començament del mes de setembre de 1960, l'Obiols, que per raons de feina és a Viena, pràcticament ha acabat de llegir *Colometa*, i dóna presses a la Mercè per tal que li n'enviï l'acabament. Considera que els capítols que van del xxvii al xxxiii (ocuparien, a l'edició d'El Club dels Novel·listes, 30 planes: de la 147 a la 177) són «literalment sensacionals» i que no s'hi ha de tocar ni una coma, al marge d'una petita supressió que indica vagament. En aquests capítols «sensacionals», Rodoreda descriu els anys de guerra i explica com Colometa intenta sobreviure amb dues criatures a la gran ciutat mentre el seu Quimet ha marxat per fer-se matar al front. L'Obiols reconeix que llegint *Colometa* s'ha emocionat profundament, ha perdut l'alè i se li ha nuat el coll. Especialment ha trobat formidables els «trossos» de la colònia, quan Colometa, a través de la seva amiga Julieta, intenta confiar els seus fills a l'administració republicana; el de l'església, quan Colometa entra en una església per aixoplugar-se (es tracta del capítol pont que assenyala el final de la guerra); i el del salfumant, el dia que Colometa compra, sense diners, salfumant per posar fi a la vida dels seus fills i a la seva pròpia. Però aquests dos últims trossos, el de l'església i el del salfumant, ocupen, a la versió publicada, els capítols xxxv i xxxvi. L'Obiols els troba tan esplèndids que fins i tot creu que no es poden

llegir seguits: «He hagut de parar dues o tres vegades, perquè no podia més.» Al seu parer, recorden Faulkner: «(...) i
tot i que no t'hi assembles gens, fas pensar, per la força
terrible d'aquestes pàgines, a Faulkner en els millors moments: començaments de *Llum d'agost*, etc.»

Altrament, considera que els altres capítols són desiguals. El primer creu que s'ha de modificar, traient-ne la
part més «superficial»; i globalment té la impressió que «hi
ha un desequilibri estructural en la novel·la». Entre aquesta primera opinió formulada a mitjan setembre, i durant
més d'un mes, l'Obiols escriu un total de 13 cartes seguides
en què comenta cadascun dels capítols de *Colometa*. Són
cartes de lletra petita, minucioses, escrites per un crític acerat. Mercè les rep totes, però no en respon ni una. L'Obiols
se'n queixa. Pensa que potser li ha passat alguna cosa o bé
que s'ha empipat. Té ganes de telefonar-li, té grans temptacions de fer-ho, però no hi cedeix perquè sap que aleshores
la Mercè encara li escriurà menys.

A final d'octubre, l'Obiols té un mes de vacances que passarà a Ginebra. És la primera vegada que podrà travessar
fronteres sense la necessitat d'un visat perquè a França li
han expedit un *permis de séjour*. Per a ell, que encara viatja
amb el passaport de refugiat espanyol, es tracta d'una millora substancial. Arriba, per tant, satisfet a Ginebra i amb
ganes de refer-se i descansar al costat de la Mercè. Parlaran dels retocs que cal fer a *Colometa*. Però, sobretot, el
que volen és dur una vida normal i casolana, ell que s'alimenta tan malament a Viena, i ella que viu sempre massa
pendent del règim per aprimar-se i d'una nutrició que no
porti complicacions a la cuina. Per a Mercè la vinguda de
l'Obiols suposa un tornar a la vida més pròpiament domèstica, un tornar a fer de dona de casa, una activitat que no
li desplau gens, de tota manera. Tindrà a punt grans carregaments de cafè (l'Obiols és un perfecte cafeïnòman) i comprarà menges exquisides, *gourmandises* prohibides en el règim. Són dies de discussions i de baralles, però també plenes
d'atencions de l'un envers l'altre. Ella, habitualment solitària, aprofita aquests dies per entaular uns amplíssims monòlegs hàbils, brillants, d'allò que ha vist, escoltat, pensat
i llegit en la seva absència. L'Obiols, bon crític i també
magnífic conversador, sap aprofitar els dots d'aquesta di

vertida interlocutora i l'escolta i la provoca fent-li preguntes que li obren nous interrogants. Les hores es fan curtes i es mantenen desvetllats fins ben avençada la matinada. També aprofiten el temps per passejar, per anar de botigues. I, naturalment, per dormir, per estar-se tots dos estirats al llit, ell llegint i ella fent morros, exactament igual que 15 anys endarrera, quan es retrobaven a Llemotges durant l'ocupació alemanya, potser amb una mica més de calma tots dos, amb menys passió i menys violència, només pel fet que, d'alguna manera, per a ells també pesa el pas del temps.

El 20 de novembre s'acomiaden. Ella es queda amb una forta febrada a Ginebra. Ell arriba com nou a Viena: s'ha engreixat i la seva cara demostra descans i tranquil·litat. El mateix vespre, des del Karlplatz, tot prenent un últim cafè, l'Obiols escriu a la Mercè: «(...) tot ha estat veure rètols de cinema i m'han vingut les ganes d'anar-hi que aquesta vegada, a Ginebra, no tenia», una constatació que ella, cinèfila tant o més que ell mateix, no pot deixar d'interpretar com unes immenses ganes de l'Obiols de portar-li sistemàticament la contrària.

Pel que fa a *Colometa*, Mercè assegura que no està gaire animada a corregir-la. Es troba cansada, no gaire bé, i prefereix continuar en l'escriptura dels textos nous que té embastats, uns, i molt avençats, uns altres. La redacció de les *Flors*, sobretot, la sedueix especialment. Ell la reprèn i li recomana de treballar amb mètode, d'una manera sistemàtica, perquè si no «et trobaràs amb la nova novel·la com amb totes: que a l'última hora l'hauràs d'enllestir de qualsevol manera» (25 de novembre). Mercè, finalment, admet de nou els seus consells. En una carta sense data, però que és una bona resposta a les indicacions de l'Obiols, escriu:

«Tots aquests dies he treballat en l'acabament de *Colometa*. Ara l'agafaré tota des del començament mirant bé tot el que em dius i arreglant coses que s'han d'arreglar i que només puc veure jo. Per exemple tot el que diu Quimet del dimoni ha de ser molt més bonic. L'ha de comparar, pels colors, amb una mosca vironera, que són negres amb reflexos blaus i vermells, perquè al final, l'adroguer i Colometa cacen una rata i la rata, esventrada, té tres mosques vironeres al damunt: negres, amb reflexos blaus i vermells.»

La carta deu ser escrita a final de setembre o a començament d'octubre —és a dir, abans de les vacances de l'Obiols— ja que diu que té un mes de temps per lliurar la novel·la al Premi Sant Jordi, el termini d'admissió d'originals del qual finalitza el 31 d'octubre. Aquesta carta, curta, acaba de manera contundent: «En fi, com que em començo a posar nerviosa, he de procurar prendre molta *meprolette* i dormir com un soc. Només així la Colometa podrà volar enlaire.»

L'u de desembre s'obre un compàs d'espera, fet de crispacions de l'Obiols i d'un dels habituals mutismes de Rodoreda, que no es tanca fins passat Nadal. Ell escriu i telefona. No saps res d'ella. Fins i tot no sap si ha enviat definitivament *Colometa* a Barcelona. Tampoc té constància que li arribin les cartes que ell li envia. Però, per si de cas, li fa un munt de recomanacions: que no es desesperi si no guanya el premi; que els diners són secundaris; que si guanya, en demani un exemplar i que l'hi enviï tot seguit per tal de fer-hi altres retocs; que sense aquests retocs seria un disbarat de publicar-la; que aprofiti l'espera per acabar els dos contes que té ara entre mans, *L'elefant* i *El mar*; que faria «una gran impressió» si publicava un llibre amb una dotzena de contes; etc., etc. A cada carta es nota com augmenta la seva intranquil·litat: què li pot haver passat?, per què no escriu?, on és?, a París?, a Barcelona?, per què no contesta al telèfon?

Ell té cada cop més feina a l'Organisme. La seva salut, gràcies al Redoxón i les aspirines, va fent. Encarrega, a través dels seus companys catalans, llibres que s'editen a Barcelona, entre ells cinc o sis volums de Ramon Llull publicats a «Els Nostres Clàssics». Així que els rebi a Viena, els enviarà a Ginebra. Continua escrivint cartes que no tindran mai resposta i telefona fins que té la desagradable sensació de «fer el ridícul»: «Demà no et telefonaré, perquè a la central ja es deuen pensar que faig broma», de tant insistir a marcar un número on mai ningú no contesta. El dia de Nadal encara no sap res. No obstant això està convençut que ella sí que ha de saber ja alguna cosa de Barcelona, ni que sigui a través de «La Vanguardia», que ella compra gairebé cada dia a Ginebra, però que a Viena no es troba: no aconsegueix, sorprenentment, trobar cap diari espanyol en aquesta ciutat.

EL SANT JORDI FRUSTRAT

Fins al 12 de gener de 1961 no retrobem la pista de l'escriptora desapareguda: finalment, derrotada al Sant Jordi, se'n va anar a Viena a començar l'any nou. Ell resumeix la visita amb aquestes paraules: «Encara que no t'ho creguis, m'ha agradat molt que vinguessis —amb baralles i tot, què hi vols fer?» Foren, en efecte, uns dies intensament dolorosos. Que no li concedissin el premi era una raó prou profunda per desballestar-li l'humor. Els organitzadors del certamen havien tingut la poca-solta de convidar-la al sopar de l'atorgament dels guardons, a ella, que resideix a Ginebra. I això, que només era un detall tingut amb tots els concursants, a ella l'havia il·lusionada inútilment. I els seus desenganys es manifestaven amb recapitulacions apocalíptiques: prendre la decisió d'abandonar-ho tot, fins i tot la literatura, o creure de veres que de Catalunya i dels seus compatriotes no en voldrà saber res mai més. Al pol oposat de la seva reacció hi ha la intenció de voler presentar de nou la mateixa novel·la al mateix premi que acaba de perdre. A Viena, l'Obiols intenta asserenar-la, però no n'obté gaires bons resultats. Insisteix amb les mateixes recomanacions fetes mesos enrera. La felicita, d'altra banda, per la gran qualitat del que ha escrit. Li assegura que és el millor que s'ha escrit de temps en llengua catalana. Però alhora és exigent: cal que treballi millor i que aprofiti el temps. Per consolar-la, la porta als millors restaurants de Viena, als més romàntics. Els cambrers es fixen en aquesta parella de més de cinquanta anys que es comporta com si només en tinguessin poc més de la vintena. Mantenen un entranyable *tête à tête* en un restaurant grec i passen moltes estones al cafè Europe, on, després, un cop ella hagi tornat a Ginebra, l'Obiols continuarà anant de tant en tant per recordar-hi els bons moments passats malgrat tot.

Per ells és evident que cap dels escriptors que s'havien presentat al Sant Jordi no pot ser «capaç d'escriure una bona novel·la» i estan convençuts que la composició del jurat era «una mica estranya» i que els seus membres s'han equivocat. Com altres que ho veuen així a Barcelona, cons-

taten que «els premis literaris tenen molt de rifa». El jurat
era compost per Jordi Rubió (president), Agustí Calvet, Mar-
tínez Ferrando, Joan Pons, Josep Pla, Joan Petit i Joan Fus-
ter (secretari). Van ser ells qui, en detriment de *Colometa*,
van adjudicar el Sant Jordi a *Viure no és fàcil*, d'Enric Mas-
só, i van declarar finalista *Només ésser*, de Miquel M. Cus-
pinera. Del guanyador, anys després, corria una trista lle-
genda que Mercè Rodoreda va conèixer a través del seu
editor. Massó, encantat amb la concessió del premi i con-
vençut que era un famós escriptor, va abandonar la seva
feina burocràtica per dedicar-se exclusivament a la litera-
tura. A més, amb la seva dona van adoptar dues criatures.
Durant poc menys d'un any es va introduir en diverses
penyes literàries i va intentar d'escriure nous llibres sense
cap mena d'èxit. Un cop exhaurits els 30.000 duros del pre-
mi Sant Jordi va escapar-se a Itàlia, bo i abandonant dona
i criatures adoptades. Quan Rodoreda va saber l'anècdota
no va deixar d'interpretar-la com una petita venjança natu-
ral contra la injustícia de la vida mateixa, el revés viscut
per Massó li compensava un punt el rancor que no acabava
de desaparèixer per haver vist marginada la seva *Colome-
ta*, futura *La plaça del Diamant*, novel·la que molt poc des-
prés passaria a ser considerada entre les millors obres de
la literatura catalana contemporània.

I, de moment, però, aquests dies passats a Viena amb
l'Obiols han servit per tranquil·litzar-la. Ja no li fa tant de
mal l'espinada. Ja no li cal prendre tanta *meprolette*. Ja no
se la mengen els nervis que la paralitzaven i l'emmudien
les últimes setmanes. Ha perdut, per segona vegada, l'oca-
sió de ser reconeguda com a escriptora de gran talent al
seu país, però s'avé a la vella lletania que afirma: «Ningú
no és profeta a la seva terra.» Quan torna a Ginebra, a mit-
jan gener d'aquest nou any 1961, la ciutat li sembla dife-
rent, més agradable:

«Va costar que m'agradés Ginebra. M'hi moria d'enso-
piment, sense el Louvre, sense els museus, sense carrers
vells, sense avingudes amples.» (*Paràlisi*.)

Ginebra té ara una altra llum:

«I ara em passa que m'agrada Ginebra, i el Salève pelat; que després d'haver-me ofegat durant anys a Ginebra, ara l'he descoberta.» (*Paràlisi*.)

Comença a estimar Ginebra, la ciutat que li permet caminar en el camp de la literatura. Cal que faci cas a Obiols: «T'he dit i repetit que si no aprofites aquests anys per escriure quatre o cinc llibres importants, no hi seràs a temps. (...) Treballa una mica cada dia: has arribat al que costa més d'arribar: un estil. *Tout le reste sont des histoires.*»

En efecte, ha arribat a un «estil» i escriu:

«... el violí s'exalta perquè un home fora d'òrbita va escriure molts gargots damunt de cinc ratlles, podria dir damunt d'un pentagrama però no seria jo si ho digués així: cinc ratlles.» (*Paràlisi*.)

Sap de quina manera escriu i què pot escriure, i, en efecte, com diu l'Obiols, tota la resta son històries:

«Tot històries i literatura i ganes de tocar l'arpa.» (*Paràlisi*.)

L'APARICIÓ MÀGICA D'UN EDITOR: JOAN SALES

Però a més a més, a Ginebra, aquesta vegada, l'espera una agradable sorpresa: un editor de Barcelona s'interessa per la seva novel·la rebutjada i li demana de poder-la llegir. *Colometa*, doncs, no serà oblidada com ho fou *Una mica d'història*, rebutjada pel Joanot Martorell. L'editor és Joan Sales, que, juntament amb Xavier Benguerel, ja fa una colla d'anys que ha tornat de l'exili i ha creat una col·lecció, «El Club dels Novel·listes», una aventura «quixotesca», segons les seves pròpies paraules, en un país desert. Sales ha sabut de l'existència d'aquesta *Colometa* perdedora a tra-

vés de Joan Fuster, membre del jurat del Sant Jordi. Aquest
l'havia defensada, encara que amb escassa fortuna, i des-
prés va recomanar-la a Sales amb més bons resultats.

Sales viu «intensament» l'elaboració dels llibres que pu-
blica i, a la primera carta que envia a aquella pràcticament
desconeguda catalana que viu a Ginebra, datada del 22 de
desembre de 1960, ja li suggereix un «convenient canvi de
títol». A mitjant gener, la Mercè respon «molt agraïda» i
informa Sales que vol «tornar a llegir *Colometa* i possible-
ment fer-hi alguna petita correcció». Quan la tingui en-
llestida, cosa que no creu que li prengui més de quinze dies,
la hi enviarà. Evidentment no accepta el suggeriment de can-
viar el títol i afirma que vol conservar el de *Colometa* «per
raons profundes». «No és el títol el que fa la novel·la, sinó
que és la novel·la la que fa el títol», afegeix. I, també, vatici-
na: «Tinc la impressió que podré escriure altres novel·les,
millors o pitjors que aquesta, però que d'aquí uns anys, la
novel·la meva que quedarà, serà, justament, *Colometa*. No
són pretensions d'autor —que no en tinc— el que em fa par-
lar així, sinó un cert sentit de la realitat.»

El to que Rodoreda utilitza no és en absolut el d'una
dona desesperada perquè acaba de perdre un premi. En-
vers la primera persona que li brinda l'oportunitat de pu-
blicar la seva novel·la, no es mostra excessivament interes-
sada en l'edició i, amb les seves paraules, anuncia que, en
tot cas, ella no serà mai una autora fàcil per a cap editor.
L'Obiols ha estat informat immediatament de la proposta
de Sales. Ho troba magnífic. Ara bé, recorda que en reali-
tat tenia un cert compromís amb Catalònia, l'editorial de
Rafael Tasis, que fa temps que coneix l'existència d'aques-
ta obra i que fins i tot n'havia llegit una primera versió ti-
tulada *La plaça del Diamant* (títol que després serà recupe-
rat), a la qual va posar certs obstacles que havien enervat
Rodoreda. «Si no els agrada que s'hi posin fulles», havia
respost l'autora en aquell moment al seu amic. Malgrat
aquest emparaulament antic d'un any, l'Obiols l'anima a en-
viar un original a Sales fins i tot sense haver-hi acabat les
correccions. I pel que fa al compromís amb Tasis, ben aviat,
a mitjan febrer, el sentiment d'obligació se li esvaeix del
tot: «Els de Catalònia han badat.» D'altra banda, amb refe-
rència al canvi de títol suggerit per Sales, l'Obiols és del

parer de parlar-ne més endavant. Per ell la tria d'un títol
o un altre no obeeix «a raons tan profundes» i creu que val
la pena de trobar-ne un de prou llaminer per encuriosir un
nombre més gran de lectors. Fins i tot arribarà a reconèixer
que *Colometa* mai no l'ha engrescat gaire. Potser el que pro-
posa Sales, *Un vol de coloms*, seria millor. L'Obiols estrena
en aquests primers mesos de 1961 la representació d'un nou
personatge la funció del qual no acabarà fins la seva mort:
haurà de fer d'intermediari i de pacificador, sovint per la
via anònima, en les sovintejades desavinences entre autora
i editor.

Al marge de les «petites» correccions que vol fer a *Colo-
meta*, Rodoreda escriu altres coses: *El senyor i la lluna*, el
conte del peix, *L'elefant*..., i fins i tot una nova novel·la. És
un bon moment i «tal com estan les coses», pot ser «amb
relativa facilitat el primer escriptor del país», Obiols *dixit*.
Comença l'any amb bon peu. Però aquesta revifalla és mo-
mentàniament truncada per una qüestió familiar. La mare
de l'Obiols ha demanat al seu fill —i és la primera vegada
que s'atreveix a fer-ho— que enviï a la seva dona i a la seva
filla, que viuen a Xile, 250 dòlars. La senyora Prat és vella,
viu a mercè del seu altre fill, Antoni, i no pot ajudar la seva
nora, Montserrat Trabal, ni la néta, Anna Maria Prat, que
passen grans dificultats. La carta, enviada a Ginebra, va ser
oberta per la Mercè, que, sense consultar-ho abans amb ell,
decidí d'enviar immediatament els diners. Després, però,
els diners són utilitzats en part, per la filla, per a un viatge
a Europa, fet que la Mercè troba inadmissible i que retreu
a l'Obiols. Aquest li dóna la raó tot i considerar que exage-
ra l'afer. Aquesta haurà estat la primera i l'última vegada
que enviï diners a Xile, afirma l'Obiols. Tota la baralla es
desenvolupa per carta. Al cap d'uns dies, l'Obiols rep a Vie-
na una carta de la seva filla que la Mercè li transmet des
de Ginebra. En aquest cas també ha obert ella el sobre i,
empipada, ha estripat la carta de l'Anna Maria. L'Obiols es
queda perplex en obrir el sobre i trobar-se amb una carta
feta bocins. No s'atreveix a recompondre el *puzzle* al da-
vant dels seus companys del despatx. Ella ha fet aquest gest
deplorable en un moment de crispació. Creu que, tot ple-
gat, és novament un intent de la família Prat per recuperar
el fill, marit i pare. «Exageres molt i busques explicacions

complicades quan n'hi ha de més simples i, probablement, més exactes», escriu l'Obiols.

Poc més endavant, amb motiu de l'arribada a Europa de l'Anna Maria, l'estat d'ànim s'altera encara una mica més. Mercè tem la retrobada del pare amb la filla després de tants anys. «Comprenc que tot plegat molesta», escriu l'Obiols. «A mi la qüestió m'agrada tan poc com a tu. És tot plegat una història massa vella perquè m'emocioni en el sentit que tu suposes. Trobo que la noia ha fet molt mal fet i que no havia d'haver vingut en les circumstàncies en què ho ha fet. Jo prefereixo que no vingui a Viena; m'estimo més veure-la a Ginebra (...).»

És difícil interpretar les paraules de l'Obiols. Potser foren escrites responent als seus sentiments reals: no aprovava la vinguda de la seva filla, que no havia vist des dels anys de la guerra civil i que considerava «una història massa vella», poc capaç d'emocionar-lo. Potser, però, aquesta fredor i aquest desfer-se de qualsevol sentiment paternal obeïen a la necessitat d'asserenar els nervis de la seva companya, que demostra ara una incapacitat per fer i enllestir les narracions que té entre mans. No volent veure la seva filla a Viena, sense la presència de la Mercè, l'Obiols demostrava al mateix temps desconèixer i témer les reaccions de l'una i de l'altra i també les d'ell mateix. La intranquil·litat de Mercè és absoluta. Ja no sap ni quina és la causa dels seus mals ni l'origen de la seva angoixa. L'Obiols, que sempre li ha permès de ser generosa amb la seva mare i amb el seu fill, ¿no hauria de ser també ell mateix generós amb la seva família instal·lada a l'altra banda de l'Atlàntic?

«Com explicaré l'angoixa? I aquestes ganes de xisclar. No està bé el que em fa.» (*Paràlisi*.)

Però, què és el que li fa i què és el que no està bé? Com al conte, com la protagonista de *Paràlisi*, la Mercè agafa un taxi i visita el seu metge de capçalera, el doctor Naville. Està paralitzada. Ja és gran, però aquest estat pertorbat no és normal. Li ha passat d'altres vegades, però ara complirà 53 anys. I la corsequen els mateixos mals i les mateixes pors que l'aplanaven 12 i 25 anys enrera. El doctor Naville, pel damunt d'altres recomanacions biològiques, li parla de tran-

quil·litat i de bons aliments. La veu, en efecte, molt altera-
da i amb el pols alt. Com a mesura preventiva li aconsella
un cardiograma. Torna a casa un poc més tranquil·la. En
realitat, té la febre de l'escriptura:

«Escric. Escric i no arribo a poder comunicar la gran
barreja de sensacions que voldria poder comunicar.» (*Pa-
ràlisi.*)

I la veritat, la veritat dels seus sentiments i dels de
l'Obiols no la sap:

«La veritat no la diu ningú i a més a més és esmunyedis-
sa.» (*Paràlisi.*)

LA CONSECUCIÓ D'UN ESTIL

Però són aquesta mateixa febre i aquesta mateixa an-
goixa que tant la intranquil·litzen les armes de la seva lite-
ratura, les eines que li possibiliten de bastir la millor part,
el gruix, de la seva obra. Ha arribat, en efecte, al que costa
més d'arribar, a la consecució d'un estil, un estil complex
i personal que li permet d'escriure alhora obres tan dife-
rents com *Colometa* i *La meva Cristina*, conte que ja té gai-
rebé enllestit i que l'Obiols, el 5 de febrer del mateix 1961,
li demana d'enviar-li a Viena.

La crisi provocada per la reaparició de la família de
l'Obiols està en via de resoldre's, ni que sigui temporalment.
Al cap de quinze dies d'haver-hi arribat, Anna Maria Prat
abandona Europa, des de Le Havre. Tot plegat, «i prescin-
dint de la idea inicial» que tant ha molestat i intrigat la Mer-
cè, «tot ha anat de la millor manera possible», reconeix
l'Obiols. Mèdicament també, la salut de l'autora és tran-
quil·litzadora. El cardiograma no ha revelat res de greu. A
més a més encara, si bé les notícies que arriben de Barcelo-
na no són pas engrescadores, ni pel que fa a la vida política
ni pel que fa a l'activitat literària, sí que són positives des

del punt de vista esportiu: el Barça va endavant en la Copa d'Europa i aquest és un fet agradable que fa oblidar la vida monòtona de tots dos exiliats. És doncs un bon moment, i amb l'ajuda del seu company, Rodoreda es disposa a revisar *Colometa*. Cal que es deixin estar de qüestions secundàries com ara decidir el títol. I es tracta de fer-ho tot perquè la novel·la «quedi impecable». L'Obiols té previstes unes curtes vacances a començament de juny i s'ha compromès a portar totalment revisada la novel·la. Ell és perfectament conscient d'aquest bon moment que travessa la «seva» escriptora. Comprèn que ella se senti físicament pesada perquè potser sí que pesa uns quilos de més. Aquesta ha estat i continua sent la seva obsessió: la de perdre els pocs quilos que li sobren. No li farà, doncs, cap mal treure-se'ls de sobre. I li aconsella, però, de no exagerar amb els règims i li recomana la combinació de les pastetes farmacèutiques amb el menjar natural. Amb tot sap que, fatalment, aquesta idea fixa de l'amagriment no és aliena al seu estat creatiu: la gana i el desfici per absorbir medicaments que contenen substàncies amfetamíniques l'ajuden a l'elaboració de les magnífiques planes de tots els contes, entre ells *La salamandra* també, que Mercè té previst d'aplegar en un llibre: «El llibre de contes serà sensacional», li escriu el 3 de juliol.

MORTS I PRIMAVERES
I TRIPLE DERROTA

Revisió de *Colometa*, projecte de llibre de contes i una tercera novel·la iniciada, *Ombres de Primavera* o *La Mort i la Primavera*. Una certa «dispersió» que l'Obiols tem i, alhora, en queda fascinat pel que suposa d'imaginació disparada. Amb tot, la força a centrar-se en l'acabament de *Colometa*: «Recopia-la amb calma», li escriu. Per més banal que sembli, a l'Obiols aquesta etapa de l'escriptura li sembla molt important. Després, ell mateix voldrà rellegir-la encara una última vegada: «Una nova lectura sempre serveix.

(...) Vull mirar també alguna de les coses que et deia Sales a la carta. No crec que tingui raó, però prefereixo estar-ne segur», escriu el 12 de juliol.

Perquè, com veurem, en efecte, molts dels consells donats per Sales seran rigorosament seguits, i en primer lloc el del canvi de títol. Sales argumentava en contra del de *Colometa* amb el fet que Emili Vilanova ja hagués escrit una novel·la amb un títol similar —es tracta de *Colometa, la gitana*, publicada el 1896. Però el que s'ha proposat per substituir-lo, *Vol de coloms*, sembla anunciar, segons el propi Sales, «una novel·la blanca o, pitjor, rosa». Per convèncer Rodoreda de la pertinència del canvi, Sales descrivia «(...) la batalla dura que és CONVÈNCER la nostra gent perquè llegeixi llibres catalans... comprendria perquè volem un títol amb ganxo». Les majúscules de «convèncer» són del mateix Sales, en aquesta carta datada el 12 de maig de 1961.

Però no era aquesta la primera púgna de la qual Sales sortia vencedor ni aquesta una batalla acabada. En part, Sales es sentia amb prou forces per batallar amb l'autora perquè havia estat l'únic a defensar la publicació de la seva obra. Era ell qui n'havia fet la millor lectura, com la mateixa Rodoreda i l'Obiols acabaran reconeixent amb el temps. Una lectura que li havia fet qualificar el text de «formidable»: «És com si amb aquesta obra comencés de debò la seva carrera literària, la definitiva.» El tema, assegurava Sales, «el lector el va veient i sentint, indecís entre posar-se a plorar o a riure: la Colometa voreja sempre el precipici de l'absurd existencial, i per una especial gràcia divina no s'hi acaba d'estimbar mai. La vida de la Colometa no és absurda, tot i que ho podria ser tant, perquè la Colometa és bona.» «En realitat —continua més endavant Sales— aquesta obra no té ribes ni fons, com la vida.»

És, en efecte, el comentari més exacte que va fer-se, fins molts anys després, de *La plaça del Diamant*. Era el primer d'adonar-se que aquesta novel·la provoca volgudament en el lector un sentiment d'indecisió perquè narra la vida d'una persona «que voreja sempre el precipici de l'absurd existencial». La Rodoreda autora de *La plaça del Diamant* era la mateixa que escrivia *La Salamandra*, *La meva Cristina* i *La Mort i la Primavera*. Era sempre la mateixa persona que, a cops de solitud, a batzegades de sentiments i d'angoixa, havia trobat un «estil» que li permetria, finalment, escriure el que volia.

Aquesta lucidesa de Sales, pròpia del magnífic escriptor que ell era també, li va permetre d'emprendre una de les millors aventures com a editor. A la mort de Mercè Rodoreda (abril de 1983), i coneixedor de les moltes acusacions que li feien els autors de censurar-los els textos, Sales recordava una il·lustrativa anècdota: «Jo vull pertànyer a l'escola formada per l'editor de Marc Twain. Era un home tan interessat per la literatura com pels lectors. Tenia emmarcades en un lloc de preferència del seu despatx dues cartes que li havien enviat dos autors de la seva casa. L'una deia, aproximadament: "Senyor editor, estic desolat amb els canvis que heu fet al meu manuscrit. Us veig com el culpable del meu fracàs com a escriptor. Tot ha acabat per a mi i em suïcido." La firmava un total desconegut. L'altra carta deia: "Senyor editor, deixo a les vostres mans el meu manuscrit. Feu amb ell el que cregueu més necessari. Atentament..." La signava Marc Twain.» Amb aquest exemple, Sales responia als atacs dels seus autors, «alguns més rebels que altres», recordava amb bonhomia. Rodoreda, evidentment, no tan sols formava part dels rebels, els capitanejava.

Les primeres reserves que Sales va posar a l'original enviat per Rodoreda feien referència a l'ús «de mitja dotzena de paraules» que, a parer seu, resultaven «inversemblants en boca de Colometa». Es tractava de «vídua», «enterrament», «vorera», «globus», «cambra» i «condol». Sales proposava de canviar-les, respectivament, per: «viuda», «enterro», «acera», «globo» o «globu», «quarto» o «dormitori» i «pèsam». De la millor conveniència de «globo» o «globu» no n'estava del tot segur, i anunciava que ho consultaria amb Joan Coromines o amb Moll. Però pel damunt de tot volia evitar «aquesta pedantesca desinència llatina» amb «us» que era, al seu parer, «un dels errors més notables de Pompeu Fabra, que en general ho encertava tot».

Al marge d'aquestes «reserves gramaticals», Sales afirmava que el vocabulari de la Colometa «és riquíssim, integralment *menestral de Gràcia*, sense desmentir-se mai». I li aconsellava, tanmateix, que rellegís i revisés a fons els passatges on parla de la postguerra immediata, perquè creu que «es nota» que ella, l'autora, «no ha vist» com era en realitat Barcelona en aquelles circumstàncies. Aquest últim suggeriment també, com veurem, portarà cua i més discussions entre l'autora i l'editor, que duraran fins publicat el llibre i en fer-se'n la segona edició.

Tranquil·litzada per l'Obiols, la Mercè manifesta el seu acord per fer-hi una nova correcció. I Sales ho aprofita per posar-la en antecedents sobre certs detalls d'ambient barceloní. En primer lloc, per exemple, li recorda el canvi experimentat en els noms de carrers. «Els graciencs no diuen carrer Salmerón, però tampoc carrer Major. Diuen el *carrer Gran*. Crec que és així com ho hauria de dir Colometa.» En efecte, aquesta és una moció que Rodoreda acceptà sense discussions. Però a més a més, Sales volia proposar-li també «algunes millores» narratives. A aquest efecte li explica que els anys de postguerra, fins i tot nou anys després d'acabada la guerra, és a dir, quan ell va tornar de l'exili, a Barcelona «encongia el cor de veure els aparadors de les botigues tan buits i sentir la imatge de tanta misèria». Li exposa anècdotes que a ell li han contat; se'n destaca el fet que no funcionessin els serveis de Pompes Fúnebres, simplement per falta d'enterramorts. Un fet que, més endavant, Sales convertirà en anècdota amb un punt de macabre i que oferirà a l'autora per tal que l'incorpori a la novel·la. Inventa amb això un altre possible títol: *Un terrat a Gràcia*.

Rodoreda li contesta amb vint dies de retard i una comprensible irritació. «Bé, el gran problema és el títol. *Un terrat a Gràcia* no és que sigui un mal títol de novel·la, però localitza massa. Hi ha, a més a més, una qüestió d'estil i si a vós *Un vol de coloms* us sembla un títol enganxat amb goma, a mi, *Un terrat a Gràcia* em fa l'efecte d'un títol per a una novel·la que no és meva. Patirem molt. He triat frases de novel·la, en tinc una bella llista, però és inútil. Pel que fa a aquest dimoni de títol, el més calent és a l'aigüera i ja em comença a amoïnar.» En aquesta mateixa carta, datada a Ginebra el 7 de juny de 1961, Rodoreda confirma que «l'esborrany que tinc de la novel·la és molt diferent de la versió definitiva», amb la qual cosa confirma que aquesta etapa de «copiar-la a net», tan recomanada per l'Obiols, és també un procés de reescriptura de la vella novel·la presentada al Sant Jordi. Un procés que li serveix, a la seva manera, per cedir i incorporar certs suggeriments de l'edi-

tor: «He resolt el problema "globus". Poso "campana de vi-
dre". Molt més bonic», li escriu. I és, en efecte, encara que
menys exacte, més bonic, i misteriós.

Un mes més tard, el 5 de juliol, li comunica que, efecti-
vament, ha tret tots els «globus» i que ha posat sempre «car-
rer Gran». També ha acceptat la substitució de «vorera»
per «acera». Però, afegeix, «el que no m'ha estat possible
de posar, per no sé quina mena de mania, és "quarto". Tot
i que quan jo era petita, pujava a jugar al quarto del terrat.
Ho deixo al vostre criteri. Jo no he pogut.» Cinc dies més
tard, Rodoreda encara manifesta els seus dubtes. Està en
el que anomena una darrera versió definitiva de la novel·la
i escriu: «Encara tinc els meus dubtes, sobretot després de
la vostra carta, de si deixo vorera o bé poso acera. Us he
de dir que posar acera m'ha repugnat una mica. Sobretot
perquè jo no faig parlar Colometa com una noia de Gràcia.
A més a més, ella no és de Gràcia, encara que jo no ho di-
gui. Sóc jo que parlo i que faig el que vull amb la sintaxi
i que dono un català natural i que de vegades faig emboli-
car Colometa quan explica com són les coses i procuro tant
com puc dir les coses d'una manera diferent de com es
diuen. Si de vegades em serveixo d'un tòpic és per fer riure
o per emocionar, no per manca de recursos. L'estil verbal
de Colometa és molt més estudiat del que sembla. Refaig
una "manera" de parlar per tal que les frases, si no els mots,
tinguin una presència. La manera de parlar de Colometa
no és una "casualitat". Dic tot això per a justificar els meus
escrúpols. Encara en parlarem. I perdoneu-me el discurs.»

Amb el benentès que encara pot haver-hi modificacions,
per aquestes mateixes dates, Rodoreda n'envia un exemplar
a Sales perquè pugui presentar-lo a censura, pas inevitable
per a l'edició de qualsevol llibre en l'Espanya franquista.
Ella es queda l'«exemplar definitiu» un cert temps per
acabar-lo de mirar, feina que, amb tot, no l'acaba de com-
plaure, sobretot perquè, com diu, «tinc altres coses al cap
que em donaran molta feina».

Començava una batalla que durarà anys entre l'autora
i l'editor. Era un estiu molt calorós, a Ginebra i a Barcelo-
na. Ella no volia cedir; Sales insistia, perquè era també
una gran discutidor, fins al punt que, més endavant, en
un moment de treva, reconeixerà: «Jo acostumo a estimar

molt aquelles persones amb qui més em barallo» (12 de novembre de 1962). Començava, en aquest estiu del 61, la història d'un «drama», la «història d'un drama entre Sales i jo», com reconeixia Mercè en una carta al seu amic Rafael Tasis.

París, 11.III.62

«Estimat Tasis: aquesta carta serà una llauna. La història d'un drama entre Joan Sales i jo. Al gra: J. Fuster va recomanar Colometa al Club dels Novel·listes (Benguerel encara no havia marxat) i vaig rebre una carta de Sales demanant-me-la per a llegir-la, i demanant-me que li canviés el títol, etc. etc. Li vaig enviar la novel·la, la va llegir, es va engrescar fins als núvols, vam discutir el títol, va sortir el possible títol de "La Plaça del Diamant" i en dir-li que potser per a justificar el títol aquesta Plaça sortia poc, m'arriba la primera sorpresa. El minyó amb un gran aplom em diu, "faci viure els seus personatges principals en aquesta Plaça". Fer això volia dir, o equivalia, a estripar la novel·la i escriure'n una altra per a poder-li posar aquest títol, i a més a més em fa una llista de mots i em diu canviï de seguida, *enterrament* per *enterro*, *vídua* per *viuda*, *vorera* per *acera*, *cambra* per *quarto*, *condol* per *pèsam*. I endavant. Vaig suprimir *vídua* fent equilibris, vaig fer equilibris per a no posar *quarto*, vaig acceptar *pèsam*. Però em vaig refusar enèrgicament a admetre *acera* i els pocs *quartos* que quedaven. A més a més em va dir que trigaria a publicar la novel·la i vaig fer servir aquesta triga per a tornar-la a passar a màquina i per acabar-la de repolir. De totes maneres, amb la història de l'*acera* li vaig escriure una carta, potser lleugerament violenta, en la qual li deia en resum, que amb la seva mentalitat en comptes d'enriquir la llengua l'empobria i que es fes el càrrec que tractava amb un escriptor i que la responsabilitat de tot el que ell considerés inacceptable en matèria de llenguatge, anava per a mi. Que el llenguatge de Colometa a ell li semblava molt senzill, però que era molt sofisticat i que aquí estava la gràcia. Bé, ja te n'he explicat un tros. Vam anar enviant cartes, perquè el minyó té la fúria del carteig. I el 23 de desembre em surt amb la broma següent: en un moment intensament emocional, la noia travessa el carrer Gran de Gràcia i veu un tramvia *vell* i *groc* etc. i Sales em diu "els tramvies eren vermells i no *grocs*, després de la guerra, per tant he fet fer un incís a Colometa i li faig dir que va veure *un tramvia vermell però que a ella li va semblar que era groc*". Li contesto i li dic que psicològicament això és impossible. Colometa en aquell moment greu per a ella no està per reflexions d'aquestes; que tregui immediatament l'incís i que canviï l'adjectiu *groc* per *cansat*. I li dic que abans de tirar la novel·la vull veure proves. Carta dient que enviarà proves i que canviï tot el que vulgui, però no em diu que hagi tret l'incís. Nova carta on em diu —el temps anava passant— que la novel·la ha d'estar tirada el quinze de març per ésser repartida als subscriptors el primer d'abril. Silenci. I a darreries de febrer em començo a posar de punta i li escric tres cartes seguides reclamant proves. A l'última només li deia, amb unes lletres de tres pams "Vull veure proves!!!" i telefono des de Ginebra al despatx de Sales, dues vegades, inútilment. Em deien, "entra i surt i és difícil d'ensopegar-lo". I plego de demanar. El dia vuit d'aquest mes rebo les proves a les cinc de la tarda, agafo l'original —havia guardat el doble exacte del que li vaig enviar a ell i comencen els espeternecs.

»El minyó amb una frescor de barra i mitja em destrueix els trossos més importants amb afegits estúpids, canvia paraules de la manera més gratuïta allà on li sembla; per exemple jo dic *"el temps que arrissa i desarrissa i colora les flors"*. I ell em canvia *colora* per *pinta* i *despinta*. El temps no *despinta* res. Em posa, en comptes de *picades* de coloms, *picossades* de coloms. Els coloms per a mi no *picossen*, *piquen*. És a dir, no acabaria mai. En un determinat punt jo dic (o Colometa) *hi havia homes ja grans pels carrers que aprenien a fer la guerra*. I ell em posa —*Feien l'exercici pels carrers, els avis i els néts, els pares i els fills*. És clar, a tu, com que no saps el to de la novel·la, això no et sobtarà massa, potser, però és simplement grotesc. Colometa diu: *"... i aquells cartells que deien feu tancs i que us havien fet riure tant si en quedava algun tros per les parets no feia riure gens."* I ell em canvia *tant* per *tantíssim*. És a dir m'ha minat la novel·la de pura i gratuïta animalada. Em vaig estar fins a les quatre de la matinada *restablint l'ordre antic* i vaig

agafar una sèrie de fulls de paper amb una llista de totes
les pàgines on havia fet canvis, hi li explicava pàgina per
pàgina, per què no admetia aquells canvis. I les raons per
les quals no els admetia. I li vaig escriure una carta on li
deia que, si canviar tot el que ell havia desballestat, li re-
presentava un perjudici econòmic, estava disposada a pagar-
li el perjudici, etc. Breu: rebo les proves avui i les hi trame-
to l'endemà al matí, per avió. I l'endemà rebo una carta d'ell
fent el pagès en la qual em diu que ha *tingut un atac de
mal de pedra i que es va escapar de casa d'amagat del metge
i de la dona per a poder-me enviar les proves i que resi per
ell.* Carta que no li he contestat. I estic esgarrifada espe-
rant a veure què passarà, o a veure què farà i amb una sen-
sació penosa d'ésser un magatzem de porcellana i en Sales
un elefant. I amb uns desigs vehements de no tenir més trac-
tes amb aquest jove. I ja està. Tu diràs que tot plegat és
una criaturada... No. Ho considero greu. I no m'ho sé aca-
bar i estic fastiguejada.

»Sóc a París uns quants dies per a fer-me prorrogar el
passaport. Més endavant ja t'escriuré una carta més perso-
nal. Treballo amb la novel·la que vaig enviar al Sant Jordi,
i no em queixo que no la premiessin. És una novel·la que
vaig precipitar i estava plena de bonys.

»Adéu. Una forta abraçada,

Mercè

»P.S. I en aquesta última carta Sales em diu, per a mera-
vellar-me, que acaba de rebre "Incertaine gloire" en edició
de fil. Com si tingués gaire importància que et publiqui Ga-
llimard. Això fa més de vint anys que està traduït i ningú
no sap què és. El que és important no és que et tradueixen.
Sinó ésser un gran escriptor. Ja et poden anar traduint si
no passes d'una mitjania...»

(*Al marge de la carta hi ha aquesta anotació:* «Quan vaig
enviar la novel·la a Sales, Benguerel ja era fora.»)

Efectivament, en el primer acte d'aquell drama hi havia
la batalla pel canvi de paraules. Després havien seguit les
indecisions de l'autora, que dubtava a l'hora de publicar
el llibre al Club dels Novel·listes, amb Aymà o amb Catalò-
nia, o bé de presentar-la de nou al Sant Jordi. També hi

hagueren discussions sobre la pertinència del títol i sobre
l'exactitud de les imatges del record. A més de les propos-
tes esmentades, i per fer més versemblant el títol d'*Un ter-
rat a Gràcia*, Sales havia proposat, en efecte, a Rodoreda
que afegís un cadàver a la novel·la. Es tractava d'un fet real,
ocorregut a uns coneguts seus a final del gener o principi
del febrer de 1939, quan no es trobaven enterramorts a Bar-
celona i els seus amics van haver de guardar el seu difunt
durant 15 dies a casa seva. L'hagueren de treure al balcó
perquè el difunt pudia. «Podria haver succeït aquest cas tan
macabre a la casa de lloguer on vivia la Colometa, tractar-
se d'uns llogaters de la mateixa casa; per exemple els de
la tribuna. Els primers 4 o 5 dies, haurien aguantat amb
el cadàver en el seu llit; després, l'haurien tret de la tribu-
na; finalment, haurien demanat a Colometa per tenir-lo al
seu terrat... fins que les pompes fúnebres decidissin recollir-
lo.» Després d'un lògic punt i a part, Sales afegeix a la seva
carta: «Crec que lligaria molt bé amb el caràcter de la Colo-
meta el deixar el terrat en un cas així.»

L'anècdota era funesta i va irritar Rodoreda. Tenia raons,
doncs, per veure's com «un magatzem de porcellana» i Sa-
les com «un elefant» que volgués entrar-hi. Ara bé, Sales
tenia bona part de raó i és cert que Colometa hauria deixat
el terrat en un cas així. Quan li havia demanat que revisés
els passatges on parla de la postguerra immediata i també
en qüestions de vocabulari, Rodoreda va cedir a les reco-
manacions de l'editor. A contracor certes vegades, és veri-
tat; i altres, molt a la seva manera, com és ara la seqüència
que esmenta a la carta a Tasis sobre el color dels tramvies:
simplement, es va limitar a treure la menció al vermell i
al groc, i han quedat en purs tramvies en les versions pu-
blicades de *La plaça del Diamant*. Versions, en plural, per-
què hi ha diferències entre la primera edició i la segona,
publicades el març del 62 i l'abril del 64, respectivament,
un espai de temps durant el qual la guerra entaulada pel
vocabulari de Colometa continua oberta, ja que no va ser
fins al moment de preparar la segona edició que Rodoreda
admet gairebé tots els canvis imposats per Sales.

«Fa l'efecte que a la Colometa, que en general parla un
català vivíssim (i per tant boníssim) se li hagi enganxat
aquest mot totalment artificiós potser per influència dels

"escamots" a qui podem suposar que parlaven a estones el "catalanesc" en comptes del català», li recriminava Sales, concretament amb motiu del mot «vorera», el desembre del 61. Sales defensa «escriure com parlo, com parlo "jo" naturalment, que és el que fan tots els escriptors de literatures "sèries", de caràcter no patufesc». Sales creu que Rodoreda delira quan afirma que els que no diuen «cambra» «ho hauran d'aprendre o bé hauran de fer-se repicar»; «si vostè es pensa que sis milions de persones deixaran de dir quarto i acera (tots dos mots d'ús general i unànime a tot el territori) simplement perquè a vostè li dóna la gana...», li contesta ell, sorrut. A la llarga, però, les seves paraules van obtenir l'efecte que esperava.

A començament de setembre de 1961, encara que no ha enviat la «còpia definitiva» de la novel·la, Rodoreda rep el contracte editorial. Hi ha una clàusula que no li agrada. «No tindria cap importància si no fóssiu com sou o com em penso que sou (i en tindria encara menys si jo no fos com sóc, que no m'agrada lligar-me)», escriu ella. Es tracta d'un punt en què Sales dóna entendre que publicarà, en endavant, les pròximes novel·les de Mercè Rodoreda, novel·les de les quals per altra banda té notícia a través d'ella mateixa, que les hi ha anat anunciant posant-li la mel a la boca. Tal vegada amb un punt de coqueteria, Rodoreda es vol fer estimar: «Aquesta clàusula em fa angúnia perquè jo dec novel·les a l'Aymà i la clàusula diu que tot el que escrigui us ho he de sotmetre, etc, etc.» D'altra banda, és en aquesta època, la tardor, precisament quan pensa en la possibilitat de tornar a presentar la novel·la al premi Sant Jordi: «Molts amics de Barcelona m'ho aconsellen», menteix. Probablement només es tractava d'un rampell. A Barcelona no hi té tants amics, o almenys amics susceptibles d'aconsellar-li l'atzagaiada o el *tour de force* de tornar a presentar-se davant d'un jurat que un any abans l'havia rebutjada, com si es tractés d'un examen d'Estat. Els canvis realitzats al text original, si bé eren substancials, fins i tot afectaven l'estructura, no en feien una altra novel·la. Les paraules de Rodoreda al seu editor poden interpretar-se millor des d'un altre angle: es sentia desanimada i desil·lusionada sobretot per l'ajornament de la publicació del seu llibre anunciat per Sales. Ajornament que, de la seva banda, aquest justificava per la tardança amb què l'autora li havia lliurat l'original. El temps de blocatge que suposaven els tràmits de censura i la necessitat de dur endavant la seva programació editorial anual l'havien obligat a posposar la sortida de *La plaça del Diamant* per al 1962, un nou compàs d'espera que continuà sent escenari de més debats filològics, aquesta vegada centrats en l'ús de castellanismes i en l'activitat «inútil» de la secció filològica de l'Institut d'Estudis Catalans.

«Sobre els problemes no pas de caràcter purista però sí de castellanismes, us en parlaré un altre dia», escrivia Rodoreda el 13 de setembre. Aquell dia li era més important resoldre els tràmits contractuals. Sales, potser amb molta diplomàcia, es va prendre al peu de la lletra les paraules coquetes de Rodoreda i, a corre-cuita, li respongué que no se'n fes cap «problema de consciència» i que si volia tornar-se a presentar al Sant Jordi, que fes via: «Ens sabria greu perdre una novel·la però immensament més greu que vós perdéssiu les 150.000 pessetes», assegurava. Pel que fa a Aymà, Sales es mostrava més tranquil: «Fa dos anys que no publiquen novel·les catalanes.» També, i és el més important, aclareix la famosa clàusula que Rodoreda no volia: «Ho podeu arreglar afegint al final del contracte clàusula addicional.» Clàusula que, atesa l'època, proposa en llengua castellana: «*El derecho de opción concedido por la autora al editor se entiende sin perjuicio de anteriores derechos de opción que la autora hubiera podido conceder a otros editores, los cuales serán respetados según su orden cronológico.*»

L'afegit, pel que té de ditiràmbic, ni va convèncer ni va deixar de convèncer Rodoreda. Però sobretot, la va sorprendre agradablement la bona disposició i la bona voluntat de Sales.

S'adonava que no li faria cap tort des del punt de vista econòmic. D'altra banda el contracte li assignava el 10 per cent en concepte de drets per una edició primera de 1.250 exemplars, amb una bestreta calculada en 10.000 pessetes.

DURES BATALLES PER UNS MOTS:
LA PUBLICACIÓ DE «LA PLAÇA DEL DIAMANT»

A final d'octubre, Sales ja té el «flamant» permís de censura per publicar *La plaça del Diamant*, però encara no té el text definitiu de la novel·la. Rodoreda bandeja les presses del seu editor amb més disquisicions, amb noves polèmiques i amb l'anunci de noves obres. L'u de desembre de 1961, finalment, arriba a Barcelona la versió definitiva. La mateixa tarda, Sales la porta al linotipista. «No cal dir que li respecto totes les seves decisions —li assegura—; no caldria sinó, ja que són preses, segons em diu, "després de llargues reflexions".» No cal patir ni amb el corrector ni amb el linotipista, li diu per tranquil·litzar-la, Sales els té ensinistrats des que una vegada li havien posat tots els «en», article personal, en majúscula!

Potser influïda per l'Obiols, Rodoreda ha recapitulat, i ha decidit no acceptar les modificacions de lèxic aprovades de primer. En un moment determinat (l'11 de desembre) l'Obiols anima Rodoreda que comuniqui les seves decisions a Sales: «Digues a Sales —sense enfadar-te, que no cal— que després d'haver-hi pensat molt has pres una decisió *definitiva* sobre "quarto" i "acera". El llenguatge de Colometa és natural, però estilitzat; més ben dit: *no és gens* natural, però dóna la sensació de ser-ho; la gràcia consisteix en què dóna aquesta sensació sense recórrer al català tal com es parla...» Són, més o menys, les mateixes paraules que Rodoreda escriu després a Sales. I aquest respon: «No entenc ni poc ni molt la mania de vostè contra "acera" (diversos membres de la Filològica són partidaris actualment d'acceptar-ho) i menys encara contra "quarto", almenys en expressions com "quarto fosc", insubstituïbles (...). Li diré a més que aquesta expressió "quarto fosc" no és sols barcelonina, sinó general a tot el territori: a Mallorca i a València no ho diuen tampoc d'una altra manera. Naturalment, si vostè s'hi entossudeix, sortirà "cambra fosca" en comptes de "quarto fosc". Però serà un cas molt notable de tossuderia. Potser és qüestió de sexe. Les dones sempre han tingut fama de ser més tossudes que les mules —amb perdó sigui dit.»

Pocs dies després, Sales torna a insistir-hi i fa referència als «castellanismes»: «(...) rellegint la seva carta abans de cloure aquesta, noto (i "perdoni l'expressió") que no té ni solta ni volta. Em pregunta per què no sóc partidari d'escriure "menos", "anda", "hasta luego" i "basura". Molt senzill: perquè jo no he dit mai en ma vida tals coses, i si no les dic parlant, ¿per què les hauria de dir escrivint? (...)» Tampoc «no hi toca», s'atreveix a dir-li Sales tot redemanant-li que li «"perdoni l'expressió" —així entre cometes, per marcar-ne la incorrecció— quan diu que en la seva novel·la "no hi pot haver mots completament castellans". N'hi ha a cabassades! L'únic que passa és que vostè ignora que siguin castellans. Els ignora tant que si jo n'hi fes la llista es quedaria veient visions i fins potser s'indignaria contra mi». Sales treu, a títol d'exemple, la paraula «pernil», «que és un castellanisme com una casa i amb l'agravant que només es diu a Catalunya (a les Balears i al País Valencià ho diuen d'altres maneres: cuixot, xulla, etc., que són els autèntics mots del vell català)». Immediatament, però, Sales es declara defensor de l'ús de la paraula «pernil», «ja que en aquestes altures el mot està tan arrelat a Catalunya».

De totes maneres, li promet novament que respectarà la seva «tossuderia», entre altres raons perquè en alguna cosa sí que està d'acord amb ella: «Ni cal dir que subscric enterament allò que em dieu dels acadèmics, que n'hi ha de molt ases. No sóc pas jo precisament qui vol ser més acadèmic que els acadèmics.» I, en última instància —replica Sales amb humor— ella és l'única responsable del seu llibre: «Si fa pròleg, ja podrà explicar de cara als qui detenen el lliri de la puresa gramatical (una plaga!) que "com veuran si llegeixen, la Colometa no era membre de la secció filològica de l'Institut d'Estudis Catalans ni molt menys de l'Acadèmia de Bones Lletres, de manera que el discurs acadèmic no era el seu fort", o alguna cosa així.»

En aquests moments Sales i Rodoreda encara no es coneixen personalment. No havien tingut l'ocasió de fer-ho durant els anys de la República i de la Guerra. Després, l'exili els havia portat per camins diferents. En els anys de represa de l'activitat editorial a l'estranger, Sales, que dirigia els

«Quaderns de l'Exili», havia tingut algun malentès, no pas
gaire important, amb l'Obiols, quan aquest s'ocupava de la
«Revista de Catalunya». Tot plegat sembla que només era
fruit de la desinformació i de l'habitual recel que s'alimen-
tava entre els catalans asilats en aquest continent i els de
l'altre. Sales, però, en certs moments, temia que els atacs
que li dirigia Rodoreda es devien a la «mala propaganda»
que l'Obiols feia d'ell. S'equivocava, com després ell ma-
teix va poder constatar. I, en última instància, les discus-
sions i els exabruptes entre l'autora i l'editor van nodrir
una terra de la qual més endavant va néixer una profunda
amistat, fórmula visible de la qual era també un intercanvi
sovintejat de regals.

Els contactes es mantenen només per la via escrita du-
rant força temps. I això dificulta certes coses però també
en facilita moltes. Potser aquesta duríssima batalla pel con-
trol de vocabulari no hauria acabat tan bé si l'haguessin
mantinguda cara a cara. Sales, en definitiva, està conven-
çut que a l'autora de *La plaça del Diamant* se li podien «per-
donar» tota mena d'estirabots, que se li pot «perdonar això
i molt més». I afirmarà amb una bona dosi de sentit de l'hu-
mor que «em limitaré a donar-li les més expressives grà-
cies en nom de Dostoievski pels consells d'estil que vostè
li dóna». O, encara: «Em podeu dir *cul d'olla* i no m'enfa-
do», perquè Sales tenia «un caràcter estrambòtic» i sabia
que «fora dels més íntims tothom em té per un antipàtic».
Sales era conscient que les baralles «sobre minúcies de
lèxic» es devien també, en gran part, a motius que escapen
a un i altre contrincant, a una gran tristesa: «Els escriptors
catalans ens barallem més del compte i és perquè estem
tristos i estem tristos per l'immens fracàs que ens ha tocat
viure i que ens té mig neurastènics —i amb motiu—. Hau-
ríem de fer un esforç per sobreposar-nos a aquesta triste-
sa; però no el fem. Jo no el faig. Aquest mes es compliran
23 anys de l'entrada d'aquests senyors a Barcelona —jo en
tenia precisament 23 quan va començar la guerra i ara ja
tinc el cap gairebé blanc. Tota la vida com qui diu, d'un
buf; un esforç enorme —i per què? Ens manté, és clar, la
fe i l'esperança, però ben bé en pla de virtuts teologals, més
de l'altre món que d'aquest. (...) Sovint enyoro la guerra,

almenys aleshores ens barallàvem amb els "altres", que és com ho hauríem de fer sempre.»

Aquestes paraules, Sales les escrivia la vigília del dia de Reis de 1962. De l'experiència quotidiana n'extreia un ensenyament: «Els autors haurien de fer poc o molt d'editors, i serien molt més comprensius.» I l'Obiols, que «poc o molt» també havia fet d'editor, en aquest aspecte el defensava i feia els possibles per tranquil·litzar la Mercè: «No t'empipis tant amb Sales (...) *Suposant* —el subratllat és de l'Obiols— que t'hagi tocat alguna paraula la novel·la estarà tan bé com abans.» Ella havia demanat de veure les proves de plana, i estava empipada de nou amb l'editor perquè trobava que trigava massa a enviar-les-hi. «Si no t'envia les proves deu ser per falta de temps —la tranquil·litza l'Obiols—. No et posis nerviosa amb La Plaça del D... Espera tranquil·lament que es publiqui. Aquests atacs de nerviosisme et fan perdre un temps preciós. (...) Treballa sense impaciències. No es tracta de guanyar una cursa de velocitat, sinó d'escriure una novel·la important. Dorm a la nit i no pensis en Sales i en les seves malifetes i pensa només (i amb calma) en les coses que has d'anar escrivint. No estiguis tot el dia tancada (...).»

Recomanació vana: ella continua atabalada amb les malifetes de Sales. L'onze de juny, quan ja fa pràcticament tres mesos que el seu llibre és al carrer, envia una mena d'ultimàtum a l'editor: «Amic Sales: a veure si rebré La Plaça el dia del judici final, voltada d'un gran sarau de trompetes.» Segueix un llarg *Post Scriptum* en què li assenyala els «dos puros de contraban» que s'han ficat al volum. Al seu parer ha tingut poc temps per revisar galerades (Sales les hi havia enviat a mitjan febrer i el llibre havia de sortir abans de Sant Jordi), i no s'havia atrevit a fer-hi tots els canvis que hauria volgut. Les errades, «els puros de contraban» que assenyala, són sobretot tipogràfiques, confusions sobre consonants, capaces de convertir un «dit» en un «pit» i també de saltar-se tota una ratlla. A les següents edicions, juntament amb altres canvis més substancials, els *puros* seran convenientment extirpats.

Rodoreda manté en el secret la manera com li ha arribat l'exemplar de *La plaça del Diamant*. És la seva arma per demostrar a l'editor que, fins i tot lluny de Barcelona, sap controlar els seus afers. És la forma d'avisar-lo per tal que no cometi amb ella el que considera que són «males jugades». L'exemplar, en realitat, li havia arribat via Viena, on Obiols, a través d'un col·lega que anava sovint a Barcelona, l'havia obtingut a principi de maig. Després d'haver-la llegida íntegrament, l'Obiols li escrigué aquestes paraules:

«Ninons: Ahir a la nit em va passar el que ara fa uns mesos va passar a en Sales. Em vaig ficar al llit, vaig començar a fullejar "La Plaça" i, finalment, la vaig començar pel començament i la vaig llegir tota de raig. Fins a la matinada. És un llibre sensacional. El vaig trobar més bo que mai: infinitament ric, inexhaurible, canviant com un tornassol. Es pot llegir indefinidament, començant per qualsevol indret. Un clàssic. Hi ha pàgines i pàgines d'un gruix, d'una elegància, d'un aplom, d'una textura com raríssimes vegades s'ha dat en català. En novel·la catalana, mai. Potser en algun indret del *Tirant*. I en Bernat Metge, en Muntaner. Del Renaixement ençà, en prosa de creació, no s'ha fet res d'aquesta categoria. El llibre té a més tantes facetes que mai s'acaba de copsar del tot. I, en el centre, en el fons, hi ha una mena de buit metafísic, que és el buit de no-res que hi ha darrera de totes les sensacions, passions i sentiments i que et va sortir per miracle, encara no sé com. Pots estar ben tranquil·la. Em sap greu que Riba vagi morir, perquè era una de les persones que l'haurien pogut apreciar millor. Et felicito.»

Són les millors paraules escrites per la persona que més importava a l'autora, pel «seu» lector. Amb tot la Mercè hi acabarà trobant, com veurem, motiu de discòrdia. Però ara el que importa és remarcar la gran raó del jutge Obiols: *La plaça del Diamant* és en efecte un «miracle» i tal com vaticinà també l'Obiols en aquell maig vienès, el llibre «es llegirà encara d'aquí a 300 anys. Si encara queden catalans».

LA CRÍTICA DE LES CRÍTIQUES

La plaça del Diamant, amb els poc menys de 2.000 exemplars de la primera edició al carrer, va ser tot un èxit. Encara que també en aquest aspecte els fets donessin la raó a l'Obiols i que els millors comentaris fossin fets en l'anonimat, a través de cartes personals i pel sistema del boca a boca, les escasses publicacions que a l'època es dedicaven a les novetats literàries van celebrar la sortida de la novel·la. Part d'aquests comentaris anònims, Joan Sales els va recuperar a la 26a. edició de *La plaça del Diamant*, en un pròleg escrit a Barcelona el novembre de 1982, mig any abans de la mort de Mercè Rodoreda. Però una altra part important del que va ser dit ha quedat en l'oblit. L'edició va tardar a exhaurir-se, però això no preocupava ningú. Sales rebia elogis de tots els autors que ell publicava al Club dels Novel·listes. De Ferran de Pol; de Llorenç Villalonga, que li escriu: «(...) i si han de fer justícia li correspondrà de tot dret propi el Premi de la Crítica 63.» Joan Oliver, per la seva banda, trobava «monstruós» que no li haguessin donat el Sant Jordi i així ho declarava a tothom que li demanava la seva opinió. I era important, ja que tothom —tothom dins un cercle reduït, és clar— sabia que Rodoreda i Oliver havien estat enfrontats, seriosament distanciats sentimentalment, ran de la separació matrimonial de l'Obiols i Montserrat Trabal. Molts altres, com Oliver, oblidaren velles històries i celebraren la qualitat literària de la novel·la de Mercè Rodoreda. I, ateses les circumstàncies, l'esforç emocional no era pas poca cosa.

Josep Maria Llompart firmà la primera crítica publicada a un diari, al de Mallorca, i la qualificà d'«obra mestra absoluta». Joan Triadú, que, amb Joan Fuster, havia animat Sales a publicar la novel·la rebutjada pel jurat del premi, ara es mostrava disposat a fer «rebombori» des de la tribuna de «Serra d'Or» per tal de posar de manifest la «inutilitat del Sant Jordi». Però Joan Sales i el mateix Joan Fuster li aconsellaren de no fer-ho perquè consideraven que era «millor i més convenient no remoure aigües passades». Potser perquè ambdós sabien que pocs mesos abans el ju-

Mercè Rodoreda va assistir al casament del seu fill amb Margarida Puig. Aquí veiem tres estampes familiars del dia de les noces.

Armand Obiols, l'agost de 1961.

Mercè Rodoreda va apadrinar el seu nét Ignasi. Dues fotografies del bateig: a l'església; i durant el banquet, acompanyant el seu fill i la seva nora.

Mercè Rodoreda amb Joan Sales en una fotografia de 1964, feta a casa de l'editor.

La primera gran entrevista que TVE va dedicar a Mercè Rodoreda: era el programa A fondo, *de Joaquín Soler Serrano.*

Mercè Rodoreda va ser encarregada de llegir el pregó per a les Festes de la Mercè, a Barcelona el 1980.

L'estrena de La plaça del Diamant *al cinema Alexandra de Barcelona, el dia 18 de març de 1982, va ser un esdeveniment. Aquí veiem Mercè Rodoreda voltada del president de la Generalitat i el president del Parlament de Catalunya. Al fons distingim Lluís Homar i Sílvia Munt, els protagonistes, i el director del film Francesc Betriu.*

rat del premi Sant Jordi havia tornat a descartar una sego-
na novel·la de la mateixa autora. En certes ocasions, sobre-
tot en aquells anys d'incipient revitalització de les activi-
tats culturals, es considerava més oportú el silenci que no
la veritat.

També a Sevilla va arribar el ressò de la publicació de
La plaça del Diamant. Després de llegir-la, Paulina Cruzat
va escriure una carta entusiasta a Sales i va prometre d'es-
criure'n un comentari a la prestigiosa revista «Ínsula», cosa
que després, en realitat, no va fer. Un jove desconegut ales-
hores, Josep Faulí («un tal Faulí», anunciava Sales), publi-
cava una crítica també entusiasta al «Diario de Barcelona»
que no va agradar, això no obstant, ni gens ni mica a l'edi-
tor perquè per parlar de la novel·la de Rodoreda feia refe-
rències a Maria Teresa Vernet qui, deia Sales a Rodoreda,
«us assembleu com un ou amb una castanya». Sales va re-
tallar l'article de Faulí i l'envià a Rodoreda per tal que veiés
«si n'és de baixa de to la crítica que ara s'estila en els diaris
d'aquest trist país. Plena de frases sibil·lines». L'opinió que
va merèixer a Rodoreda el comentari de Faulí no era pas
millor: «Efectivament, la diguem-ne crítica de Faulí és una
cosa molt sorprenent. Sobretot quan diu que el C. dels N.
—Club dels Novel·listes— tendeix a desorientar. El que va
desorientat és ell. M'agradaria veure'l per saber com està
fet. I quan un home es diu Faulí el millor que pot fer és
viure amagat.» (25/IX/62). Sales va aprofitar la circumstàn-
cia per explicar-li una «xafarderia» i posar més al·licient
al fet: li deia que Faulí s'havia presentat al premi Joanot
Martorell «amb una novel·la que era un desastre» quan ell,
Sales, n'era membre del jurat. «Així va la crítica en aquest
país», deduïa Sales.

Fins a final d'octubre no aparegueren publicades les mi-
llors, o més esperades, crítiques de La plaça del Diamant,
la de Miquel Dolç, a «Las Provincias», i la de Joan Fuster,
a «Destino». Tampoc «Serra d'Or» va ser més ràpida a l'hora
de donar-li l'espai que la novel·la es mereixia. A l'autora,
que esperava els comentaris no amb interès sinó amb avi-
desa, el silenci que s'allargava durant mesos la inquietava
fins al punt d'imaginar que s'havia tramat un pla per tal
de fer-li el buit. Però, «¿on vols que en parlin?», li recorda-
va amb sensatesa l'Obiols. L'espera, d'altra banda, havia es-

tat decebedora. Ni l'editor, ni l'autora ni l'Obiols estaven satisfets amb els comentaris, ni fins amb els més elogiosos. Miquel Dolç, per exemple, que assegurava que «les formes estilístiques» usades a *La plaça del Diamant* li recordaven els «poemes homèrics», no va complaure perquè insistia en el to «sempre ingenu», «fluid», «natural» i «adorablement inhàbil i desordenat» de la narració. Tampoc va agradar Villalonga, que parlava de sensibilitat «a través dels petits i entranyables problemes d'una pobra noia de la barriada barcelonina de Gràcia que no té cap idea de la història». Ni Fuster, que afirmava: «... La novel·lista ha reexit a infondre al monòleg de la Colometa el to just que calia: hi ha reexit amb una exactitud esbalaïdora.» Al parer dels tres «afectats» (Rodoreda, Obiols i Sales) ningú acabava de veure les «qualitats realment essencials» de *La plaça del Diamant*. I si bé aquesta mancança pot voler dir «que *La plaça* és tan bona que pot agradar a gent diversa per motius molt diferents» (segons deducció optimista de l'Obiols), també tradueix una pobresa intel·lectual que porta els nostres tres protagonistes cap a una automarginació: «Sales és encara el que ha tocat més tecles i el que ha anat més a fons», escriu l'Obiols a Rodoreda.

Amb tot, de totes les crítiques publicades, la de Dolç i la de Fuster els semblen les més «reeixides». La de Dolç mereix el següent comentari: «Llàstima que parli massa exclusivament de l'estil» i que no s'adoni «és clar, en què consisteix la brillantor d'aquest estil». La de Fuster, que a Rodoreda va empipar especialment, és llegida, no obstant, per l'Obiols com la «més completa»: «Jo també creia que seria més brillant. De *La plaça* es poden dir una infinitat de coses. Fuster en frega algunes, les enfoca molt bé, però no acaba d'arribar mai al fons de les qüestions. Això exigiria un article molt més llarg.» El 17 de novembre, però, Mercè escrivia una carta al seu editor arremetent contra Fuster, bàsicament «pel to igualitari» de la seva crítica de *La plaça del Diamant* i fent, per contra, una defensa de Joan Triadú. «Joan Fuster és molt intel·ligent, però té una marcada incapacitat per entusiasmar-se», li respon Sales en una carta que és la descripció d'un panorama literari força desolador. Però Sales intenta demostrar-li que les seves opinions formades sobre Fuster i Triadú són equivocades: «De la lectura seguida i atenta dels números de SERRA D'OR —la secció literària és controlada pel triumvirat Foix-Triadú-Albert Manent—, un lector ingenu deduiria que a Catalunya tenim una colla de genis de primer ordre, que són en Foix, en Triadú, l'Albert Manent, en Pedrolo, en Sarsanedas, la Maria Aurèlia Capmany, en Blai Bonet, en Salvador Espriu i l'Estanislau Torres.» Malgrat sentir un gran respecte envers «aquests benemèrits ciutadans», Sales es demana, «perplex», com és possible que en un país «tan petit com el nostre» hi hagi «tants genis universals en un mateix moment». És en contraposició a aquesta versió idíl·lica que fabrica «Serra d'Or» que Sales valora Fuster, capaç de no caure mai «en una supervaloració tan absurda dels escriptors de tipus *local*» —i Sales subratlla la paraula «local»— i que valora els escriptors com Josep Pla o Gaziel «que es fan llegir», que són «llegibles». Sales li recomana una lectura atenta dels dos comentaris: «Si rellegíeu atentament les crítiques d'en Triadú i d'en Fuster veuríeu que contra el que us ha semblat a primera vista la que és substancialment elogiosa és la de Fuster; vull dir que fa l'elogi de la veritable substància del vostre llibre, en comptes de rares elucubracions que no hi tenen res a veure.»

UNA MODESTA CRIATURA?

Hi havia alguna cosa, aparentment abstracta, que empipava l'autora i que l'Obiols resumeix bé: «Ja estic tip de llegir "modesta criatura", "alma humilde", "la vida de tantos seres humanos". Colometa no és res de tot això. És una reina. I la seva vida "mutatis mutandis" és la vida de tothom: la del Joan Fuster, per exemple, que tampoc sap per què és al món (com tampoc ho sé jo, ni ho sap Sartre).»

En aquest sentit que tant els molestava també va expressar-se Josep Ferrater i Móra en una carta enviada per felicitar Mercè per la publicació del seu llibre: «La Colometa, personatge humil i insignificant en aparença, ens dóna, a través de la seva autèntica veu, tot un nou món. Un nou

món que és al mateix temps real i molt poètic: poques vega-
des he llegit una novel·la amb un interès tan sostingut», deia
el filòsof. De tots els comentaris personals rebuts el que
li fa més bona impressió és el del poeta i diplomàtic lleida-
tà Jaume Agelet i Garriga, que hom anomenava el «Claudel
català», curiosa comparació que a l'Obiols i la Rodoreda
no deixava de fer riure: «És una idea que només es pot te-
nir a Barcelona. Potser tenien una certa retirada: Claudel
semblava un toro i Agelet sembla una vaca. Coses d'aques-
tes són les que suscitaven les pedres al fetge del pobre Riba.»
Agelet deia: «Heu escrit un llibre impressionant, sòlid, que
quedarà. Els mots de Meredhit que heu transcrit, com s'ave-
nen amb l'essència de la novel·la! En efecte, un corrent de
vida, de vida profunda, l'atravessa des del primer capítol
—un dels més reeixits. Quin seguit de pàgines belles i sug-
gestives! I la troballa de fer d'una casa un colomar! És la
part més lírica del vostre llibre, la més densa de somni. Hi
volen els coloms i les ànimes. I la "plaça de vendre" descri-
ta amb una admirable plasticitat, i els aparadors màgics,
i els interiors tan vius, i les pluges tan bellament pintades,
tan carregades de meravella, i la vibració de les hores fos-
ques a dins d'esdeveniments tràgics, i el darrer capítol amb
sorprenents llampecs de desvari! El lèxic és viu i ric, i l'es-
til colpidor, categòric. Un estil que no dubta de si mateix,
segur d'haver trobat —i amb raó— el seu camí adient. Cal
felicitar-vos i ho faig amb goig.»

I si la crítica ya ser escassament brillant i molt lenta
al moment de fer conèixer el llibre, les conseqüències tam-
bé van fer-se notar entre els lectors. Sales havia enviat im-
mediatament exemplars a les persones que creia suscepti-
bles d'animar els editors castellans i estrangers a traduir *La
plaça del Diamant*. Estava convençut de la conveniència
de promoure-la en primer lloc a França, país que creia
«pont de llençament» a la resta del món. Així havia estat,
en el seu cas, amb *Incerta glòria*, que a més a més, en la
seva versió publicada per Gallimard oferia la integral del
text que es va haver de mutilar a Barcelona per raons de
censura. Les negociacions sobre *La plaça del Diamant* no
van ser tan ràpides com havia imaginat Sales. Bernard Les-
fargues, justament traductor d'*Incerta glòria*, estava encan-
tat amb la novel·la de Rodoreda, segons va dir. Però es tro-

bava amb entrebancs notables en la cúpula de la prestigiosa casa editorial i va demanar a Sales que, per tal d'alleugerir els tràmits en l'adquisició del drets, enviés un exemplar de la novel·la a Juan Goytisolo, que era qui hauria de decidir, en definitiva, la inclusió del títol a la col·lecció «Du Monde Entier». Però els tràmits per accedir a Goytisolo també van eternitzar-se. I la traducció de *La plaça del Diamant* al francès no va realitzar-se fins anys més tard, com veurem.

També van ser difícils les negociacions dutes a terme per tal de vendre el llibre a una editorial castellana. Sales havia parlat amb Joan Petit, de l'editorial Seix Barral. Petit era membre del jurat del Sant Jordi que havia «tombat» *Colometa* i, segons notícies arribades a Sales, Petit hauria votat «aferrissadament en contra» de Rodoreda. Però sembla que era una notícia falsa, ja que no tan sols Petit va publicar comentaris elogiosos de *La plaça del Diamant* (a començament de 1963 i a través de «Destino»), sinó que fins i tot va escriure a la seva autora per anunciar-li que el crític Josep Maria Castellet i ell mateix l'havien proposada a l'aleshores prestigiós Premi Formentor. Però en aquell moment encara no hi havia res del cert, ni premi ni traducció, i quedava de Petit la imatge que Joan Triadú n'havia fet des de les planes de «Serra d'Or», en una nota curta. Triadú hi arremetia contra Petit i contra el Sant Jordi per no haver premiat la novel·la de Rodoreda, actuant de la forma que tant Fuster com Sales li havien desaconsellat.

Evidentment Sales era conscient de les dificultats infranquejables de l'edició catalana. Els seus càlculs mentals, que devien ser força exactes, el portaven a estimar en 10.000 el nombre de persones susceptibles de llegir llibres en català. Aplicant la norma de quatre membres per família deduïa que un llibre era llegit per quatre persones i arribava a la conclusió que les tirades d'exemplars no podien superar, només que en comptades ocasions, els 2.500 volums. A aquesta limitació en la pròpia terra i en la pròpia llengua, s'afegia, segons Sales, el fet que el català no tingués lectors especialitzats a les grans editorials cosmopolites. I el que acabava de treure les ganes de fer qualsevol cosa en el terreny dels llibres era, segons les seves paraules, «la mena de "conspiració" que fan els editors de Barcelona (editors catalans en castellà) contra els qui escrivim en català.

Com si no existíssim. Cap d'ells no m'ha dit mai ni ase ni
bèstia. Si fos jo sol, pensaria que és que a mi em tenen ma-
nia; però és general. (...) L'ordre diguem-ne natural seria:
edició original, en català, per salvar uns principis a què no
hauríem de renegar; primera edició estrangera, en castellà
(ja que Barcelona és la capital editorial del món de llengua
castellana); i a través de l'edició castellana, traduccions a
les altres llengües. Però no senyor. Els nostres estimats com-
patricis seixos i barrals, gustaus gilis, salvats i altres espa-
ses, es veu que senten una mena d'escepticisme profund en-
vers les obres originalment escrites en català. Deuen tenir
la idea que només escrivim en català quatre infeliços».
Aquestes paraules, Sales les escrivia el 20 de setembre de
1962.

Dins d'aquest petit marasme, Sales tampoc no es conside-
rava cap «àngel», però sí «un home de bona voluntat, abso-
lutament convençut que l'únic que pot salvar una literatura
és que hi apareguin obres interessants». És un moment d'im-
potència que Sales aprofita per fer certes confidències: «Estic
convençut que aquella temporada que em vau fer "morros"
(Sales es refereix als mesos immediats a la publicació del lli-
bre) era deguda a la influència nefasta d'algun autor rebut-
jat. Com que són molts més els rebutjats que els acceptats
(i si no ho féssim així, el CLUB no aniria endavant), són molts
més els qui em tenen més per un dimoni que no pas per un
àngel. Però a mi em sembla que el país mereix que el servim
bé, donant-li bons llibres i no llaunes sense suc ni bruc i ma-
les imitacions de Robbe-Grillet.» Sales, en definitiva, creu
que si Mercè Rodoreda visqués a Barcelona, «a part que ens
poguéssin barallar de tant en tant, veuríem moltes coses, les
essencials almenys, de la mateixa manera». I, tot seguit, Sa-
les inscriu el que considera que és un primer principi a man-
tenir entre autor i editor: «Un llibre és per ser llegit de gust.»

Fins anys més tard els catalans no aprendrien que La
plaça del Diamant era un llibre que es llegia «de gust». Però
en aquells moments, aquelles deu mil persones catalanes
comptabilitzades per Sales, poc o mal incitades per la críti-
ca local, van tardar pràcticament dos anys a consumir els
poc menys de 2.000 exemplars de la primera edició i fins
ni els graciencs no van assabentar-se que l'autora havia es-
crit una novel·la amb el seu barri com a fons i amb títol

d'una seva ben coneguda plaça. Sales constatava amb una pena enorme que, fins anys després, ningú d'aquella zona no va referir-se mai ni a la simple existència del llibre.

«PEDROLOS, ESPINASSOS, CAPMANYS I SARSANEDAS»

Mai ni Mercè Rodoreda ni Armand Obiols havien deixat d'interessar-se pel que es feia en matèria literària a Catalunya i a Espanya. Però potser la publicació de *La plaça del Diamant* els va avivar encara més la curiositat. Entre ells dos l'intercanvi d'opinions sempre s'ha mantingut viu; ara, a més a més, tenen l'oportunitat de debatre-les amb Sales. Mai es trencarà el mur de silenci entre Sales i l'Obiols, mai s'escriuran una línia, però Mercè, sovint, els comunica a l'un i l'altre les respectives consideracions. Sales acaba creient tant en la vàlua de l'Obiols —i no cal dir de Rodoreda— que els recrimina el manteniment de l'exili: «Si no era per fer-ne una de ben sonada, què hi feu a l'exili? Què hi fa l'Obiols a l'estranger? És una veu que es perd per al país», escriu. Aquest diàleg a tres sobre les activitats culturals del país es deu també a un altre fet que aproxima els tres personatges: la Rodoreda i l'Obiols han llegit la versió francesa d'*Incerta glòria* i n'han quedat encantats. De feia temps que l'Obiols en tenia l'exemplar però, «inexplicablement», n'havia posposat la lectura. Mercè, un cop llegida, va enviar el següent comentari al seu autor:

«És una novel·la que s'ha de llegir, almenys, dues vegades. La primera lectura ha equivalgut, i potser ho dic d'una manera massa gràfica "a un cop de puny al ventre". És una senyora novel·la: plena, brillant, rica a més no poder. Tan diferent de la literatura trista i falsa que es fa a casa nostra... Encara no m'he refet d'aquesta lectura. Les descripcions de paisatge, moltes són impressionants, d'altres inefables, totes tan vives que sembla que no pugui ésser. Hi ha dues dones en *Incerta glòria* que fan venir ganes de treure's el barret. Tant l'una com l'altra; i tan diferents l'una de l'altra. Les escenes de guerra són de les millors que he llegit. Els personatges importants —els tres—, amb tantes facetes. Soleràs. El capellà, meravellós, difícil, perquè si no s'és un escriptor amb gruix, un personatge com el del capellà pot fer caure en el més risible dels ridículs. I com a personatge de gran classe: el temps. No havia llegit res feia temps de tan punyent com la tornada de Lluís. Aquests vint anys que han passat i que han passat "en sec", vull dir que no s'explica res del que Lluís i la Trini han fet, o molt vagament, fan veure més el que aquests dos personatges han viscut que no pas que si ho haguéssiu explicat en deu capítols. M'ha deixat tant d'amarg i de trist a la boca... I la trobolla real del canvi físic de Trini: que amb els anys s'ha fet bonica. És realment molt trist que *Incerta glòria* s'hagi hagut de publicar tan mutilada a Barna. I ha d'ésser una pena per a vós. A més a més em sembla que s'ha donat poca importància a *Incerta glòria*. I encara una altra cosa: ni un sol crític de *La plaça* no ha tingut l'encert d'agermanar-la (tan diferent) amb *Incerta glòria*. En comptes de parlar de Musil i de l'humor de Sterne i de la veu de Proust, s'hauria hagut de parlar de Joan Sales. Perquè aquestes dues novel·les són les dues úniques novel·les a Catalunya, que *donen* l'època. D'*Incerta glòria* segurament us en parlaré més. Però avui tallo perquè la lectura és tan recent que encara vaig amb el cap atabalat... però us felicito, encara que sigui ben poca cosa una felicitació. Em recordaré molt de temps de la Carlana.»

És evident que sorprèn la manera com l'autora de *La plaça del Diamant* relaciona la seva obra amb la del seu editor. *Incerta glòria*, que tant va agradar a Rodoreda, va servir també per aproximar-la intel·lectualment a Sales, un personatge que es dedicava a l'edició dels llibres però que era, per damunt de la seva professió, un gran escriptor ell mateix. En aquesta mateixa carta tan elogiosa, escrita el dia de Reis de 1963, Rodoreda hi afegeix el paràgraf d'una carta de l'Obiols, datada el 18 de desembre de l'any anterior, on després d'haver-ne llegit 200 pàgines, aplaudeix també la novel·la de Sales. L'Obiols en diu: «Hi ha coses realment esplèndides (moltes). És incomparablement superior a tot el que han publicat els Pedrolos, Espinassos, Capmanys, Sarsanedas, etc. Em plauria llegir-la en català —la traducció francesa sembla bona, però la trobo en certs indrets massa literal. No sé si les altres dues-centes pàgines són com les primeres. Si ho són, *Incerta glòria*, desigual, una mica artificial a estones (poques), una mica *outrée* (just una mica), és una esplèndida novel·la.» A la seva carta a Sales, Rodoreda només cita aquest paràgraf de la carta de l'Obiols, que també diu: «No entenc com Sales ha pogut tenir la idea d'escriure'n una amb col·laboració amb Benguerel. No-ho-en-tenc. Te la duré divendres. Llegeix-la, perquè realment val la pena. No comprenc com l'he tinguda tant de temps a l'armari sense llegir-la mentre llegia dotzenes de novel·les catalanes sense suc ni bruc. *La plaça del Diamant* i *Incerta glòria* són les dues millors novel·les publicades d'ençà de *Solitud* (...) La lectura dels Espinassos, etc, etc, deprimeix una mica. La d'*Incerta glòria* excita. Ja ho veuràs.»

La novel·la de Sales, defensada per uns pocs bons lectors, no ha estat mai prou considerada pels professionals de la literatura. Ni l'autor ni la seva obra no són objecte, per exemple, de cap comentari elogiós a la *Història de la literatura catalana*, on és catalogat d'«escriptor catòlic». Potser la més justa recomanació feta sobre la seva obra continua sent la de la Gran Enciclopèdia Catalana, on Joan Triadú sí que el reivindica com a traductor, editor i el destaca com a escriptor de la «gran novel·la» *Incerta glòria*. «Èpica i dramàtica, potent d'imaginació i de recursos narratius, és la novel·la més representativa de tota una generació», escriu Triadú. És per tant comprensible que Sales, amb la seva lucidesa d'autor i editor, estigués més que agraït als comentaris dels dos catalans exiliats, ben distints dels rebuts al seu propi país. A partir d'aquest moment el to de les cartes que s'envien és, si no més amable —que encara hi haurà més baralles per coses puntuals—, sí demostratiu d'una més profunda comprensió i comunitat de parers: «Serem tan amics, al final, que farà fàstic», bromeja fins i tot Sales.

Però era autèntic. Mai cap altre llibre d'un autor català havia inspirat tals aplaudiments de la Rodoreda ni de l'Obiols. A començament de 1962, l'Obiols havia llegit *El testament*, de Xavier Benguerel, i l'havia considerat «un es-

força sobrehumà amb escassos resultats». De *Tots som iguals*,
de Josep Maria Espinàs, llegit poc després, deia que li sem-
blava «una pura animalada». Llorenç Villalonga, «sense ser
res de l'altre món», li sembla bé, «literatura» al costat de
la qual «les altres novel·les semblen fetes d'aprenents que
no aprendran mai». *Bearn*, que en certs moments li recor-
dava Baroja, el va decebre. Amb tot, i cosa que no feia amb
els altres autors, el recomanà a Mercè perquè el llegís: «No
serà inútil, de totes maneres, que el llegeixis. Més val tenir
una idea del que es fa pel nostre país. No hi perdis, però,
massa hores. Et seran infinitament més útils 6 pàgines de
Faulkner —o de qui sigui.» Més endavant, en llegir *Mort
de Dama*, Obiols acabà reconeixent-li més mèrits: «Almenys
no dóna la sensació de l'autor que lluita contra un restrenyi-
ment crònic.» És una llàstima, al seu parer, que «Villalon-
ga es passi la vida rosegant el mateix os». Mercè va ser més
benèvola amb Villalonga. Li feia una gràcia especial el deix
del mallorquí i, com ho veurem, va dedicar-li un conte. Tam-
poc Josep Pla s'escapà de l'acidesa crítica de l'Obiols. Des-
prés de llegir uns *Homenots*, considera: «El famós estil de
Pla és una pura llegenda: entre popular i encarcarat, molt
deficient.»

D'*Érem quatre*, de Ferran de Pol, presentada al Joanot
Martorell del 1959, en la mateixa edició del premi en què
Rodoreda concursava amb *Una mica d'història*, Obiols opi-
na que «en principi, el *canevas* no està malament. Recorda
una mica *El tresor de Sierra Madre*. Però li passa el què
passa al 99 per cent d'escriptors catalans. Per mandra, o
perquè no donen més de si, tot els queda a mig fer, com
si sempre es quedessin al primer raig. Resultat: un melo-
drama, amb falles constants de bon gust, on tot queda en-
castat com Déu vol: la mitologia mexicana, la psicologia dels
personatges i la "intenció"; un llibre a mig mastegar, que
hauria pogut estar molt bé (a mans d'un altre).» *La maro-
ma*, de Folch i Camarassa, per contra, li agrada bastant.
Troba que «l'escriptura és correcta», que «el to no falla mai»
i que «hi ha trossos divertidíssims». Lamenta, però, «que
el món d'aquest minyó sigui, fet i fet, massa banal», encara
que li reconeix el mèrit d'haver-lo fet riure. També aprova
Maria Aurèlia Capmany, especialment pel seu llibre *Tana
o la felicitat*: «És en realitat com els contes. Ben feta, in-

tel·ligent, però lleugerament encarcarada, poc natural, amb una subtilesa excessiva. Una mena de Benguerel, amb millor gust, menys amanerat, més fi. Li manca, però, en absolut, la força, l'escalfor humana, l'evidència, és a dir, totes les qualitats reals que necessita un escriptor.» La Capmany li recorda Maurici Serrahima i, comptat i debatut, creu que val la pena que Mercè la llegeixi també. De Manuel de Pedrolo assegura que «és un graponer, però amb l'instint del novel·lista» i «el que té més temperament de tots». De Joan Perucho diu que «és divertit i paròdic, una mica esquelètic» i que s'ha quedat, amb les *Històries naturals*, «en un projecte de llibre». De Salvador Espriu, afirma: «És una imitació esbravada de Valle-Inclán. Amb massa literatura dissimulada amb sequedat.»

Dins aquest panorama, l'ull crític de l'Obiols només hi troba motius per encoratjar la Mercè a continuar escrivint llibres «importants». Li recomana de seguir la producció catalana només per estar al corrent del que passa «allà baix». Però li aconsella de no perdre-hi gaire estona. Ella, des de Ginebra, confirma en general les seves opinions. Està convençuda que «un conte de la Gaite (per Carmen Martín Gaite) val més que sis novel·letes de Benguerel o de la Capmany». En algun cas discrepa, com per exemple quan es refereix a Joan Fuster, tal vegada massa influïda per la decepció que li ha procurat amb el seu comentari a *La plaça del Diamant*, i de qui opina que «els aforismes són dolents i banals». Obiols per la seva banda, replica: «No ho són tan com dius i *Nosaltres els valencians* és un llibre de gran categoria.»

Com s'endevina en el comentari de Mercè Rodoreda, l'Obiols i ella no solament viuen al corrent de les novetats catalanes: el que es fa a Madrid i en llengua castellana els interessa tant o més que el que produeixen els barcelonins de llengua catalana. Juan García Hortelano, per exemple, malgrat el seu Premi Formentor per *Tormenta de verano* no els convenç: «És com *El Jarama*, però amb gent rica i desvagada», li explica l'Obiols. Perquè *El Jarama* sí que és aplaudit com a llibre sublim: «És un *tour de force* difícil de repetir.» *Alfanhui*, del mateix autor, també mereix els màxims elogis de l'Obiols i en recomana fervorosament la lectura a la Mercè. Juan Goytisolo també li mereix un respecte. *La resaca* li semblava la millor de les que havia llegit, i no només pel fet que, sent escrita des de l'exili, «la seva relació amb el règim del país sigui molt més clara». Creu que Goytisolo és «un espavilat que sap treure profit social d'una certa habilitat de narrador. Quan imita Truman Capote és desolador». I el considera un bon model d'escriptura per als catalans: «És el tipus de novel·la que hauria d'escriure Benguerel», remata.

Li sembla estimulant el Delibes de *Siestas con viento sur* i, especialment, de *La mortaja*. «A estones» fins i tot, li fa pensar en coses de la Mercè: «Delibes no és el novel·lista més brillant d'aquestes últimes generacions, però és el que es manté a un nivell més normal», afirma. També està encantat amb la lectura de Jesús Fernández Santos, que li recorda Hemingway, especialment a *Los bravos*. S'interessa per Elena Quiroga, i fins li queda temps per llegir, enmig de les gran novel·les d'Austen, Eliot, James i Lawrence, *El conde-duque de Olivares*, de Gregorio Marañón.

EL «CRETINO»

Amb tot, l'Obiols és en general positivista pel que fa al conjunt de la producció literària del país: «A Catalunya s'escriu bastant i potser amb més responsabilitat que abans. Cap dels escriptors que he llegit passa d'uns certs límits, però això és normal en totes les literatures dels països que tenen l'àrea geogràfica de Catalunya (...)». Mercè, en canvi, és més exigent i fins i tot insultant: «La pobra literatura catalana, sobretot aquests darrers vint anys, fa venir ganes de plorar», escriu a Sales que, per la seva banda, sembla estar més d'acord amb l'opinió magnànima de l'Obiols. «Em sembla perfectament normal que en una literatura, no importa quina, la majoria de llibres siguin "amorfos, gratuïts, graponers, pobres" i tot això que dieu. El que passa és que de les literatures que no són la nostra només en llegim els llibres més interessants, de fet poquíssims, i a més escollits sobre una base geogràfica incomparablement més extensa que Catalunya. Per tant, el que em dieu de l'actual literatura catalana (¿i per què només de l'*actual*?) em sembla infantil encara més que injust. ¿Voleu que a Catalunya i ara hi hagi dos o tres Dostoievskis, un Shakespeare, tres Dants i quatre Cervantes? No sigueu criatura.»

Totes aquestes paraules «injustes» que usa Rodoreda fan pensar a Sales que viu «desconnectada» de la realitat: «Potser només coneixeu *Destino* i els grans genis catalans de qui *Destino* sol parlar, que a casa seva els coneixen. *Destino* ens ha fet més mal que pedra seca. És *Destino* qui ha donat aquesta idea d'una literatura catalana formada exclusivament per genis il·legibles. (...) Aquest setmanari ha fet una obra confusionària enorme. Són els de *Destino* que van proclamar geni en Pedrolo. Geni amb totes les lletres, en lletra de motllo: ho han vist els meus propis ulls; geni l'Espriu, geni en Foix, geni en Perucho i ara geni l'Espinàs. A un cert públic català càndid, i que d'altra banda no llegeix, l'encanta saber que tenim a Catalunya CINC genis.» Ella li respon que no compra *Destino* i que per tant no està influïda per aquest semanari, que Sales bateja amb l'àlies de *Cretino*. «Donant patents de geni Universal, el DESTINO s'ha fet una fama de "catalanista" entre aquesta mena de públic beoci, a qui no li sembla de cap manera necessari llegir les obres dels genis (...), però que es prendria malíssimament que algú fes això que vós dieu amb tanta raó: que digués que "el rei va despullat". Si voleu prendre mal, poseu en dubte que l'Espriu sigui un geni: més val, cregueu, callar i deixar que el temps hi digui la seva...» D'altra banda, recorda Sales, la literatura catalana «d'abans» pecava del mateix mal: «Suposo que recordareu els temps en què el pobre López-Picó, avui profundament oblidat, era "un geni universal" segons els diaris de Barcelona... i sa comarca.» Tampoc Rodoreda no vol muntar cap campanya en contra de la mala literatura catalana. Només li passa que porta entravessat el triple fracàs anotat al davant dels jurats dels premis literaris i té massa ganes de «cantar-les clares a quatre pedants», cosa que Sales li desaconsella, perquè «no és l'hora, cregueu-me. El país està passant una situació molt delicada, des de fora no us n'adoneu». Sabent que «generalment dic el que no hauria de dir i faig el que no hauria de fer», Rodoreda va fer millor deixant les coses tal com estaven i guardant-se les acideses per a ella mateixa i per comunicar-les als pocs amics que de veritat la comprenien.

«UNA MICA D'HISTÒRIA»
I EL JOANOT MARTORELL

El 1959, el 1960 i el 1961, en tres ocasions consecutives, amb tres obres distintes, Rodoreda ha estat rebutjada pels jurats que integren els premis literaris catalans de més prestigi: el Joanot Martorell, el primer any; el Sant Jordi, els dos següents. Com sol passar en aquestes circumstàncies en què s'intenta de consolar els qui perden, no va deixar de trobar qui li digués unes paraules amables que, sovint, alimentaven les seves «ganes de cantar-les clares» als altres. «Els premis són una rifa.»; «Els jurats dels premis literaris solen ser un immens desastre. A Catalunya no n'hem conegut d'altres: és la millor tradició dels Jocs Florals.» Exactament, ella tampoc no en coneix d'altra. Havia estat premiada, durant la guerra, per *Aloma* amb el Joan Crexells. En aquella ocasió, el premi li corroborava l'inici, amb molt bon peu, del seu camí literari. Li va ser l'eina exhibible per fugir amb altres escriptors i intel·lectuals de la sordidesa cultural que hauria de ser Barcelona a partir del gener de 1939. Després, durant els anys de l'exili, del primer exili, just acabada la Segona Guerra Mundial, va tornar a ser mereixedora dels guardons, precisament floralescos, que la van convertir en tres anys consecutius en Mestra en Gai Saber. La seva obra poètica i les tres Flors Naturals, després, com ella mateixa podia constatar, no li havien aportat ni pena ni glòria. Talment els guanyadors que van superar-la en els concursos narratius del 1959, del 1960 i del 1961, tampoc la seva obra poètica guardonada als Jocs Florals dels anys quaranta és llegida avui, ni tampoc va ser saludada amb èxits editorials just després de les convocatòries. Un premi havia estat i era glòria —o pena— per un curt instant i, a tot estirar, la possibilitat d'uns ingressos econòmics tampoc no pas gaire formidables, per altra banda. Amb tot, i conscient d'aquest caràcter de «rifa» floralesca dels premis, Rodoreda arrossegava un fort ressentiment que es remuntava al 1949, quan es va convocar el Premi Proa, el primer de narrativa concedit pels catalans a l'exili. Dotat amb 100.000 francs, va ser concedit a Xavier Benguerel, que hi presentà «una cosa curteta, però admirablement escrita», segons Joan Puig i Ferreter. Entre els membres del jurat del Proa hi constava Bosch i Gimpera. Ella hi havia enviat un conte «llarg», molt probablement la primera versió de *Carnaval*. Tots els qui ho sabien, especialment el mateix Puig i Ferreter, que l'havia animada a concursar, van lamentar-ne la desqualificació. Però tothom creia, «francament», que tenia molt avançada una novel·la i que era aquesta la que hi hauria enviat.

Amb *Carnaval* va obtenir, més tard, el 1956, el premi Joan Santamaria. I, un any més tard, amb el recull *Vint-i-dos contes*, guanyava el Víctor Català. Es tractava però de dos premis que li havien posat la mel a la boca i, amb l'ajuda de Rafael Tasis, es va animar a concursar, el 1959, al Joanot Martorell, del jurat del qual Tasis era membre. Va creure en el suport de Tasis que, per la seva banda, confiava que ella hauria revisat a fons el seu text original. Havia confiat en Tasis com havia confiat en el consell de Cruzet, que l'havia animat a *tirar* al Víctor Català perquè considerava que un recull de contes, si no era amb l'ajut d'un premi, no acostumava a funcionar des del punt de vista editorial.

Tot això ho sabia, però procurava oblidar-ho i actuava tal vegada de manera precipitada i, en tot cas, sense l'acord de l'Armand Obiols, a qui en tantes altres coses feia absoluta confiança.

Al Joanot Martorell hi va presentar *Una mica d'història*, una novel·la de la qual tenim escassa referència. Ella, al pròleg escrit per a la 26a. edició de *La plaça del Diamant*, afirma que hi havia presentat *Jardí vora el mar*. Però, com veu rem, és almenys parcialment fals. El 6 d'abril de 1960, l'Obiols escriu que ha llegit les primeres pàgines d'*Una mica d'història* i les troba «esplèndides, amb trossos d'antologia». N'ha llegit unes trenta pàgines i creu que hi ha retocs a fer, retocs que consisteixen bàsicament a escurçar el text. En aquesta carta i amb motiu d'aquesta *Una mica d'història*, Obiols vaticina: «O molt m'equivoco o actualment a Catalunya ningú escriu com tu.» Quatre dies més tard, quan ja ha acabat de llegir tota la novel·la, i encara que reconeix que l'ha llegida de pressa i amb el cap emboirat per les qüestions laborals, els seus comentaris són més matisats i ben distints: «El començament és magnífic. Després hi ha trossos llargs que s'han de refer i comprimir, coses sobreres i coses a afegir. És escrita massa de pressa i en realitat és un borrador de novel·la.» A parer de l'Obiols el fet que es tracti d'un esborrany no l'ha d'amoïnar: «És lògic que sigui així: la vas escriure en dos mesos.» I li diu que si ell l'hagués poguda llegir abans d'enviar-la al Martorell li hauria recomanat de guardar-la per a un altre any. «Pot quedar molt bé, però hi hauràs de treballar encara una temporada.» Les paraules de l'Obiols, en aquest cas, comparades amb les que pronuncia quan jutja altres creacions de la seva companya, no són gens engrescadores. Fins i tot, encara que de manera indirecta, deixa anar la conveniència d'aparcar-la. «Tu vés fent *Colometa*. Escriu amb calma, sense voler fer massa pàgines cada dia (5 pàgines ben deixades en fan 150 en 30 dies!).» I un mes més tard, ell encara no havia començat a fer les anotacions que li ha promès que faria a *Una mica d'història*. «Empesa per una onada d'orgull», tal com ella mateixa escriu al pròleg, per haver perdut el Martorell i per la poca empenta que li dóna l'Obiols, va anar abandonant la novel·la vençuda. Pràcticament no es torna a parlar d'aquesta novel·la si no és per desfer un malentès sobre títols de novel·les presentades als premis, amb Joan Sales, i molts anys més tard, amb Obiols, quan aquest la felicita per haver pogut aprofitar-la per escriure *Una casa abandonada*. Era el febrer de 1964 i Rodoreda puntualitzava al seu editor que, efectivament, al Joanot Martorell no hi havia presentat ni *Colometa*, ni *La plaça del Diamant*, sinó *Una mica d'història*. A tall de resum dels projectes novel·lístics que l'autora tenia en aquell principi d'any 1964,

Sales recapitulava: «Quedem, doncs, que es tracta de tres novel·les; a veure si ho he entès: *Una mica d'història*, que voleu estripar; *La Mort i la Primavera*, que és aquella que esteu escrivint des de fa un any i mig; *Cecília Ce*, que és una altra novel·la.» En la recapitulació hi ha un detall equivocat. No és *La Mort i la Primavera* la novel·la que treballa des de fa un any i mig, ja que la va presentar al Sant Jordi de 1961 i fins i tot n'ha parlat a cartes anteriors donant-la pràcticament per acabada, sino *Cecília Ce*, que, com veurem, serà la segona novel·la que publiqui al Club dels Novel·listes.

Molt probablement seguint els consells de Sales més que no els de l'Obiols en aquest cas, Rodoreda no va llençar *Una mica d'història* i la va guardar al calaix durant molt de temps. Potser, i aquesta és una simple hipòtesi, es tracta de la mateixa novel·la que guarda l'Institut d'Estudis Catalans i que, provisionalment, coneixem amb el títol d'*Isabel i Maria*.

De fet, tots els qui han mantingut contactes amb ella des dels primers dies de l'exili saben que està escrivint una novel·la. El que és difícil de saber, ara, és si es tracta d'aquesta mateixa novel·la no acabada —o no totalment reeixida— que es troba a l'Institut d'Estudis Catalans. La confusió és absoluta. L'única referència que podem creure com a bona és que *Una mica d'història* és escrita en gran part a Bordeus. A partir d'aquí podem relacionar-la amb la narració que es troba a l'IEC, en la qual la capital girondina té una gran importància.

Construïda a partir de narracions aparentment independents, de monòlegs establerts per a cadascun dels personatges de la història, la novel·la que es troba a l'IEC conté molts trets directament biogràfics. Explica la història d'una noia, Isabel, estiuejant a Badalona, que s'enamora simultàniament de dos germans veïns. Es casa amb l'un i l'altre marxa a Bordeus, on rep cartes d'amor inflamades i sense firma. Quan torna a Barcelona, el germà fugitiu constata que la lletra de les cartes és la de la Isabel. El germà que s'ha quedat acaba comprenent que la seva dona estima l'altre: agafa la criatura que han tingut junts, Maria, i fuig de la casa familiar. Maria va creixent i té una confusió absoluta entre qui és l'oncle i qui és el germà de l'oncle. Està convençuda, per altra banda, que no té mare. Fins que apareix com un fantasma negre al fons del jardí. Aleshores la coneix, aprèn els fils bàsics de la història familiar i decideix fugir també a França. Se'n va a París, on vol aprendre pintura. Acabarà en un ambient prostibulari i amb ganes de tornar sense decidir-se a fer, però, el pas definitiu.

En un altre lloc s'expliquen les concomitàncies d'aquest text amb d'altres novel·les de l'autora. Diguem aquí que, contada a partir de monòlegs (extraordinaris els de les dues minyones), és difícil d'establir l'ordre argumental que l'autora degué donar-li en un primer moment. Entre d'altres coses perquè hi ha revisions i segones versions de certs capítols i és fàcil imaginar que la mateixa Rodoreda devia tenir-ne els seus dubtes.

No la va llençar en tot cas, i l'u de febrer de 1967, en una carta de l'Obiols, la tornarem a trobar mencionada. Es tracta dels dies en què ella prepara *Una casa abandonada*, futur *Mirall trencat*. Mercè li ha dit que ha aprofitat la vella novel·la i l'Obiols li comenta «la gran sort d'haver pogut aprofitar *Una mica d'història*, sort que té una mica de miraculós». I, en tot cas, desmenteix el que afirma al pròleg, que es tracti de *Jardí vora el mar*.

NOUS PROJECTES

Així doncs, ja a les acaballes de 1959, Mercè Rodoreda es troba de ple treballant en la *Colometa*. *Una mica d'història* no agradava ni a l'Obiols, ni al jurat del Joanot Martorell, ni a l'amic Rafael Tasis, que li havia recriminat «desigualtats argumentals» i «desequilibri en l'estil». En un primer moment es va empipar: «Si no els agrada que s'hi posin fulles», escrivia a l'Obiols. Fins i tot va arribar a acusar Tasis de «traïdor», un disbarat que ella mateixa rectifica immediatament amb una segona carta enviada a l'Obiols. Ell, com sempre, intenta calmar-la. Ni és prou bona la fórmula «que s'hi posin fulles», ni és cert que Tasis actués en el jurat de mala fe. La novel·la podria ser excel·lent però li calen moltes correcions. Pot ser millor que la que l'ha desbancada, però «no està acabada». Però ella no es veu amb cor de dur-la a bon terme.

A més de *Colometa*, té damunt la taula altres projectes. Com les *Flors*, de les quals està molt satisfeta i en les quals treballa amb la intenció de reunir en un llibre il·lustrat, potser per Joan Miró, potser per Grau Sala. Però en aquests últims anys han perdut la pista d'aquests artistes que havien conegut vagament a París, i l'Obiols li aconsella que l'il·lustri ella mateixa i que el proposi per a una edició de luxe a Aymà. El títol tampoc no sembla engrescador. I Obiols el descartaria «encara que només fos per no utilitzar un títol associat a quatre desafinades de Gassol». Poc després Mercè ja li ha trobat el desllorigador: es titularà *Flors de debò*, precisament perquè es tracta de flors de mentida. Hi està tan engrescada durant aquest gener de 1960, que fins i tot molts dies s'oblida de la *Colometa*.

És un hivern molt fred, tant a Ginebra com a Viena. Mercè i Armand no tenen temps de refer-se d'una grip que torna a molestar-los. Ella encara no s'ha refet d'un petit accident —havia caigut en baixar d'un tramvia— que la deixa baldada durant mesos i amb un mal al braç que a estones es fa insuportable. I no és tot, un altre problema gros i que tardarà temps a resoldre's li cau al damunt: cal renovar el contracte del lloguer del pis de Ginebra, al carrer de Vidolet. No és que sigui una dificultat en ella mateixa, aquesta qüestió. De fet l'administrador només els demana un augment de 20 francs suïssos, una quantitat irrisòria per a ells en aquest moment en què l'Obiols guanya «més diners que mai» i que té el futur laboral immediat resolt. Resolt perquè li han proposat una pròrroga del seu contracte a la UNESCO, a Viena, amb un augment considerable de les retribucions i la possibilitat que si l'accepta ara, després li sigui més fàcil d'obtenir contractes a llarg termini i fins i tot indefinit. La idea de quedar-se a Viena, «que no és la ciutat més indicada per deixar-hi la pell», no els sedueix. Però a l'Obiols li fa por declinar l'oferta i que els seus superiors contractin Julio Cortázar, que és amb qui competeix per la plaça de treball a més de compartir llargues estones de converses. A Viena té una habitació llogada. El primer any de ser a la capital austríaca havia tingut un estudi moblat i durant els bons mesos, a partir d'abril i maig,

Mercè havia estat allí amb ell. Aquesta vegada podrien fer el mateix. Obiols s'enyora i ella s'estalviaria d'haver de resoldre els problemes de lloguer a Ginebra on, diu, no s'acaba de trobar del tot còmoda.

Però tampoc l'acaba de seduir la idea d'instal·lar-se a Viena. El que voldria de debò és anar a París, on només tenen les dues cambretes de Cherche Midi, un espai encantador però massa petit. I també li fa pena i una certa mandra deixar el pis de Ginebra, un pis modern, amb les comoditats d'un apartament nou, lluminós. D'altra banda la solució de Viena és bona però «incerta» i potser no justifica perdre-ho tot. Els diners que guanya l'Obiols permeten mantenir residències a París, Ginebra i Viena, durant un bon període de temps. Però aquesta triple residència, amb les despeses de desplaçaments sovintejats que suposa (ella sempre amb tren, ell sempre amb avió) no pot aguantar-se de manera indefinida.

«La nostra situació econòmica mai no ha estat tan brillant», reconeix l'Obiols a final de febrer. I precisament això és el que importa: «guanyar francs, no perdre la salut i que tu escriguis». Els dies que està de mal humor, perquè les coses no rutllen com ella voldria i perquè no sap si triar de viure a Viena (que és on Obiols té feina), a París (la ciutat que més li agrada, però on té poc espai) o a Ginebra (on tenen el millor pis), aleshores Mercè s'empipa directament amb l'Obiols. Li recrimina que, en realitat, el que passa és que ell no vol tornar a Ginebra i tampoc no vol que ella s'instal·li a Viena. Els arguments que dóna per defensar aquesta «interpretació maligna» són els ajornaments continus dels dies de vacances de què Obiols disposa «per la setmana entrant». És pràcticament impossible reconstruir aquest passat de la parella i saber si les temences de Mercè eren fundades, ni si era excusa aquest realment sistemàtic ajornament de les anades a Ginebra. Només queda el remei de creure les paraules de l'Obiols: «Contra el que veig que penses, em moro de ganes de venir.» Potser per posar-lo a prova, potser amb un punt de venjança, en certes ocasions, quan l'Obiols ja té el bitllet de l'avió per anar a Ginebra, ella decideix d'anar-se'n uns quants dies a París, on visita els amics de sempre, la Clotilde Puig i Ferreter i la Magda Font, que li susciten reflexions sobre la viduïtat, la fidelitat als homes i a les seves obres.

A tots aquests dubtes, s'hi afegeix el creixent interès pel que passa a Barcelona, on certs esdeveniments, com és ara la dimissió de l'«animal» de «La Vanguardia», en Galinsoga, o el Barça que guanyava el Madrid i adquiria prestigi per Europa, els animen a creure que les coses canvien: «Ja convé que de tant en tant, la cosa s'animi una mica. Potser encara té remei.» Al davant de tantes i incertes expectatives ella es troba desbordada. Es considera un escriptor sense possibilitats econòmiques i se'n lamenta constantment: «Això de que siguis un escriptor català sense diners és molt relatiu: potser ets el que en tens més», la corregeix amb pragmatisme Obiols.

Durant la primavera d'aquest 1960 tenen la visita de l'Antoni Prat, el germà de l'Obiols, i de la seva dona. La Mercè fa d'amfitriona i els acompanya en les excursions suïsses, a Interlaken i a la Jungfrau, des d'on envien postals al qui s'ha quedat treballant a Viena. Tot plegat, res no ajuda a la seva concentració, tot la distreu de la literatura. Continua amb les *Flors* perquè sens dubte és la «petita peça» abastable. Les escriu i les envia a Viena, per tal que l'Obiols hi doni el seu parer. Alguns consells són seguits; d'altres no. Per exemple, per a *Flor negra*: l'Obiols no està convençut de la correcció de les darreres paraules que, en l'edició definitiva diuen:

«No la deixis fugir; si aquesta pena se n'anés, tornaries a ser ningú.»

«Gairebé pujaria de peus que cal dir: "tornaríem a ésser un no ningú" ("no ets ningú" és, en realitat, un castellanisme: "no eres nadie", "no somos nadie").» Li aconsella de mirar la referència als negatius a la gramàtica. A l'anvers d'una carta Rodoreda hi ha escrit el següent comentari: «El català és un idioma que reforça els negatius.» Sigui com sigui, a l'edició definitiva de *Flor negra* els dubtes gramaticals de l'Obiols han estat oblidats o resolts per la fórmula positiva. També li suggereix de no dirigir-se al lector usant la segona persona del plural, sinó la del singular: «no "fregueu fort i dormiu tranquil", sinó "frega fort i dorm tranquil"», fórmula adoptada a la versió definitiva. També, a la frase final mencionada, Obiols aconsella un canvi acceptat per l'autora. Ella havia escrit: «Si aquesta pena se n'anava...» Després de la correcció ha quedat amb: «Si aquesta pena se n'anés...»

A *Flor de vida*, per exemple, li recomana de treure «tot fent el peripatètic», sense contemplacions, i ella ho va fer. A *Flor morta*, li diu que es deixi estar de si és més o menys poètic escriure «tija» o «branca»: «Posa tija. Queda tan poètica una cosa com l'altra i la primera té la virtut d'ésser exacta.» En l'edició definitiva no apareix ni l'una paraula ni l'altra. Va resoldre la qüestió de manera ben diferent i ha quedat així:

«D'una fulla a l'altra, l'aranyó de pluja fa teranyina de fil:...»

Són petites correccions que es repeteixen en cadascuna de les peces enviades. Al costat d'aquests consells gramaticals i morfològics, l'Obiols no s'està de recomanar-li l'adopció de costums culinaris que, al mateix temps que li facilitin seguir un règim per no estar tan grassa —una idea fixa en la vida de Rodoreda—, no la portin cap a l'anèmia: «La millor cosa per aprimar-se és menjar sense sal.» I, al costat d'això, comentaris sobre la seva feina, anècdotes sobre qui veu, i qui visita, pel·lícules i concerts a què assisteix i la inevitable i llarguíssima llista de llibres que s'empassa.

Si algun cop se sent «escriptora sense diners», altres vegades veu la vida present amb més bons ulls. Aleshores està disposada a celebrar-ho tot, seguint els vells costums de can Gurguí, on la més mínima ocasió era motiu per destapar una ampolla de xampany i de fer un obsequi al portador de la bona notícia. En aquestes ocasions envia uns diners suplementaris a la seva mare i es fa ella mateixa un present. En aquesta primavera de 1960 el motiu de celebració és la renovació del contracte de l'Obiols, a Viena; espera la firma del conveni amb candeletes: «Amb contracte o sense et pots fer un regalet», consent sempre l'Obiols, encara que a ell la imminència de firmar un contracte per un any, o potser permanent, el posa trist: «Déu meu, Déu meu! Només de pensar-hi em ve una tristesa que no s'acaba mai», escriu.

Pels volts del maig, quan tot sembla tranquil·litzar-se una mica, i més animada pel resultat del seu treball amb *Flors de debò*, pensa en un nou projecte que titula *Bestioles*, i per al qual compta amb la «inspiració indirecta» del llibre de l'autor austríac Konrad Z. Lorenz, *King Salomon's Ring*, que l'Obiols li envia. *Bestioles* no avançarà, i deixarà lloc de nou a *Colometa*. La novel·la, tal com està en aquests moments, té «problemes d'estructura, de compensacions, d'equilibri i de *relleno*» i «no es tracta només, com en les *Flors*, de canviar unes paraules o de suprimir paràgrafs». Aquestes constatacions de l'Obiols l'enerven i són interpretades immediatament com «un sabotatge». Al parer d'ella només calen certs retocs, que farà amb rapidesa, i després l'enviarà a Aymà per tal que la publiquin. L'Obiols li diu de no fer aquest disbarat: «No crec que aixís interessi a Aymà, però tampoc a tu. Pot quedar bé però l'has de treballar.» Ella creu que l'Obiols exagera i que va errat. «Fes-me cas, perquè no és cert el que dius que de vegades vaig errat. En aquestes qüestions no hi vaig mai —o quasi mai.» Empesa per una onada d'obediència, i de raonabilitat, Mercè va fer-li cas.

IV. UNA «NOVA MANERA» DE FER LITERATURA

UNA VEU PRÒPIA

Colometa encadena i domina la realització no acabada d'*Una mica d'història*, pràcticament després de perdut el Joanot Martorell, mentre que una tercera novel·la, encara que «menys novel·la i més literatura», segons paraules de la Mercè, ve a ventilar el desengany que va suposar-li perdre el Sant Jordi de 1960. Encara no feia ni mig any que havia iniciat la correspondència amb Joan Sales, ran del seu interès per *La plaça del Diamant*, que Rodoreda ja li parla d'aquest nou llibre que escriu. De fet, li assegura, escriu molt: «Estic escrivint molt i algun dia, si tots som vius, us donaré una de les novel·les més importants que s'hauran fet a Europa de quatre mil anys a aquesta banda. I serà una novel·la d'amor.» Tres mesos més tard li'n fa saber el títol: *La Mort i la Primavera*. També pensa en la conveniència d'enviar-la al Sant Jordi en lloc de tornar-hi a presentar *La plaça del Diamant*: «La idea d'enviar altra vegada la novel·la al Premi no és que em faci desvariejar», li diu disfressant la realitat. «Tinc una altra novel·la per enviar-hi, potser no tan *novel·la* com *La plaça del Diamant* però potser, i segons com sense potser, de més categoria literària que *La plaça*. Se'n diu *La Mort i la Primavera*, primitivament *Ombres de Primavera*.» La carta segueix amb un punt d'ironia coqueta: «Vós que sou un "expert" —les cometes són de Rodoreda— en títols, voldríeu dir-me quin us agrada

més?» No tan sols li anuncia que «té» una novel·la escrita
i a punt d'enviar al Sant Jordi, sinó que assegura, amb sor-
negueria, que en té encara una altra que tot just comença:
«Us conseguiré un altre títol de novel·la, "la pròxima"; em
tempta molt de posar-li *Eine Klein Nachtmusik*, de Mozart.
El títol és important perquè la novel·la girarà al voltant
d'aquesta "petita serenata"; ara bé, si dieu que és un títol
impossible, com que la novel·la tot just comença a caminar,
la podria fer caminar per un camí que no exigís aquest tí-
tol.» És evident que la Mercè no perdonava. No perdonava
a Sales la «gosadia» de posar en dubte la pertinència de
Colometa com a títol per a *La plaça del Diamant*. Amb un
punt si és no és mordaç, li recordava el que pocs mesos
abans li havia manifestat lapidàriament: «No és el títol que
fa la novel·la, sinó la novel·la que fa el títol.» La carta, data-
da el 18 de setembre de 1961, escrita amb una pedanteria
infantil no gaire comprensible per a Joan Sales que tot just
començava a conèixer els canvis d'humor sobtats de l'auto-
ra, va tenir una resposta correcta però distant, en què l'edi-
tor mostrava molt tènuament la seva perplexitat, sense
deixar de posar-hi el seu propi to irònic i a l'encapçalament,
en lloc de donar-li el tracte habitual de «senyora» Mercè
Rodoreda, marca que es dirigeix a una «senyoreta».

Disbarats de tractaments al marge, Sales dedueix pel que
li'n diu l'autora, que *La Mort i la Primavera* convencerà el
jurat del Sant Jordi. «Pel que me'n dieu és totalment irrea-
lista. Si és així no tingueu por: no espantarà el jurat. Als
jurats dels certàmens literaris catalans l'únic que els espanta
és la realitat. Si heu fet una obra "kafkiana" gairebé segur
que s'endurà el premi. No vull rebaixar els mèrits de *La
Mort i la Primavera*, que no conec. Però em sembla que em
quedo amb *La plaça del Diamant*.»

Finalment, Rodoreda va decidir d'enviar *La Mort i la Pri-
mavera* al Sant Jordi. La novel·la va obtenir pocs vots i tam-
poc va ser premiada. El 5 de gener de 1962, Sales escrivia
la següent condolència feta de paraules prudents: «De *La
Mort i la Primavera* no en tinc en absolut altres referències
que les vostres i les que em va donar Joan Fuster (per des-
gràcia molt de pressa) coincidint amb les vostres, o sigui
que era una novel·la fortament "literària", que és una cosa
de la que el CLUB ha volgut precisament fugir. No penséssiu

que pesa el que tingués pocs vots. Una altra pretensió és sortir del floralisme, vull dir de la literatura de certamen. Envieu-me *La Mort i la Primavera*, que tinc curiositat de llegir-la i fer-me'n una opinió pròpia, que us comunicaré amb tota franquesa.» L'espera de rebre la novel·la va ser llarga: Sales no la va poder llegir fins un cop morta la seva autora.

Al llarg del 1962, després dels tres nos rotunds, d'entrebancar-se per tercera vegada amb la mateixa pedra, que eren els premis literaris catalans, s'escuda darrera de projectes i més projectes. Caçant al vol les oportunitats d'anar endavant i sense renunciar a aquesta malenconia del triomf perdut al seu país i a la seva ciutat, Barcelona, li costava mantenir-se serena. Dubtava, canviava constantment de parer i àdhuc alimentava un cert sentiment persecutori, fins i tot en el terreny familiar. Però de tot aquest caos, d'aquesta permanent insatisfacció de tot, en naixia la seva prosa que, ella millor que ningú, ha sabut definir: «Una novel·la són paraules», escriu al pròleg de *Mirall trencat*, i, en efecte, les seves novel·les, escrites sota la pressió del malcontentament, són les seves paraules. S'empipava amb l'Obiols, que li deia que *La plaça del Diamant* era «un miracle». Interpretava aquesta paraula, dita com un elogi, com a sinònim d'escassa intel·lectualitat. Era, però, malgrat que la disgustés, una veritat contundent. Malgrat els rebuigs de part de la literatura catalana oficial, la Mercè havia engegat el seu potent motor creatiu, que alimentarà d'una creixent prosa poètica, i és ara i en aquests primers anys seixanta, que brota la grana del que després coneixerem com el gruix de tota la seva obra. «Si no aprofites aquests anys per escriure quatre o cinc llibres importants no hi seràs a temps», li diu i torna a dir l'infatigable Obiols. I és el que va fer. I, a més a més, aquests quatre o cinc llibres importants no li van impedir de continuar cultivant el conte. El febrer de 1961 ja tenia escrita *La meva Cristina*, el conte que dóna títol al recull publicat el 1967, és a dir, més tard que *La plaça del Diamant*, *El carrer de les Camèlies* i *Jardí vora el mar*, i que per aquesta raó ha portat a interpretacions errònies sobre el marcament d'un canvi, temporal i temàtic, en la narrativa rodorediana. El 8 d'abril de 1961, parlant de *La salamandra*, també habitualment considerat com un conte d'estil més tardà, l'Obiols escriu: «És un conte esplèndid. El millor que has fet d'aquesta nova manera.» Aquesta «nova manera»: una fórmula de la qual s'ha de parlar i que em sembla, com a mínim, prudent.

UNA NOVA MANERA DE FER LITERATURA

Amb aquesta «nova manera» Rodoreda no trenca cap vella fórmula, entre altres coses perquè no en posseïa cap de màgica. Sempre havia dit que escrivia «a raig» i poca cosa més. Als seus pròlegs donava pistes (falses, com veurem) sobre l'origen dels seus personatges. Era tota una concessió, com també ho era avançar que en escriure *La plaça del Diamant* havia volgut escriure una novel·la kafkiana. Mai, però, no va explicar-se, i amb paraules vagues expedia els entrevistadors que l'abordaven amb preguntes sovint molt poc atrevides, sobretot pel que fa a la literatura. En nom del realisme la literatura ha viscut molt de temps lluny de la realitat, i Rodoreda en nom de realitats esborronadores no ha destapat mai els mecanismes del seu realisme. És una exploradora de la vida humana i transcriu en la seva obra el que la sorprenia i el que l'interessava. Era exigent i, potser sense saber-ho (amb força raó l'Obiols parlava de «miracles»), portava la seva exigència fins als límits i fins a les seves conseqüències extremes. D'aquí vénen els seus blocatges, d'aquí vénen les seves dificultats a l'hora d'acabar una novel·la, d'aquí ve la seva insatisfacció, alhora acompanyada d'un grau notable d'inseguretat intel·lectual o, millor, teòrica.

Com Michaux, autor per al qual va sentir especial predilecció i de qui va treure exemple, s'interessà per l'alienació, i volia parlar-ne des de dins mateix, mai des de fora. Perquè hi ha en efecte molt de Michaux en Rodoreda. En el moment en què comença a escriure les *Flors* comunica a l'Obiols la seva estranya temença que comparin la seva obra amb la d'Ana María Matute i que per tal d'evitar-ho creu convenient de citar Michaux. L'Obiols l'asserena: «Les

teves flors no poden fer pensar de cap manera en la Matu-
te, afortunadament. No cal doncs que facis cap al·lusió a
Michaux.» La marginalitat dels seus primers personatges
—els que retrata a les novel·les de joventut— és construïda
amb una gran dosi de conceptes sociològics de manera que,
amb més o menys fortuna, els seus comportaments quedin
justificats. Així a *Crim*, a *Sóc una dona honrada?*, o a *Un
dia qualsevol en la vida d'un home*, on el comportament dels
protagonistes queda determinat bé per l'egoisme dels altres,
bé per la indiferència del món que els envolta, o fins i tot
per la seva maldat. A *Aloma* encara batega aquest sentiment
que provoca en l'autora un voler que el lector s'identifiqui
«raonablement» amb l'adolescent generosa amb el seu ger-
mà i amb la seva cunyada i finalment adulta que és llança
a la pròpia existència, conscient que dels altres no pot
esperar-ne res ni en rebrà mai cap consol. A *Aloma* l'esforç
de prospecció interior és gran; a *La plaça del Diamant* és
enorme, esdevé simfònic: per explicar Natàlia/Colometa no
ja com se la veu, sinó com és ella. El monòleg queda, al
final, plenament justificat.

És aquest un procés molt similar al de l'autor francès,
que desemboca en l'escriptura d'obres en què, com assenyala
Maurice Blanchot, tot el que és directament patètic en que-
da exclòs però genera un humor desesperat, una mena de
«bufoneria», el sentit de la qual no arriba a ser mai desco-
bert. També, com Michaux, Rodoreda usa progressivament
millor un llenguatge voluntàriament banal que recau siste-
màticament sota el pes de les seves invencions, guanya pre-
cisió i és més punyent en les seves imatges, que no renun-
cien, amb tot, a una expressa frivolització, filla del volgut
distanciament. Les mosques vironeres, blaves i vermelles
de *La plaça del Diamant* i les papallones i les abelles de
La Mort i la Primavera són presències d'un mateix biologis-
me surrealista:

«Eren ben negres totes tres, amb aigües i vermelles com
el dimoni que explicava en Quimet, i s'atipaven de bèstia
morta com deia en Quimet que feia el dimoni quan anava
de mosca. Però tenien la cara negra i en Quimet m'havia
dit que el dimoni, encara que anés de mosca vironera, tenia
la cara encesa de flames. I les mans. Perquè no se'l confon-

gués amb les vironeres de debò.» (*La plaça del Diamant*, cap. XLII, pàg. 215. Club dels Novel·listes.)

«Les abelles, aquell any, es van esperitar. Seguien la gent i s'adonaven quan la persona que seguien no volia que la seguissin i aleshores giraven i feien un altre camí. Si a la persona que seguien tant li feia que la seguissin, en duia un eixam al darrera com si les tragués a pasturar.» (*La Mort i la Primavera*, pàg. 211.)

«Vaig arribar al bosc en el punt que s'alçava el sol junt amb un gran núvol de papallones negres... Per què? On eren les blanques? D'on venien les negres? Les papallones volaven damunt de fulles altes i dues que van baixar barrejant-se i separant-se vaig veure que tenien rodones vermelles a les ales.» (*La Mort i la Primavera*, pàg. 213.)

Però Rodoreda no aplica una única lent de contacte per mirar el món des d'un punt de vista determinat, d'una manera interessada. Va més enllà del surrealisme perquè ha constatat que la realitat no és una tapa plana que es pugui travessar i s'adona que el que oprimeix l'home, el que l'oprimeix a ella mateixa, existeix per totes bandes. Estableix, doncs, una imatge esfèrica de l'opressió: està aquí el seu humanisme, la seva força, la seva arma de creació literària. Una altra cosa distinta és la comprovació de l'eficàcia d'aquest, diguem-ne, mètode: experimenta fins a quin punt aquesta voluntat de descriure un univers íntim en la seva globalitat i fora del món li permet, en efecte, una interpretació més rica de l'existència de l'home. I és aquí on neix la seva insatisfacció, que assoleix alçades insuportables, fins al punt de dir que abandona *La Mort i la Primavera* perquè li fa «fàstic». S'ha adonat, tal vegada inconscientment, dels límits de l'humanisme cristià i busca la manera d'endinsar-se en el coneixement de l'home a través de camins aparentment distints i habitualment contraposats. Utilitza el microscopi, que l'acosta a les coses més petites, però és capaç d'abandonar-lo per fer un tomb amb l'avió que li permet de veure tots els fets en una altra dimensió. Aplica les eines que Ernesto Sábato considera òptimes en el novel·lista: el màxim apropament i la màxima distància. Però malgrat l'es-

forç, sovint té la sensació de quedar-se a mig camí: «No aca-
bo de trobar el final», reconeix a l'Obiols: el «final», que
no li acaba «de venir».

També com Michaux, Rodoreda s'aïlla per recrear la so-
litud dels seus personatges. Esdevé còmplice de les situa-
cions que descriu als llibres i que caracteritzen les seves
històries. Si cal és capaç d'enfollir per ficar-se dins la pell
dels protagonistes, d'altra manera li seria impossible de dar-
los vida, inventar-los. Ha triat l'home dels impossibles sim-
plement perquè l'home del possible ja sap qui és: el que viu
dins una realitat mòrbida sense adonar-se de la morbidesa.
Ella mateixa esclata com a persona, evita qualsevol meca-
nisme d'autocensura amb aquell «escriure a raig» que li és
també un do especial, i això li permet de volatilitzar el seu
pudor i la seva moral. És el símptoma de la provocació que
porta dins seu i que li permet de transcendir i de burlar-se
fins i tot d'ella mateixa, sempre que els altres es mantin-
guin lluny del seu joc.

És així com s'explica el seu silenci, els seus «secrets»
i les seves mentides: com la manera de defensar també el
punt feble del seu joc literari. Perquè també com Michaux,
ella viu en un quasi permanent joc d'artificis on les imat-
ges esdevenen paraules, viu una crisi duradora els vehicles
de la qual són la seva droga: grans dosis d'amfetamines per
aprimar-se, pastilles per dormir al vespre, règims que li pro-
voquen un gran buit al ventre i una sensació de volar al
cervell: «Només així podrà volar la Colometa», reconeix. No-
més si ella mateixa vola, en efecte, Colometa podrà volar
enlaire; només si ella mateixa està inquieta el protagonista
de *La Mort i la Primavera* podrà estar inquiet.

Perquè, en efecte, el protagonista de *La Mort i la Prima-
vera*, el narrador, no té por, ni pànic, com algú ha interpre-
tat. Tampoc se sent perdut: està, o més ben dit, és inquiet:
és, de fet, el seu únic dret: sentir-se inquiet és la seva revol-
ta i el premi a aquesta revolta és la possibilitat de parlar
del més enllà sense dir-ne explícitament ni una paraula. La
seva llibertat d'acció és extremadament limitada, en el ter-
reny dels sentiments, en el de les sensacions i en la mateixa
activitat quotidiana. Molt aviat, a catorze anys (edat en ho-
menatge al seu oncle i marit, que va haver d'abandonar Bar-
celona per espavilar-se a l'Argentina), el narrador sap que

el món en què viu és una trampa de la qual el seu pare, trist, plorant, intenta fugir suïcidant-se. En aquest món diferent, univers insòlit a mig camí entre la sensació i el somni, el final de la vida de l'home es balanceja entre la mort realista i la mort ritualitzada, i Rodoreda ho descriu prosaicament, amb un vocabulari neutre, que fa augmentar la força de la seva inquietud poètica.

No hi ha terror, no hi ha horror: *La Mort i la Primavera* no és en aquest sentit tampoc la plasmació d'un gènere. Horror implicaria desconegut i por. El marc geogràfic i històric del poble de la muntanya partida és limitat, local, i el narrador el coneix. El que desperta la seva curiositat és el descobriment d'una capacitat humana, la del seu pare, per a la mort voluntària. Però el descobriment no és dolorós: es troba al lloc dels no-sentiments, la insinuació dels quals suscita la desaparició pràcticament immediata dels qui els manifesten. El narrador, el protagonista, no resisteix, ni ho intenta, a la seva feblesa, s'hi abandona. És d'aquesta manera que pot «explicar-nos» una història i, alhora, «descriure'ns» un lloc i uns personatges. La seva resistència hauria implicat un «pensament», l'emissió d'un judici sobre el que veu i viu. En aquest punt també el narrador de *La Mort i la Primavera* està molt pròxim de Natàlia/Colometa, i es manté impàvid davant del seu món. Rodoreda es manté fidel a les normes que han regit durant dos segles de realisme en la narrativa de ficció, i l'inacabament de la novel·la es deu molt probablement a aquesta incapacitat per escapar-se de l'herència balzaquiana: calen un temps i un lloc per a uns fets.

Potser l'altre títol pensat per Rodoreda, *Ombres de Primavera*, menys atractiu, tenia la virtut de ser més exacte. L'aparició de la copulativa (altrament tan usada i abusada en la seva obra) és enganyosa. Per què una «i»? Potser, simplement, perquè «sona» bonic. Potser, com diria Umberto Eco, «per confondre les idees i no regimentar-les». *La Mort i la Primavera* no va néixer, doncs, d'un canvi profund, no és fruit de cap reflexió esotèrica i de prospecció del més enllà, com apunta Carme Arnau quan parla, establint una imatge brillant però inexacta, «de l'altra banda del mirall». Rodoreda no havia exhaurit les paraules —escrivint altres novel·les— sobre «aquesta banda» del mirall i, fins i tot, tardaria encara uns anys a plasmar *Mirall trencat*, títol de la novel·la que alimenta la teoria de l'estudiosa. És cert que quedaria la possibilitat, apuntada també per Arnau, que *La Mort i la Primavera* hagués estat acabada a Romanyà, els darrers anys de la vida de Rodoreda. I que fos en aquests darrers moments que l'autora hagués impregnat la seva obra d'un esperit esotèric i rosicrucià. Però la consulta i un examen detallat dels originals de la novel·la que es troben a l'Institut d'Estudis Catalans ho desmenteixen. En primer lloc, perquè l'existència de variants entre unes versions i altres de les diverses parts que componen la novel·la no presenten diferències tan substancials com per suposar la inclusió d'una manera de fer rosicruciana. Quan Rodoreda abandonà el text perquè li feia «fàstic» li faltava molt poc per acabar-lo i, bàsicament, les qüestions que li quedaven per resoldre eren de tipus argumental. L'Obiols, que va seguir molt de prop l'escriptura de *La Mort i la Primavera*, assegurava que en tenia el 90 per cent acabat. Suposant que l'Obiols s'equivoqués menyspreant les dificultats que encara no sabia com resoldre l'autora, sí que és com a mínim constatable que era la mateixa dosi («poquíssim») d'escriptura que ella mateixa admetia que li faltava, poc abans de morir, al seu editor, és a dir 20 anys després. La consulta dels originals que es troben a l'IEC no dóna cap pista que les pàgines escrites ho fossin en dates tan recents. I el més lògic és pensar que si bé tenia la vaga intenció d'enfrontar-se de nou a la novel·la inacabada, mai no ho va arribar a fer. Per tant, aquest «poquíssim» que li faltava escriure el 1982-1983 era el mateix que no havia sabut resoldre quan s'escaigué entre 1960 i 1962.

El 23 de juliol de 1962, l'Obiols, que seguia l'elaboració de *La Mort i la Primavera* amb la mateixa intensitat, si no més, que havia aplicat a *La plaça del Diamant*, a les *Flors* i als contes, escrivia: «Jo estic convençut (estic tip de dir-t'ho) que la M. i la P. serà encara millor que la P. del D. El treball definitiu el faràs i, em sembla, amb bastanta facilitat, quan tindràs escrit el que et manca. Fa sis mesos era, encara, informe, escassa de matèria, insegura de to. D'aquests problemes n'has resolt el 90 per cent. Quan —ja acabada— sabràs exactament tot el que hi ha, podràs orientar millor el to des de les primeres pàgines. L'aire retòric que tenia ha desaparegut gairebé del tot: el perill era que persistís. Una o dues setmanes de repòs, un cop enllestit el final, i un parell de lectures d'obres ben escollides, et posaran en situació per a fer la revisió final (...).»

El 21 d'octubre de 1963, és a dir més d'un any més tard de l'afirmació programàtica d'Obiols, i quan l'èxit de *La plaça del Diamant* generava ja un interès per l'autora sense precedents, Rodoreda anunciava a Joan Sales que havia desat la novel·la en un calaix: «De moment he plantat *La Mort i la Primavera*», escrivia lacònica. Dies després en donava la raó: «Em fa fàstic.» Tot seguit, informava que preparava un altre llibre: *Cecília Ce*, coneguda dos anys més tard amb el títol d'*El carrer de les Camèlies*, que, almenys aparentment, molt poc té a veure amb «la nova manera de fer», segons expressió de l'Obiols.

La tesi de Carme Arnau té una aparença de versemblança i, sobretot, sembla pertinent i oportuna aplicada a una autora, Rodoreda, de la qual se sap ben poca cosa, envoltada com va viure fins a la mort d'una vida feta de misteris i de secrets, donant la imatge d'una dona solitària: primer parlava de flors, al final acaba resultant que és esotèrica i, més concretament encara, Rosa-Creu. És una bona manera de justificar l'injustificable i d'explicar l'incomprensible, ja que tothom sap que esoterisme és sinònim de no iniciat, de desconegut. Sovint, això no obstant, l'aplicació d'una hipòtesi esotèrica en literatura es converteix en simple simbologia, en mistificació lectora d'uns elements la banalitat i la innocència dels quals seria també explicable i comprensible a través d'una altra anàlisi distinta i contraposada. Qualsevol manera d'afrontar un text és lícita, evidentment. Però queda obert l'interrogant més senzill de per què s'analitza l'obra d'un escriptor: és de suposar que hom busca el màxim d'intel·ligibilitat en el coneixement i, citant Umberto Eco, al seu pròleg del magnífic llibre de Paul Arnold (*Histoire des Rose-Croix et les origines de la Franc-Maçonnerie*), podem dir que «no solament no existeixen proves històriques de l'existència dels Rosa-Creu, sinó que, per definició, no poden existir-ne. Només es pot, com a màxim, usar l'absència de proves com a única prova evident.»

També, d'altra banda, es fa difícil de creure que Rodoreda arribés a adoptar un sistema d'interpretació del món —bé a tota consciència, bé intuïtivament— alambinat com l'esotèric per després abandonar-lo (amb *El carrer de les Camèlies*) i més tard encara, com qui diu a les portes de la mort, tornar-lo a revitalitzar. Quan Mercè Rodoreda comença a escriure *La Mort i la Primavera* ja ha ultrapassat els 50 anys i «havia viscut molt», prou per no frivolitzar amb les temptatives literàries: què seria si no abandonar l'esoterisme rosicrucià per tornar al braços del «psicologisme realista» de les novel·les posteriors, inclosa, segons Arnau, *Mirall trencat*? ¿Ho hauria fet només perquè tenia la virtut de vendre's millor i agradar més als lectors catalans? Tot plegat semblaria una actitud ben poc esotèrica.

PATIR L'ESCRIPTURA

Rodoreda era propietària d'un motor creatiu molt personal, fet d'intuïció i de «miracle», de molt poca literatura —en el sentit pejoratiu del mot— i de molta poesia. I, en contra del que pugui semblar, de moltes hores de treball desordenat amb l'afany gairebé exclusiu de trobar l'exactitud de les paraules, les úniques armes per arribar a la formulació d'una expressió distinta. Escrivia *La Mort i la Primavera* al mateix temps que corregia i «recopiava» *La plaça del Diamant*. Hem vist que a l'estiu de 1961 dubtava entre enviar al Sant Jordi la nova versió de *Colometa* (amb títol diferent i que tampoc fos *La plaça del Diamant*, «per no fer mal al CLUB DELS NOVEL·LISTES cas de guanyar», li havia dit a Sales) o *La Mort i la Primavera*, que donava per acabada a mitjan juny i que torna a donar novament per acabada a final d'octubre afegint-hi que creu que «està molt bé». Llegia Henry James, un autor que l'Obiols considera que és «de primeríssim ordre», i que si bé no creu que li pugui ser útil per «arrodonir» la novel·la, sí que creu convenient que el llegeixi: «Potser convindria que el llegissis una mica: els contes, per exemple, que segurament no és el millor que ha fet, però que són molt bonics.»

El mes de novembre, l'Obiols té dues setmanes de vacances i se'n va a Ginebra. Hi arriba un diumenge a la nit.

Mercè l'espera a casa amb una gran reserva de cafè. Són pocs minuts per dir-se com es troben, com va la salut i la feina de l'Obiols a l'organisme i comptar els molts diners que hi guanya. Immediatament, Mercè treu la carpeta amb *La Mort i la Primavera* i ell comença a llegir-la amb avidesa. Passa la nit en blanc. Ella s'adorm: al matí va a comprar mentre Obiols es refà de l'impacte. Finalment, emet el seu veredicte: la considera excel·lent, però hi troba defectes i, bàsicament, la veu massa retòrica en el to de l'escriptura. Mercè ja l'ha enviada a Barcelona: s'ha precipitat, creu Obiols. No s'hi pot fer res, i ara el seu parer és que cal iniciar-ne la correcció, al marge de premis i de concursos. Cal, però, que treballi amb més rigor, i per això li proposa de fer un esquema de treball. A més, per aclarir-ho tot encara més, entre tots dos elaboren un mapa del poble de la Maraldina. D'aquests mapes se'n conserven diversos exemplars: un és dibuixat de la mà de la Mercè, un altre de la de l'Obiols i un tercer és fet a quatre mans. La voluntat d'exactitud és tan forta que abandonen el paper de foli per estampar la seva imaginació damunt d'un full més gran de dibuix. De l'esquema i dels dibuixos de l'Obiols, home donat a l'inici de dietaris, cronologies i plans que a última hora mai no acabava, Mercè no en degué fer gaire cas per més que ell, des de Viena, tot sovint li recomanés «de donar una ullada al calendari/esquema». Totes aquestes indicacions de treball, així com l'índex del que havia de ser *La Mort i la Primavera*, Mercè va conservar-les fins al darrer moment. Avui es troben, en gran part, a l'IEC.

Hi ha també una nota escrita a llapis de mà d'Obiols que diu:

«1a. versió 1 de maig-13 de juny 1961.
2a. versió 9 de maig-31 de juliol.
3a. versió 17 de setembre-13 d'octubre.
4a. versió 25 de novembre.»

Impossible de trobar-hi mencions sobre a quines versions es refereix. En tot cas n'hi ha quatre, les mateixes que es troben a l'IEC. Hi ha, però, l'evidència d'una voluntat d'exactitud: les dates de la 3a. versió són escrites —probablement després— amb bolígraf. Les dates indicades, d'altra banda, es corresponen amb les informacions donades per l'autora al seu editor respecte als acabaments successius: juny i setembre.

El que sorprèn més —i el que ajudarà millor a una edició completa i més crítica de la novel·la— d'aquest índex són les anotacions a determinats capítols, especialment el VIII i el IX, on s'indica que el protagonista se'n va a viure a casa del senyor fins a la primavera, que tenen converses i que el senyor vol adoptar-lo i fer-lo hereu. És sorprenent la similitud d'aquest resum amb l'argument de certs capítols (especialment els XXII i XXIII) de *Quanta, quanta guerra...*

Pel que fa a referències literàries, entre els plecs del material conservat a l'IEC hi ha un full de llibreta ratllat i un foli on, escrits a mà, hi figuren els següents noms: Teilhard de Chardin, Hamlet, Horaci, Léon Bloy, Borges, Góngora, Chesterton, Hawthorne i Carlyle, vuit autors i un únic personatge de ficció. També s'hi transcriuen aquestes citacions:

«Aquesta transmigració és anomenada el camí dels pares. Quan l'efecte de les obres bones s'esgota, aquell home torna a la terra a resseguir el mateix camí... reencarnació i es convertia en fills. Els bons reneixien en bones famílies; els dolents en famílies malvades o bé en animals. D'altres no segueixen ni el camí dels Déus, ni el camí dels pares, també es poden convertir en insectes naixent i tornant a morir gairebé al mateix temps.»

I també:

«Puix la guerra és tota dins lo mur, ço és dins l'home mateix.»

Per bé que no es pot donar importància al fet, ja que qualsevol altra persona pot haver alterat l'ordre dels papers un cop morta Rodoreda (o fins i tot ella mateixa, un dia, tot posant ordre entre els seus papers), val la pena assenyalar que aquestes citacions es troben enmig d'un plec on hi ha textos inacabats del que sembla més aviat un inici de memòries d'infantesa. Unes memòries molt *sui generis*, que sabem que va prometre d'escriure els últims anys de la seva vida, però que també semblen esbossos, potser, records utilitzats per a la novel·la que encara és inèdita, sota el títol provisional d'*Isabel i Maria*, i que, com hem dit, pot ser que es tracti d'*Una mica d'història*, la que va presentar al Joanot Martorell de 1959. Un exhaustiu treball filològic i una anàlisi seriosa del paper dels documents són les úniques maneres de datar amb més exactitud aquests textos de singular importància.

Després d'aquells dies passats a Ginebra, llegint, redactant índexs i dibuixant mapes, el 26 de novembre l'Obiols va tornar a Viena. Des de l'aeroport de Zuric, on baixa en trànsit, i des de l'avió de l'Austrian Airlines, li envia dues lletres, una postal i una carta curta escrita damunt paper de la companyia aèria que el porta fins a Salzburg, perquè Viena és coberta de boira des de fa tres dies i no s'hi pot aterrar. A les dues cartes es mostra obsessionat que ella treballi «perquè tindràs dues novel·les de primera»: *Colometa* i *La Mort i la Primavera*. Està entusiasmat amb allò que escriu Rodoreda: «De les teves coses estic tan content com si fossin meves.» Se n'ha emportat a Viena una versió (lògicament es deu tractar de la darrera) per rellegir-la amb més calma. Ho fa i escriu: «La sento dins encara amb un gran pes de realitat. Sobretot la primera part i l'acabament. Tinc una mica la sensació que en aquell poble hi he *estat*», i subratlla la paraula «estat».

Obiols, com sempre, continua animant-la enviant-li aquelles gotes de prudència que creu que necessita per treballar: «Treballa amb calma, sense precipitar-te i, sobretot, sense el deliri d'acabar la revisió de la novel·la com més aviat millor. No hi fa res que dediquis dos o tres dies a refer algun dels capítols: et sobra el temps. Aquesta novel·la pot ser molt bona.»

En aquesta carta, datada l'u de desembre, l'Obiols compara la impressió que li ha deixat *La Mort i la Primavera* respecte a *Colometa* (encara parlen de *Colometa* i no de *La plaça del Diamant*, entre ells): «La impressió que deixa d'ambient és més forta que *Colometa* —no sé per què; no em puc treure del cap el poble, la muntanya partida, el soroll del riu, el ferrer... Com si es tractés d'un d'aquells somnis inexplicables dels quals un es recorda al cap de molt de temps. Això demostra la qualitat i la força d'evocació del que has escrit. En aquest sentit *La Mort* és més impresionant que *Colometa*. Avui se m'ha acudit que el llibre hauria guanyat encara si el protagonista, és a dir, si la persona que parla, fos la madrastra i no el fill; si fos la madrastra la que en el primer capítol passés el riu, etc... sempre t'expresses millor, i vas més a fons, quan el protagonista és una dona (Colometa, la Salamandra, les dones i noies de Zerafina, la mainadera, una carta, etc...). Ara no es pot modificar perquè s'hauria de refer massa cosa, i modificar els problemes... Potser he pensat això sota la influència, encara, de *Colometa*, que és una obra mestra sense atenuants. Però no convé enfocar les noves coses pensant en *Colometa* perquè t'exposaries a repetir-te inútilment. *La Mort i la Primavera*, plena de símbols inconscients, diferent, inesperada, potser tan important com *Colometa*. I és molt dir.»

Aquesta carta desvetlla qüestions larvades i anima, si més no, a formular noves preguntes sobre la professió literària de Mercè Rodoreda. En primer lloc, la idea que té Obiols que Mercè va «més a fons quan la protagonista és una dona». Pot passar com a simple interpretació masculina, però seria una visió massa fàcil, sobretot tractant-se de l'Obiols, un home que no ha donat mai proves ni de ser masclista ni de ser procliu a fer lectures sexistes en l'àmbit literari. Aquesta és l'única vegada en què fa referència al sexe d'algun personatge de ficció i, en cap ocasió, que jo sàpiga, ha comentat res sobre la que ara és denominada (però aleshores a penes existia com a categoria) escriptura femenina. Tampoc Mercè Rodoreda no es deixava endur per aquesta vessant de la sociologia literària i, fins i tot posteriorment, quan li feien preguntes al respecte, assegurava que no l'interessava gens el tema. Per tant, tenint present que ens trobem davant d'un Obiols —sempre el primer lector de l'obra rodorediana— encarat a una primera versió —diguem-ne sencera, o global, de *La Mort i la Primavera*, que ha qualificat de «retòrica», la seva constatació sobre el sexe dels personatges centrals esdevé més transcendent: veurem, més endavant, que cada cop més Rodoreda tendeix a donar el protagonisme al sexe femení.

D'altra banda, seguint l'índex reproduït abans, ens adonem que de la relació amb la madrastra no en neix una filla (que sí que existeix, en canvi, en versions posteriors i que coneixem per l'edició de Núria Folch de Sales), però sí que hi ha enamorament entre tots dos. A la versió publicada, probablement posterior al planejament del guió/índex, el protagonista i narrador no s'enamora de la madrastra, sinó que hi juga, amb un tractament entre salvatge i infantil, mentre que acabarà estimant la filla tarada i deforme, feta a semblança de la mateixa madrastra, i que li és un punt infidel amb el fill del ferrer. Aquesta ulterior incorporació d'una filla a la qual el protagonista, malgrat viure al lloc dels no-sentiments, acaba estimant, ¿no és una llicència al protagonisme femení aconsellat per l'Obiols?

L'altra qüestió que desvetlla la carta esmentada és la del somni. L'Obiols hi parla de «somni inexplicable del que un es recorda al cap de molt de temps». Evidentment no tenim cap prova d'un possible somni. Però sí que existeix el probable record d'una visita feta, quan la Mercè era encara una nena, a un convent de la Trapa entre Badalona i Tiana. La imatge dels clergues cavant la seva pròpia fossa per tenir-la a punt el dia en què morin mentre reciten la macabra frase «*morir debemos, ya lo sabemos*», la va impressionar. Així ho explicava al seu oncle i futur marit que era encara a l'Argentina, el 2 d'abril de 1921:

«(...) *El domingo pasado fuimos a la Conreria un sitio muy bonito, hay unos frailes que nunca hablan (no es que sean mudos) solamente cuando pasa uno por el lado de otro dicen "morir debemos" y contesta el otro "ya lo sabemos". Ellos mismos se lavan la ropa y hacen la comida y todos los días cavan un poquito de su fosa para cuando mueran. Cuando abuelito estaba bueno fuimos también a la Conreria no recuerdo si te lo expliqué pero por si acaso quieres meterte a fraile sabrás mejor en que pasar el día. (...)*»

No és difícil reconèixer aquesta imatge feta d'una història real en *La Mort i la Primavera*.

«(...) I vaig començar a clavar cops de destral a la soca i la destral partia l'aire i obria l'escorça (...)»

«Quan vaig tenir l'arbre obert de dalt a baix el vaig començar a obrir de banda a banda. Vaig clavar les quatre puntes de l'escorça a la soca i vaig agafar la forca per treure el Pinyol (...)»

«(...) I es van moure les branques i es van moure les fulles i es van moure els brins d'herba. Com si totes les coses que no tenen veu em volguessin parlar.»

«L'olor i el pinyol van rodolar alhora. Em vaig ficar a dintre de l'arbre per veure si hi cabia. I em vaig apuntar el clau al cor, no per enfonsar-lo aleshores sinó per clavar-me'l si algú em venia a treure del meu arbre per omplir-me de ciment la boca i l'ànima. (...)» (*La Mort i la Primavera*, pàgs. 214-215-216.)

Imatge que apareix també a *Viatge al poble de les dones abandonades*:

«Així que uns quants nens i nenes es van adonar de la meva presència van parar de caçar fulles i es van ficar a dintre de les soques dels arbres que eren obertes i buides.»

Com també recorda *La Mort i la Primavera* el *Viatge al poble de l'or*:

«De seguida vaig veure la muntanya esguerrada, partida pel mig (...)»

Com també és evident la semblança dels *Viatges* amb *Quanta, quanta guerra...* i la d'aquesta darrera amb *La Mort i la Primavera*.

El tercer punt particularment important que assenyala l'Obiols és al final de la carta. Hi parla de la novel·la «plena de símbols inconscients». A Mercè Rodoreda no li agradava gens i fins i tot l'enervava que Obiols parlés de «miracles» i d'«inconsciències» en referir-se a la seva obra. En els moments de mal humor li semblava que aquestes paraules eren sinònims de no saber escriure. «No sé pas què t'empatolles», li contesta l'Obiols just després d'haver rebut una carta no defensiva, sinó agressiva, d'ella. Concretament diu: «no sé pas d'on has tret que et vulgui "fer creure que no saps escriure i que la *Plaça* és l'obra d'un negat que Déu tot d'una va il·luminar"». Per l'Obiols «tots els bons llibres són miracles» i això no vol pas dir que el seus autors siguin «uns idiotes». La susceptibilitat de la Mercè a cops també el posa neguitós a ell. Però sap calmar-se i, finalment, en la mateixa carta irada, constata que ella perd empenta quan es tracta de refer i reescriure i que tampoc ara la veu tan animada com quan havia escrit *Colometa*. Es calma i la calma a ella: l'empenta «et vindrà quan hagis de tenir-la», és a dir, quan tinguis «una estructura sòlida i lligada».

Estranys, aquesta susceptibilitat i aquest complex que s'«empatolla» la Mercè. Cal no confondre coneixement i raó, avisa Ernesto Sábato, escriptor que en contra de l'opinió que ha manifestat Rodoreda, creu que el principal problema de l'escriptor «és potser d'evitar de caure en la temptació d'ajuntar paraules per tal de fer una obra». Ella mateixa tenia por d'aquell «escriure a raig» que és com deia que escrivia. Era la seva fórmula d'atacar aquest «gènere impur per excel·lència» que és la novel·la. Era també el seu fanatisme inevitable per escriure.

RESSUSCITAR AMB «CECÍLIA CE»

El naixement d'un nou personatge, Cecília Ce, va salvar-la del sentiment de rebuig que li inspirava l'estancament amb *La Mort i la Primavera*. Els múltiples comentaris elogiant *La plaça del Diamant*, encara que no la satisfessin plenament perquè els considerava incomplets, també la van empènyer a continuar escrivint de pressa històries no allunyades de l'esquema argumental que domina l'estructura de *Colometa*. Poc importava que, amb un any de vida al carrer, *La plaça del Diamant* no hagués exhaurit la primera edició. El 19 de febrer de 1963, Joan Sales la informava que el Club encara era lluny d'haver venut els 2.000 exemplars. Tampoc les editorials estrangeres i castellanes estaven decidides a adquirir-ne els drets per a la seva traducció. No importava, perquè els pocs que l'havien llegida n'exaltaven els mèrits. Especialment, les cròniques de Joaquim Molas (al *Llibre de l'any 1962*) i de Joan Triadú (al *Llibre de tothom*) van satisfer-la, tant per com consideraven l'obra com pel fet de destacar-la com el títol més important de l'activitat literària dels darrers temps. Ran d'aquesta reaparició brillant a l'escena de les lletres catalanes, Mercè rep també tot un seguit d'encàrrecs diversos, que van des de la col·laboració a revistes fins a la redacció de llibres per a joves. Aquesta darrera oportunitat la sedueix especialment, però declina immediatament l'oferta, feta per Joan Oliver, perquè Obiols li ho aconsella: «No val pas la pena que escriguis una novel·la a la manera de Folch i Torres, encara que sigui posada al dia (és feina per a l'Espinàs, per a en Tasis i, potser, per a en Folch i Camarasa). No pots perdre el temps.» Les seves paraules són dites sense concessió. I afegeix: «No vull dir que no es pugui fer gran literatura per a la joventut (*à la rigueur*, Dickens és un escriptor per als joves, i Stevenson, i Defoe, i Swift, etc.). Folch i Torres no: és un escriptor per a *l'edat tonta*, que, pel que es veu, és l'edat dels lectors que Oliver pensa incorporar a la literatura catalana.»

No és que Obiols tingui un baix concepte de la literatura juvenil; el que el molesta és que encara al seu país és considerada un gènere, o bé un tipus de literatura, que només atreu els autors si es tracta d'un encàrrec editorial, és a dir com un *modus vivendi*: «Si la joventut de Catalunya no és capaç de llegir les obres que llegeixen els joves dels altres països civilitzats, més val que no llegeixin res.» El que ell creu és que cal tenir un «bon tema, adequat per a la imaginació dels adolescents» i que per portar-lo a bon terme cal posar-hi «els cinc sentits».

Fins i tot, doncs, pot dir «no» a determinades propostes perquè té altres coses a fer. Aquella impressió que li deixava *La Mort i la Primavera* que mai més podria escriure com havia escrit *La plaça del Diamant*, era en efecte una pura impressió. Li ho havia dit Obiols: «Un dia et llevaràs i, no sabràs per què, et posaràs a escriure 12 hores seguides. I l'endemà. I l'altre. I escriuràs una novel·la rodona en dos mesos.» El 27 de juny de 1962, Obiols ha llegit a «Le Monde» una cita de Paul Valéry que li serveix per animar Mercè a continuar: «*Le spontané est le fruit d'une conquête. Il n'appartient qu'à ceux qui ont acquis la certitude de pouvoir conduir un travail à l'extrême de l'exécution.*» L'esforç que ha posat en *La Mort i la Primavera*, encara que no arribi a l'«extrema execució», donarà fruits en altres novel·les. Té temps. Ha de treballar seguit, però sense pressa, per evitar de caure en l'*amateurisme* que caracteritza la literatura catalana del moment. Obiols ho té claríssim: aviat podrà plegar d'escriure «convençuda que en totes les històries de la literatura catalana ocuparàs tot un capítol. I que els néts dels teus néts et llegiran amb el mateix plaer que en Sales».

Que els editors castellans i estrangers no es preocupin de traduir *La plaça del Diamant* és, per tant, una inquietud relativa: «Val més vendre 100.000 exemplars a Catalunya que un milió a l'estranger», escriu a Sales, que li dóna tota la raó. També l'Obiols treu importància al fet, quan Mercè li comunica que l'editorial francesa Gallimard ha fet saber, a través de Juan Goytisolo, que rebutja la novel·la: «... la publicació francesa sempre afalaga, però té una importància relativa. Si Gallimard creu que val la pena publicar *Duelo en el paraíso, Juego de manos, Pequeño teatro* i *Fiesta en el Noroeste*, etc., etc. s'equivoca de mig a mig. Un capítol de *La plaça* —qualsevol— val per totes aquestes novel·les.»

Sales, aconsellat per Bernard Lesfargues, havia enviat també *La plaça del Diamant* a les Éditions du Seuil. Ni la novel·la ni el dossier de premsa que l'editor català va enviar-los els va animar a adquirir els drets de traducció. Sobretot Sales, però també la mateixa Rodoreda, va voler creure que la negativa era encara deguda a la «influència» de Goytisolo. Sembla, però, poc probable que tinguessin raó, ja que precisament durant l'any 1962 té lloc un canvi en la direcció del departament d'espanyol de Gallimard: Denis Mascolo, a qui Sales no coneix personalment, passa a ser-ne el cap visible, i Juan Goytisolo era a Cuba i, per tant, ni sabia que *La plaça del Diamant* havia estat proposada. És més versemblant creure que aquestes dues editorials franceses dubtaven a l'hora de decidir-se per una novel·la catalana que ni tan sols despertava l'interès dels editors castellans. Els francesos desconeixien les raons reals del perquè els castellans no traduïen l'obra de Rodoreda, però lògicament interpretaven el seu desinterès com a prova irrefutable de la seva mediocritat: si ni tan sols interessava la resta dels espanyols, ¿com aconseguiria despertar la curiositat dels francesos? Pocs anys abans, Gallimard havia traduït *Incerta glòria*, però l'obra de Sales posseïa un atractiu editorial suplementari: era prohibida a Espanya.

Els passos fets per Sales per col·locar *La plaça del Diamant*, sobretot amb Joan Petit i Carlos Barral, tampoc no donaven cap resultat. Sales es sentia «derrotat» i buscava culpables pertot arreu. La mort sobtada de Joan Petit, el gener de 1964, va enfonsar-lo. L'havia acusat de massa coses i, entre elles, de no haver permès que Rodoreda guanyés

el Sant Jordi i d'obstaculitzar la traducció de la novel·la.
«Jo que feia broma sobre Joan Petit i les seves excuses
d'asma: s'ha mort de sobte. M'he quedat amb el cor més
petit que una avellana», escriu Sales el 27 de gener. D'aques-
ta manera, malgrat que els resultats obtinguts en les seves
negociacions amb altres editorials no prosperin, Rodoreda
no desautoritza el seu editor. S'hi empipa encara, sovint,
i fins i tot en certes ocasions li escriu cartes inflamades que
finalment no envia perquè Obiols, que previsorament les ha
llegides abans, li ho desaconsella: «Has de tenir en compte
que, sense ell, potser encara tindries la Plaça en un calaix.
Res no garanteix que els de Biblioteca Selecta no haguessin
reaccionat com els del Jurat.» O, encara: «No sé per què
t'hi empipes tant. (...) El minyó fa tot el que pot pel teu lli-
bre. Compara la feina que es pren amb la que han pres els
de la Catalònia amb els teus contes. Pren-te'l amb calma
i si alguna vegada diu una bestiesa, fes el distret. No troba-
ràs enlloc un editor com ell.» Tampoc Rafael Tasis, de qui
Sales sospitava que sembrava «zitzània» entre els seus au-
tors, no acabava de comprendre per què Rodoreda s'hi en-
fadava tant i tant. Un dia que l'escriptora li assegurava que
«mai més» voldria saber «res» de Sales, Tasis va dir-li:
«Home, no siguis així, pobre Sales...» La conversa en qües-
tió l'explicava la mateixa Rodoreda a Sales, un cop firmada
la treva, en una carta escrita a mà, i enviada des de París,
l'octubre de 1962. A partir d'aquell moment, d'aquelles re-
comanacions de Tasis i d'Obiols, «l'amic Sales» va passar
a ser l'«estimat amic Sales». Amb les seves intervencions
al text de *La plaça del Diamant*, Sales l'havia ferida: «Amb
els adobs a la Plaça vau tocar una infinitat de complexos.
I si hi penso encara em dura. No en parlem més», reconeix
a l'editor ella mateixa.

L'any 1962 acaba, doncs, en la més absoluta calma, amb
la moral ben alta i sense cap angoixa pel possible accés a
quasevol premi de literatura catalana. Una tranquil·litat que
li convenia, després de tres Nadals passats sota el signe
dels interrogants, resolts negativament. Ara, afirma, ja no
l'interessen els premis; té fins i tot prohibit de parlar dels
premis literaris. Té altres coses al cap i totes elles li fan
molta il·lusió. Per exemple, escriu un conte inspirat en *Bearn*
i l'envia al seu autor, Llorenç Villalonga. Es tracta de *La*

sala de les munyeques. La seva intenció és que l'autor ba-
lear li corregeixi el text i li hi posi «algun mallorquinisme
ben bonic». També n'envia un exemplar a Sales: «Li dic [a
Villalonga] que el conte ha d'ésser escrit en un català lleu-
gerament mallorquí, o si es vol en un mallorquí estilitzat.
Li dic que no sé si tots els mots mallorquins que hi he posat
estan ben aplicats i, sobretot, si certes formes verbals són
correctes. Que no tinc cap pressa, perquè d'aquí que publi-
caré el llibre de contes passarà temps. Que s'ho prengui amb
calma.» El seu gest, en principi, no va més enllà. Està satis-
feta i vol que Villalonga i el seu editor també ho estiguin.
A més a més, diu Rodoreda, està «entendrida amb els ma-
llorquins: les dues primeres crítiques de la Plaça van sortir
de l'Illa.»

L'autor mallorquí, però, és tan discret que no li tocarà
ni una coma. Li escriu una carta en què qualifica el conte
de «poètic, irònic, deliciós», però no li proposa cap canvi
de cap paraula, i Rodoreda assegura que s'ha «quedat a la
lluna». Sales, per la seva banda, és més pràctic, i coneixe-
dor que «Serra d'Or» prepara un especial en homenatge a
Villalonga, ha proposat a la revista la inclusió del conte de
Mercè Rodoreda. Ella, evidentment, hi dóna el vist-i-plau
i tot seguit planteja, perillosament i arriscant-se a noves
aventures filològiques, les qüestions verbals que l'amoïnen.
Sales, en aquesta ocasió, no es deixa atrapar.

MULTIPLICAR FULLS HOLANDESOS

La forta nevada de Nadal de 1962 havia resolt de forma
expeditiva el que la família Gurguí no s'atrevia ni gairebé
a plantejar: la necessitat de canviar de residència i desfer-
se del vell casal del carrer de Balmes. Ja veurem com va
anar la cosa, però ara interessa dir que, per aquesta raó,
Mercè va desplaçar-se a Barcelona i va passar llargues ho-
res amb Joan Sales i la seva esposa Núria Folch. Tot recel
quedava, enmig de berenars suculents, oblidat. Mercè riu
profundament i deixa encantats els barcelonins. La conver-

sa deriva fins i tot cap a la confidència i, a partir d'aquest
moment, Sales no tan sols s'ocuparà de l'edició de la seva
obra sinó també de resoldre gran part dels seus problemes
familiars. Entre record i record, també parlen inevitable-
ment dels nous projectes, el més immediat dels quals és pre-
cisament *Cecília Ce* o *El carrer de les Camèlies*, que a últi-
ma hora queden identificades com a una única novel·la. Sales
s'hi entusiasma, i personalment es decanta pel segon títol:
primer ha escrit un llibre amb una plaça, ara ho fa sobre
un carrer; la ciutat: sempre Barcelona.

Al cap d'uns mesos Sales no deixa de recordar-li que té
pendent d'enviar-li *El carrer de les Camèlies*. Ho fa perquè
l'autora li ha demanat informació sobre determinades flors,
xeringuilles, la passionària, la parra i la glicina, i no sap
ben bé què tenen a veure amb el projecte novel·lesc. Rodo-
reda, el 13 de juny de 1963, respon: «Veig que us recordeu
d'*El carrer de les Camèlies*. No us entusiasmeu massa. Vaig
anar a mirar el carrer. És un carrer en estat d'urbanització
i a mi m'hauria convingut que fos un carrer bastant vell.
La protagonista de la novel·la —que no sé si escriuré— es
diu Cecília. Millor dit, Cecília Ce. Com que encara està en
estat purament embrionari —i abans he d'acabar la Mort—
reposo perquè ja estic tipa de llençar pàgines i pàgines de
la Mort a la paperera —no us en parlaré. Però la Cecília
es va imposant i es va formant. El que no trobo és el to
—cosa molt difícil— i no sé si fer-la estil Colometa —amb
totes les distàncies convenients— o bé fer-la més com deuen
ser les dones —que no ho sé gaire.»

Sales decideix de no forçar-la en cap sentit. Ell, particu-
larment, està força ocupat en totes aquelles negociacions
prop d'altres editors per tal que es traduexi *La plaça del
Diamant*, a l'idioma que sigui. Té, i així li ho fa saber a l'au-
tora, una predilecció per *La Mort i la Primavera* que, al cap
del temps arriba a confondre amb altres títols també anun-
ciats o esmentats per l'autora. En certs moments, ell es pen-
sa que es troba novament al davant d'una incertitud que
afecta tan sols el nom de la novel·la, però creu que es tracta
sempre d'una mateixa història, i en realitat n'hi ha com a
mínim tres de pendents. A començaments de 1964, pensa
en la conveniència d'una segona edició de *La plaça del Dia-
mant*. Parla a Rodoreda de l'oportunitat d'escriure, ella ma-

teixa —o Obiols, si li fes gràcia— un pròleg. També, torna a plantejar-li la necessitat que accepti el canvi d'aquells mots que tant van enfrontar-los anys enrera. Mercè Rodoreda li dóna tota llibertat per a ambdues coses i Sales revisa el text i escriu el pròleg inspirant-se en la primera carta que ell va escriure a l'autora després d'aquella nit passada en blanc llegint la novel·la de cap a peus, d'una tirada. Li dóna tota llibertat, a excepció de dues inclusions d'unes quantes ratlles de nova redacció, en realitat força extemporànies, i que Sales proposava en fer-li escriure «en l'estil inimitable de la Colometa» bàsicament «per donar sentit i malícia a aquesta foto de la sobrecoberta». En efecte, Sales, com ell mateix reconeixia, era «d'aquells que qualsevol cosa que escric l'estic corregint sempre, fins que ve el moment d'imprimir-ho».

Finalment, amb petites discussions d'última hora, sobretot centrades en la fotografia de la sobrecoberta —ella hauria preferit una foto de coloms més que la triada per Sales, i la molestava aquell ribetat groc que usa el Club dels Novel·listes—, la segona edició va sortir al carrer el juny del 64. Per la Festa del Llibre quedaven alguns exemplars de la primera edició que es venien encara, molt lentament, a última hora del vespre. Aquesta primavera, especialment brillant per a l'editorial de Joan Sales, quedarà a la història com a senyal d'una derrota dins el món de la publicació en català. Amb aquestes paraules Sales descrivia la Festa del Llibre a Mercè Rodoreda: «En el meu errabundeig per Barcelona el dia del Llibre, vaig trobar a tres moments diferents de la jornada, tres editors catalans que han fet fallida en poc temps de diferència: en Pedreira (el d'Óssa Menor), l'Arimany i en Juglar (aquest darrer havia llançat una col·lecció a base d'obres de J. V. Foix, Espriu, Oliver i anàlegs). Pel que fa a l'Arimany, havia volgut llançar una col·lecció de novel·la en competència amb el Club; per inaugurar-la se li va ocórrer publicar *Ildaribal*, d'Alfons Maseras. Poques coses fan tanta llàstima com un home que ha hagut de declarar-se en fallida; però n'hi ha que sembla que s'ho pesquin amb canya. En un camp ben pròxim, el del teatre, ha fet fallida Pau Garsaball, que volgué fer una temporada a base de *Don Joan* de Ferran Soldevila i coses per l'estil.» Contrastant amb aquest desastre, fruit de projectes forassenyats, Sales remarca: «I ara n'hi ha que volen organitzar

·sopars d'homenatge a cada un d'aquests fallits, considerant-
los herois i màrtirs. És aquella estranya predilecció dels
catalans pels generals que perden batalles...»

Sigui com sigui, a la segona edició de *La plaça del Dia-
mant*, Sales s'ha permès d'anunciar la pròxima publicació
d'*El carrer de les Camèlies*, anunci que Rodoreda considera
una indiscreció perillosa, ja que la novel·la no està acabada
encara. Sales la tranquil·litza: «També anunciem *Tancat a
pany i clau*, de Romero, des de fa quatre anys. Sempre es
pot donar l'excusa de la censura.» Com que té el cap a «la
boirina, en aquest cas, en la Cecília», aquesta vegada la Mer-
cè no entra en polèmiques i deixa passar el que, de fet, ja
no té remei. A l'estiu, amb motiu d'una estada a Barcelona,
havia anunciat a Sales que ja tenia enllestides 120 pàgines
gairebé definitives de la nova novel·la. El 19 d'octubre no-
més n'ha fet 7 pàgines més: «(...) és perquè ho vaig tornar
a fer tot nou amb un guany positiu, evidentment.» Li falta
poc per acabar *El carrer de les Camèlies*, reconeix, però està
amoïnada perquè potser el llibre serà curt, més curt que
La plaça del Diamant: «La Plaça en tenia cent cinquanta-
cinc, però potser es tracta que he escrit massa aprofitant
el paper i amb marges massa estrets.» Sales la tranquil·lit-
za: «No us preocupeu. Hi ha moltes maneres d'inflar un lli-
bre: espaiant-lo més, multiplicant els blancs entre capítols,
etc. A base de 140 holandesos a màquina a doble espai jo
em veig amb cor de fer un llibre imprès del Club de 200
pàgines sense que es vegi la trampa.»

Rodoreda creu que acabarà el llibre en no pas més de
quinze dies. Després, diu, el deixarà reposar dos mesos i
aleshores «si hi trobo algun cap fluix i que es pot millorar,
ho faré». Quan la tingui del tot enllestida, la deixarà llegir
a l'Obiols, «per si encara hi troba algun bon retoc a fer o
algun bon consell a donar-me». Tot això ho escrivia aquest
octubre de 1964. La novel·la no sortiria publicada fins al
maig de 1966.

Molt de temps, però escassos maldecaps. Busca infor-
macions, en llibres, a través de l'Obiols i del mateix Sales,
per completar la seva història. La mateixa voluntat de ser
exacta en la narració que l'ha caracteritzat fins ara, el ma-
teix impuls i la mateixa preocupació per mantenir-se fidel
a aquest impuls l'aclaparen. «No vull, quan sigui publica-

da, tenir remordiments i pensar que ho hauria pogut fer millor», escriu. Una sensació similar d'impotència, fins i tot, que la porta a oblidar que *La plaça del Diamant* també va costar-li molt, si no d'escriure, sí de donar-la per llesta. Un oblit ben estrany: «Escriure una novel·la amb el poc temps —per a mi— amb què vaig escriure La Plaça, no puc; em canso i em poso malalta.»

Per primera vegada, nota que els seus esforços són recompensats. El Club li deu alguns diners de les vendes; «Serra d'Or» organitza una enquesta a l'estiu del 64 sobre les millors novel·les del darrer quart d'aquest segle i *La plaça del Diamant* surt classificada en el primer lloc. La publicació dels resultats no es realitza fins a l'octubre. Tant esperar-los, es lamenta Sales, per veure un tal «garbuix»: «L'enquesta, que jo esperava amb candeletes, està encara més feta un garbuix que no em temia. A més del garbuix del seu pla general, barrejats sis gèneres diversos (novel·la, narració, poesia, assaig, teatre, biografia) hi ha el garbuix tipogràfic. Aquests nois del "Serra d'Or" no tenen idea de res, no saben destacar res.» Sales critica la revista perquè no sap «l'abc de l'art tipogràfic», que determina que les notícies destacables s'han de publicar en les pàgines senars i no en les parelles. Tampoc Rodoreda no aprecia el treball de «Serra d'Or»: «Efectivament, sembla que els faci vergonya dir que La Plaça ha obtingut catorze vots». Però es conforma: «En fi, la bona voluntat basta.» Sales no creu que la publicació de l'enquesta augmenti el ritme de vendes que, per altra banda, durant l'estiu, s'ha mantingut a un alt nivell. *La plaça del Diamant*, a mitjan d'octubre, és segons Sales el *best-seller* del Club, havent-se'n venut 500 exemplars, és a dir, una quarta part de la segona edició: un canvi substancial respecte a les vendes de la primera. «El temps és el gran crític. No n'hi ha d'altre», escriu Sales. Totes les penes que s'ha pres per divulgar *La plaça del Diamant* tot just ara comencen a donar fruit: finalment s'iniciarà la traducció al castellà (la farà Enrique Sordo, quan ja, per un moment, Rodoreda havia pensat en la conveniència de traduir-la ella mateixa, i serà publicada per López Llausàs, a la col·lecció «El Puente» de l'editorial Edhasa); la productora cinematogràfica Tibidabo Films ha demanat els drets per portar-la a la gran pantalla i Jaime Camino en vol fer el guió; més endavant, d'altres cineastes seran candidats també a l'adaptació del llibre; cada cop més surten nous comentaris elogiant la novel·la. També a França aviat s'obrirà un petit espai per a l'obra rodorediana. Núria Folch de Sales va decidir-se a visitar personalment el nou responsable del departament d'espanyol de Gallimard, Denis Mascolo. Veient que el terreny no era prou adobat per plantar-hi directament llibres, va optar per contar-li la vida personal de l'autora: «*Mais c'est une vie de romancière*», va exclamar Mascolo al final del relat. Núria Sales, animada, va explicar també l'argument de la nova novel·la de Rodoreda, exagerant un punt el dramatisme, que no és pas que sigui poc, de la vida de Cecília Ce. Mascolo va quedar impressionat i demanà per llegir-la. Va prometre que si publicava *El carrer de les Camèlies*, també es quedaria, finalment, amb *La plaça del Diamant*. També els anglesos descobriran aviat Rodoreda. I després, encara, els alemanys. I encara els italians, els txecs, els polonesos, els japonesos...

OBRES COMPLETES I MÉS PROJECTES

I no és simplement això. A més a més, encara amb una única novel·la (de la, diguem-ne, segona etapa, és a dir, després de la guerra) al carrer, Mercè Rodoreda ha rebut la proposta de fer la seva obra completa a Edicions 62, casa editorial de nova planta, encara amb poc temps d'experiència, però amb molta energia per recuperar vells autors i noves plomes. La proposta li ha estat feta per Joaquim Molas, el comentari del qual sobre *La plaça del Diamant* havia complagut especialment l'autora. Molas li anuncia que en aquesta nova col·lecció també queda inclosa l'obra completa de Llorenç Villalonga. El projecte, del qual Rodoreda va informar immediatament el Club dels Novel·listes, va sorprendre Joan Sales: no comprenia que els de «62» no l'haguessin posat al corrent del projecte ni que només fos per «pura cortesia». «Res de més fàcil quan hi ha bona voluntat. Per part del Club hi ha tota la bona voluntat del món:

el pobre Club només demana que no li aixafin la guitarra!»,
escriu Sales el 3 de setembre de 1965. «Si us haig de ser
franc, sospito que hi ha un certa dosi de ximpleria en tot
això: ja que és elemental, jurídicament i fins i tot per sim-
ple cortesia, recaptar la nostra autorització si realment vo-
len publicar llibres els drets dels quals són nostres.» Sales,
a més, recorda que va ser ell qui va «descobrir» tant *La
plaça del Diamant* com la novel·la de Villalonga, *Bearn*, «que
va restar inèdit, rebutjat per tots els editors, durant quinze
anys, que no són quinze mesos (...)». No cal dir que Sales
estava amoïnat. Però constata que a l'autora li fa molta il·lu-
sió i «cuita» a dir-li que no hi posarà cap obstacle. «Però
és evident que tot aquell que compri les vostres *Obres com-
pletes* deixarà de comprar els vostres llibres editats pel Club,
ja que aquestes estaran incloses en aquelles; i com que els
compradors de llibres catalans ja són escassos, només falta
que ens els hàgim de repartir entre dues edicions simultà-
nies dels mateixos llibres.» Vistes així les coses, Sales li pre-
gava que posés com a condició, almenys, que *El carrer de
les Camèlies*, que encara no era publicada, no quedés inclo-
sa a les *Obres completes* fins que s'hagués exhaurit la pri-
mera edició. Finalment, Sales era ben poc exigent: «Ja que
a la Mercè li fa il·lusió veure's en forma d'obres completes
com si ja estigués difunta... Les il·lusions, sobretot les de
les noies, m'han semblat sempre dignes del màxim res-
pecte.»

UNA P... MÉS POPULAR QUE MACIÀ

I encara una altra il·lusió: el premi Sant Jordi ja no sola-
ment serà atorgat a novel·les inèdites; ara fins i tot les pu-
blicades poden optar-hi. Amb el canvi, Sales confia plena-
ment que el guardó sigui atorgat a *El carrer de les Camèlies*,
en l'edició de 1966: «perquè el jurat, escarmentat amb el
que va passar amb La Plaça, tindrà el màxim interès a donar-
vos-el». El mes de novembre de 1965, Rodoreda ha passat
uns dies a Barcelona. Sales esperava que li portaria una

còpia de la novel·la, però ella gairebé es va escapolir i, sense avisar-lo prèviament, se'n va tornar a Ginebra sense deixar-li *El carrer de les Camèlies*. Sales ja començava a témer que passés amb aquesta novel·la el mateix que havia passat amb *La plaça del Diamant*, que l'autora s'eternitzés en el lliurament de l'original i que, per una raó o una altra, ell es veiés obligat a posposar-ne l'edició. S'atreveix a donar-li certes presses, però ho fa amb prudència. El 21 de gener de 1966, quan encara no ha rebut l'exemplar que confiava de rebre poc després del dia 15, li reconeix que està amb «ànsia»: «Deixeu-vos de corregir comes i accents, que això és feina de corrector de proves. Deixeu-vos de punyetes! i perdoneu l'expressió.» Mentrestant, Mercè Rodoreda li havia enviat la novel·la, segons diu en una carta datada a Ginebra el 24 de gener, concretament el dia 17. Es tracta d'una carta curta, manuscrita, en què s'estranya que el dia 21 no hagués arribat encara a Barcelona i on anuncia que, «segurament», encara «us enviaré unes quantes pàgines de la Cecília amb certs canvis».

El 18 de febrer, Sales fa el seu primer comentari d'*El carrer de les Camèlies*: «Em va agradar moltíssim, però no tant com *La plaça del Diamant*.» Reconeix que, probablement, ha fet «unes filigranes, tant psicològiques com descriptives, superiors a les de la Plaça». Però creu que «el personatge de la Cecília no té ni pot tenir la fascinació de la Colometa —aquesta és un àngel del Cel, aquella tot el contrari». Sales considera aquest nou personatge de la galeria rodorediana una «flàvia» que no acaba d'interessar-lo. Amb tot, opina amb justesa que l'autora, amb aquesta novel·la, ha realitzat *un tour de force* del gènere. Els judicis emesos per Sales, un cop més, seran els que més complauran l'autora:

«(...) L'estudi de la psicologia de la Cecília em va semblar formidable, de molt el millor estudi de psicologia de flàvia que recordo haver llegit mai de la vida (deixem estar les prostitutes de Dostoievski, que no són tals, sinó santes del Cel que les circumstàncies dramàtiques de la seva vida han obligat a practicar tal ofici). Moltes coses m'hi semblen una troballa intuïtiva de primer ordre. L'explicació de la tendència a prostituir-se per la blederia, o sigui l'abúlia, per la inconstància sentimental i de caràcter, em sembla justa, exacta. Com molt ben vista aquesta mena d'"indiferència" o "fredor" sensual de la Cecília, que imagino que ha de ser molt freqüent entre elles —tot al contrari del que la gent suposa.»

El comentari de Sales continua. Informa l'autora que ha enviat immediatament el text al linotipista «sense tocar-hi absolutament res» perquè, diu, «em teniu terroritzat». Ara bé, no s'està tampoc de fer-li els seus inevitables suggeriments (insisteix a dir, però, que són simples suggeriments) de canvis. En primer lloc, creu convenient que indiqui clarament que els habitants del barri de barraques eren xarnegos o gitanos: «Tal com va, sembla que siguin catalans, i resulta increïble. Que ho fos l'Eusebi, en canvi, *ell sol*, intensificaria el caràcter d'aquest personatge: un català en un barri de barraques —n'hi ha— és en efecte per aquest sol detall un *raté* en tot el rigor de la paraula.» L'autora va admetre aquest suggeriment. A la pàgina 64 de la primera edició ja hi consta la precisió:

«Com tots els d'aquelles barraques fora de l'Eusebi i de mi, era xarnego; i això m'empipava una mica.»

En segon lloc, Sales considera que hauria de suprimir un passatge relatiu a la conservació d'un fetus en formol. L'editor creu que és una «mala imitació de la tènia de la Plaça», la tènia que fa el Quimet i que conserven en un pot a la cuina. De fet, com he recordat al capítol de la infantesa, es tractava d'un fet real, viscut per Mercè en la seva pròpia família: es tractava del seu mateix germà, avortat, però batejat pels Gurguí amb el nom d'Antonet, perquè era efectivament un nen. Sales, però, no ho sabia, i fins i tot les seves paraules, emeses des del desconeixement, degueren ferir l'autora: «La tènia de la Plaça té una gràcia enorme perquè en efecte la mena de gent que hi descriviu ho fa de vegades, això de guardar tènies *com un record* —i si bé una tènia és fastigosa, no deixa de ser una bèstia. Però un fetus humà és molt diferent! Ja no es tracta de fàstic, sinó d'una cosa molt més fonda.» Curiosament, recorda Sales, Villalonga també va utilitzar la imatge a *Àngel rebel*

i semblaria que «heu imitat servilment aquesta novel·la.»
Rodoreda, en aquest punt, també va fer cas del seu editor. El tercer suggeriment consistia a suprimir «per totalment inversemblant i també repel·lent si bé d'una altra manera» el passatge en què el matrimoni que acull Cecília observaven i miraven els primers símptomes de la pubertat de la nena-noia. Segons Sales, «anar a mirar tal cosa d'una noia només es comprendria en un noi, un noi molt jove, mogut sigui per desig libidinós sigui per curiositat, però mai en unes persones grans, i entre elles una dona, i tots tres junts! Totalment increïble.» El passatge també desapareix.

El carrer de les Camèlies no va tenir cap problema de censura però no va poder ser a les llibreries pel dia de Sant Jordi, que és el que haurien volgut tant l'editor com l'autora. Sales es va prendre el mateix interès que havia aplicat al llibre anterior i tal com ho havia previst va ser guardonat amb el Premi Sant Jordi. A més de la bestreta de 18.000 pessetes, Mercè Rodoreda va obtenir la important suma de 200.000 pessetes. La importància del ressò a̅l̅s mitjans de comunicació per haver obtingut el Sant Jordi fins arribà a fer empipar Sales i Rodoreda. Alguns que felicitaven l'editor ni sabien que el llibre ja estava publicat i de feia mesos que es venia a les llibreries. D'altres insistien en la línia de la comercialitat: «D'aquest sí que en vendràs», deien. «Com si *La plaça del Diamant* no s'hagués venut», afegia Sales. I és que, en efecte, no deixava de ser una victòria relativa: uns anys enrera havia estat massa capficada a aconseguir el premi. Ara, feia massa temps que l'esperava per rebre'l amb il·lusió. Tot plegat va quedar com una oportuna manera de guanyar uns diners. Pel que feia al prestigi, de temps que consideraven els premis una «rifa» i, especialment el Sant Jordi, «gairebé un desprestigi» guanyar-lo. Finalment, com diu Sales, «heu tingut la Coliflor d'Enguany». Però els qui havien saludat la comercialitat del premi tenien raó: el mateix desembre de 1966, Sales ja parla de preparar la tercera edició d'*El carrer de les Camèlies* (la segona havia estat feta, precisament, perquè coincidís amb la concessió del premi) i, personalment, li faria gràcia que l'Obiols hi fes un pròleg, un vell desig que no serà mai satisfet. I quedarà inèdita una divertida anècdota que fa refe-

rència a la portada d'aquesta novel·la: la fotografia corres-
pon a una ballarina que treballava al Crazy Horse Saloon
de París i que Mercè Rodoreda va veure al taulell d'anuncis
del local. En veure-la quedà estupefacta perquè era tal com
sempre havia imaginat que podia ser l'aspecte de Cecília
Ce. Sales va trobar tan magnífica la troballa que va fer mans
i mànigues per poder-la aprofitar. El nom de la noia era
Lilly von Karachi i el *croupier* del local va comportar-se com
un veritable alcavot reclamant la gens menyspreable quan-
titat de 3.000 pessetes per tal de cedir al desig de tenir la
fotografia manifestat per l'autora catalana. L'abril de 1967,
la llibreria Argos del passeig de Gràcia, avui desapareguda,
va dedicar tot un immens aparador a *El carrer de les Camè-
lies*; hi escamparen nombrosos exemplars i reproduïren a
mida gran pòsters amb la fotografia de la Lilly, voltada de
cintes amb les quatre barres. Els pocs que coneixien la ve-
ritable identitat de la persona reproduïda es van poder per-
metre un gran i alliberador tip de riure: «Ningú no diria
que és una p... com una casa. Acabarà sent més popular que
en Macià!», exclamava Sales.

CONFUSIÓ DE TÍTOLS:
«JARDÍ VORA EL MAR»

Com gairebé sempre des que es coneixen, també el dia
de Reis de 1967 Sales escriu una carta a Mercè Rodoreda.
El que els uneix ara ja no és tan sols una relació d'autora
amb editor: hi ha establert entre ells un lligam més fort,
d'autèntica camaraderia. Sales està al corrent del que fa
i pensa l'autora no solament a través de les moltes cartes
que s'envien, sinó que a més a més es telefonen sovint i es
veuen també molt sovint; a Barcelona, perquè Sales no té
passaport (la policia franquista no l'hi concedeix) i no pot
sortir a l'estranger. De fa dies que parlen del pròleg que
Mercè hauria d'escriure per a la tercera edició d'*El carrer
de les Camèlies*. Ell, Sales, el voldria ben autobiogràfic. Ella
no ho té pas tan clar. Està atrafegada amb qüestions do-

mèstiques, en l'organització d'una vida més agradable que pensa que a partir d'ara podrà dur a terme amb els diners que, finalment, guanya amb el seu propi treball. N'està tan contenta, d'aquesta variació financera en la seva vida, que per celebrar-ho no tan sols s'ha ofert el regalet de rigor, com sempre que alguna cosa li ha funcionat especialment bé, sinó que n'ha fet a l'Obiols i al mateix Sales. A l'eufòria quotidiana s'hi afegeixen certs maldecaps que són fruit exclusiu de la carrera exitosa que comença: resoldre contractes amb editorials estrangeres (especialment difícil va ser-li entendre's amb els anglesos), petites polèmiques amb els traductors que pretenen cobrar, segons ella, quantitats que no els pertoquen; entrevistes llargues amb revistes catalanes, etc., etc. Tot plegat acaba empipant-la perquè, certs moments, té la desagradable sensació de perdre el temps, un temps que necessita per tirar endavant els molts projectes de nous llibres que té iniciats i que si no és amb una mica més de soledat no aconseguirà d'acomplir.

D'entrada prepara una antologia de contes. També té la intenció de reescriure *Aloma*, de publicar certes obres de teatre i d'acabar dues novel·les, una de les quals es troba pràcticament a la fase final, en aquell moment en què, com ho hem vist amb els anteriors llibres, l'autora afirma que «ja és pràcticament llest», «és qüestió de quinze dies», «només es tracta d'una relectura i de certs adobs», «voldria que l'Obiols ho llegís», etc. i que sempre acaba eternitzant-se. Aquest gener de 1967, a la carta de Reis, Sales intenta de dir-hi la seva: «Si no us sentiu inspirada, no feu el pròleg», la tranquil·litza. Fins i tot, creu Sales, aquest pròleg podria ser més adequat deixar-lo per acompanyar la segona edició (nova versió) d'*Aloma*: «Faria més gràcia», diu. Pel que fa als títols de les altres novel·les i, en tot cas, de la novel·la que, segons li ha semblat entendre, Rodoreda vol enviar-li tot seguit, comenta la inconveniència del títol *L'últim estiu*. Hi ha una raó per la qual Sales no el creu oportú: «Proa anuncia la imminent aparició d'*El bell estiu* de Pavese. Hi hauria doncs simultàniament —ensems com deien abans de la guerra—, *El bell estiu*, *L'estiu més feliç* i *L'últim estiu*, als aparadors de les llibreries de Barcelona. Massa estius. I això en ple hivern, amb un fred que pela.» Sales proposa una cosa ben distinta: *L'últim setembre*.

Dotze dies més tard, no obstant, Sales escriu una altra carta on explica que ha llegit *A penes sis anys* (encara un altre títol), que Rodoreda acaba tot just d'enviar-li i que es «molt bona novel·la», «boníssima, si no fos de la Rodoreda», és a dir: «sense la *fâcheuse* propensió que sempre tindrem de comparar tot el que escrigueu amb *La plaça*.» Sales assegura que la publicarà tan aviat com pugui, immediatament després de les que ja té en premsa, que són *Miralls tèrbols*, de Ferran de Pol, *Falses memòries*, de Villalonga, i *No* de Folch i Camarasa. Proposa, però, un canvi de títol: *Jardí vora el mar* o *Un jardí arran del mar*. Si bé durant un temps Rodoreda defensa el manteniment de *L'últim setembre* (amb l'article), després prefereix *Un jardí arran del mar* que, finalment, sota consell de l'Obiols, quedarà amb *Jardí vora el mar*. «Estic contenta que hàgiu trobat bona la novel·la», escriu Rodoreda el 24 de gener, des de París estant, «Hi ha unes quantes coses memorables —encara que no l'hàgiu trobada genial. Sobre el títol, si us sembla acceptable, ara que heu llegit la novel·la, encara em decanto per *L'últim setembre*, no *Últim setembre*. És un setembre que tanca la novel·la: venda de la torre, casament del Sr. Bellom, despatxada del jardiner... etc. El darrer títol proposat per vós no està malament, però ara *L'últim setembre* és el que m'agrada més».

«Sobre el pròleg», per a *El carrer de les Camèlies*, afegeix Rodoreda, «ja en parlarem més endavant. Heu de pensar que parlar-me de fer un pròleg, quan us acabo de donar una novel·la i quan torno a estar de nas a Aloma, em fa venir ganes de xisclar.» No li caldrà xisclar per aquests motius (encara que asseguri que refer *Aloma* li faci «molta mandra»), entre altres raons perquè, com ella mateixa sap, aquesta última novel·la que ha lliurat a El Club dels Novel·listes no planteja cap greu problema i és justa la seva impressió quan en diu que «serà un èxit de públic. És una novel·la carregada de diàleg: o sigui, fàcil de llegir». Ara bé, en la mateixa carta en què emet judici sobre *L'últim setembre/Jardí vora el mar*, escrita dos dies després de la carta anterior i també enviada des de París, Rodoreda conta a Sales que «l'altre dia, abans de venir a París, remenant més paperots, vaig trobar 60 pàgines d'una novel·la que escrivia conjuntament amb La Plaça (estava molt bé de salut): al dematí escrivia La Plaça i, a la tarda, aquesta altra que se n'havia de dir *La casa abandonada*. Si actualment tingués la força d'acabar-la i, sobretot, si pogués *agafar* l'estil, seria una novel·la espatarrant. Ja veurem».

Si hi afegim que en altres ocasions l'autora ha parlat també d'altres títols (especialment d'*El torrent de les flors*) és fàcil imaginar-se l'extrema confusió que desbaratava l'editor, i fins en uns casos l'Obiols i la mateixa autora, que sobretot ja no es recordava del que havia dit i del que havia amagat: «Amb l'Obiols hem acordat que el títol de la darrera-primera novel·la sigui *Jardí vora el mar*, no *arran*. Em sembla que és molt *macu* i fet i fotut, potser més adequat que *L'últim setembre*.» L'Obiols també està convençut que aquesta «darrera-primera» novel·la és molt bona: «Com més va més segur estic d'aquesta novel·la. És tan rica, tan complexa, tan subtil, tan plena d'intuïcions, de correspondències, de coses dites magníficament sense anomenar-les, com qualsevol dels teus dos llibres. L'estil és esplèndid de dalt a baix. Alguns dels personatges queden gravats per sempre: el jardiner, Toni, Bergadans, els pares d'Eugeni...; i algunes escenes són absolutament de primeríssima categoria —visita del jardiner als pares de l'Eugeni, vespre dels pares d'Eugeni a casa d'en Bergadans, etc. No hi ha ningú a Catalunya capaç d'escriure una novel·la com aquesta.»

De les opinions de l'Obiols, Mercè en continua tan convençuda que sovint les transcriu a les cartes que escriu a Sales: «Ja ho veieu», li ensenya amb contundència. Quan en certes ocasions Sales li demana més detalls per comprendre de quin projecte concretament li parla, Rodoreda no és gens ni mica explícita. Per exemple, en el cas d'*Una casa abandonada*, que Sales ha imaginat que podia ser un nou títol per a *La Mort i la Primavera*, diu simplement que no, que es tracta d'un títol provisional que no hi té res a veure. Afegeix, com qui no vol la cosa, que *La Mort i la Primavera* quasevol dia d'aquests «la faré a miques».

«Coneixent-vos com em sembla que us començo a conèixer, gosaria aconsellar-vos que si tanta mandra us fa treballar en la versió definitiva d'*Aloma* i en canvi tantes ganes teniu de fer-ho amb *La casa abandonada* o amb *El torrent de les flors* o alguna altra novel·la nova, deixeu de moment *Aloma*, que pot esperar, i us llanceu a fer allò a què la inspiració us crida. Crec que, tal com sou, el millor consell que se us pot donar sempre és: FEU EL QUE US DONI LA GANA», escriu Sales el 4 de febrer del mateix 1967, quan *Jardí vora el mar* ja és a cal linotipista.

PANORAMA EDITORIAL

Entretant, l'activitat editorial sembla animar-se a Catalunya. El Club dels Novel·listes, del qual eren fundadors Xavier Benguerel, Sales i la seva esposa, ara ha passat a ser empresa d'exclusiva propietat de Núria Folch de Sales (perquè, segons explicaria el mateix Sales, d'aquesta manera es simplificaven les qüestions financeres i fiscals). Però, a part del Club, les altres firmes i els organitzadors dels premis semblen molt més interessats ara en la producció literària dels escriptors catalans. El divendres 17 de febrer de 1967, el diari «La Vanguardia» publica en la seva secció fixa *La ciudad, día a día*, el següent comentari:

«*La pujas editoriales parece que están a la orden del día. El importe de los premios literarios viene dando unos saltos que, por su cuantía, no pueden llamarse ya de ningún modo reajustes. Son enérgicas llamadas al escritor; más concretamente al novelista. Este trabajador del sector terciario, como dicen los expertos, cree así encontrarse de pronto a la vista de una tierra prometida: la posibilidad de vivir de sus libros. Por el momento, se trata de unas llamadas a concurso con alicientes mayores. Pero que los editores entren en competencias y hasta quizás en riesgos de alguna cuantía para asegurarse la elección de novelas interesantes es ya un signo.*

»*La más reciente de estas noticias es la de un premio a la mejor novela publicada en catalán durante el año con la finalidad de traducirla al castellano y difundirla en el resto de España y en Hispanoamérica. Doscientas mil pesetas por derecho de traducción es una cifra apreciable. Pero, más allá del interés que puede tener para nuestros novelistas, el hecho supone el reconocimiento —con algo de apuesta— de*

que la literatura catalana ofrece en el género novelesco obras
capaces de interesar y gustar en otros ámbitos y de venderse
bien. Es la pequeña elocuencia de los números y una nota-
ble iniciativa más del editor don José Manuel Lara, a quien
tanto debe nuestra literatura.»

Aquestes paraules, que no deixen de ser estranyament
eufòriques i optimistes, acompanyen la notícia del naixe-
ment del Premi Llull, a instàncies de l'editorial Planeta. Es
troben impreses a la contraplana d'on es troba la secció de
cartes al director que, precisament aquest mateix dia, n'in-
clou una de firmada per 46 professors de la Universitat de
Barcelona demanant que s'aixequin les sancions aplicades
a un gran nombre d'estudiants del seu centre. A Barcelona
es començava a viure uns moments de cruenta lluita entre
els estaments intel·lectuals contra l'immobilisme i alhora
hi havia qui era capaç d'anunciar que, per primera vegada,
els escriptors, «aquests treballadors del sector terciari», com
diu l'editorialista, podrien començar a viure del fruit de les
vendes dels seus llibres. Era una bona notícia feta conèixer
amb unes reflexions, diguem-ne sociològiques, totalment
desorbitades.

Amb tot, Joan Sales es va voler confiar a l'optimisme
i va creure de veres en la possibilitat que Mercè Rodoreda,
amb el seu *El carrer de les Camèlies*, podria guanyar el fla-
mant nou premi: «Si es fa de debò aquest premi, i el fan
aviat (que no hagi passat l'any de l'aparició del Carrer, que
el farà el maig vinent), el Carrer té enormes probabilitats
de pescar aquesta nova rifa. ¡Ja serien 80.000 duros només
que de premis, i espereu les liquidacions que us anirà pre-
sentant el Club!»

Tot seguit, Sales elogia la iniciativa de Lara: «Per cert,
aquest món és ben bé un món de mones. D'en Lara se'n par-
la com d'un pirata, un materialista que només va darrera
el duro, un castellà que s'ha establert a Barcelona com en
país conquistat etc., etc., etc. Però el cert és que aquesta
pensada —tant d'agrair ja que tant pot estimular els po-
bres novel·listes catalans—, l'haurien pogut tenir ja fa temps
els grans catalanistes de DESTINO; i ha hagut de ser el pirata
castellà Lara qui la tingués.»

Per la manca absoluta d'iniciatives, els uns, per la sistemàtica manera de mantenir-se en les catacumbes, els altres, era veritat el que afirmava Sales de certs «grans catalanistes»: «Els grans catalanistes de "Destino" no són més que uns grandíssims fills de... pare desconegut.» És en plena pobresa i la mediocritat d'aquesta pobresa que es desenvolupen les lletres catalanes en aquest final de la dècada dels seixanta. Tan sols dues revistes, «Serra d'Or» i «Tele/Estel», s'ocupen amb més o menys pertinència de les novetats literàries i és amb cautela i molta més vigilància que estableixen els temaris i busquen els col·laboradors. De les dues, com diu Sales amb raó, «no se sap quina és pitjor», però són les úniques que existeixen i cap a elles dirigeix l'esforç per promoure els llibres que publica a través de la seva editorial. «Almenys "Tele/Estel" te'l trobes fins a la sopa. Veus gent llegint-lo a tots els metros, autobusos i tramvies. "Serra d'Or" no el llegeix absolutament ningú, fora de Triadú i la seva dona», explica Sales fent, conscientment, caricatura i extremant els exemples. Però les descripcions esquemàtiques serveixen, sovint, per explicar l'ambient d'una època a una ciutadana allunyada de la realitat barcelonina com ho era aleshores Mercè Rodoreda. La producció literària era minsa, els vagons de càrrega publicitària que la seguien eren insolvents i l'espai polític pel qual transitaven era frenèticament dictatorial, i reaccionava contra qualsevol mostra de rebel·lió. Tant ho és que acabarà amb la declaració de l'estat d'excepció a tot el país. Els «signes» de «voler-se arreglar les coses» entrevistos tan sols uns anys enrera sembla que tendeixen a esborrar-se i la intercepció de revistes i publicacions culturals és la inquietud diària. «Políticament hem anat un pas endarrera descomunal», escriurà Sales. Potser només queda com a remei anar fent la viu-viu i convèncer-se que, com Mercè Rodoreda ho vol fer constar a títol de lema en el llibre que aviat sortirà al carrer: «*Dieu est au fond du jardin*».

EL PREMI RAMON LLULL

A mitjan setembre del 1967 es mobilitzen les gestions per dur endavant el premi que l'editorial Planeta vol destinar a una novel·la catalana. Mercè Rodoreda es recupera d'un còlic nefrític tingut a final d'agost i està disposada a agafar-se als grans projectes que prepara el seu editor. En primer lloc, que quedi constància que es va preparant la sisena edició de *La plaça del Diamant* i la quarta d'*El carrer de les Camèlies*. *Jardí vora el mar*, malgrat l'estiu i la paralització momentània de Barcelona, es va venent força bé. Després d'un llarguíssim seguit de malentesos, Gallimard es disposa a fer traduir a Bernard Lesfargues *La plaça del Diamant* i, a través de l'agent literari Carme Balcells, plouen les ofertes d'adquisició de drets dels llibres de Mercè des de tots els punts d'Europa: començant per Mondadori, a Itàlia (que traduirà del castellà, però sense fer-ho constar als crèdits), i acabant pels txecs i els eslovacs, que demanen versions a totes dues llengües. Als anglesos, tot i que la publicitat hi anunciava que *La plaça del Diamant* «és la millor novel·la europea dels últims temps», el llibre no els fa prou peça. Però, ni Rodoreda ni Sales no confiaven massa que aquesta aventura britànica que havia començat força malament acabés millor. Estan convençuts, en canvi, que al Japó, on hi ha un públic «amant de les coses i detalls petits», *La plaça*... anirà molt millor.

Però el 28 de setembre l'«obsessió» de Sales és assegurar que donin el Premi Planeta de Novel·la Catalana a una de les tres obres de Mercè Rodoreda publicades pel Club. Sembla que, com que és la primera vegada que es concedeix el premi, no solament poden entrar a concurs les novel·les publicades durant l'any en curs. Sales confia en la col·laboració de l'escriptor Sebastià Juan Arbó, l'autor del magnífic *Tino Costa*, que és membre del jurat que haurà de seleccionar el llibre guanyador. «El mal és que en aquell jurat, a més de l'Arbó, hi ha en Martí de Riquer i en Baltasar Porcel, un parell que mai saps amb què et sortiran. Els crec capaços de donar el premi a en Pedrolo o a l'Estanislau Torres. Pobre Lara!», escriu Sales. *La plaça del Diamant* té, en realitat, escasses possibilitats de ser l'escollida ja que a més de portar massa temps editada finalment ja ha estat traduïda al castellà, objectiu que vol assolir precisament Planeta. A més, la convocatòria ha estat ajornada fins l'any 69 (i el premi es dirà, definitivament, Ramon Llull), amb la qual cosa, encara perd més oportunitats *La plaça del Diamant*. Unànimement tots els membres del jurat semblen d'acord a premiar aquesta novel·la, però l'editor no ho té tan clar i no aprova la proposta, feta per Sales, de comprar la traducció feta al castellà per López Llausàs i quedar-se amb els pocs exemplars que poguessin quedar encara sense vendre de la primera edició. Queda l'alternativa de presentar *El carrer de les Camèlies*, que malauradament, no acull la unanimitat del jurat, segons ha pogut saber Sales: «El carallot d'en Riquer, per exemple, és anti-CARRER i pro-PLAÇA furibund i hi posa aquella exageració que ell posa en tot; arriba a dir el molt bèstia que ell no votarà mai una novel·la que es diu *El carrer de les Camèlies* per la senzilla raó que ell, al carrer de les Camèlies hi viu, i l'empipa que un llibre es digui el nom del carrer on viu. ¿Voleu cosa més bèstia?»

El 7 d'octubre, és a dir vuit dies abans del dia del veredicte, Sales està absolutament il·lusionat. Escriu una carta a Mercè explicant-li les «xafarderies» optimistes i pro-CARRER que corrien el dia abans en el transcurs d'un còctel servit a la terrassa Martini per presentar el premi i els membres del jurat. Es tractava de «notícies estrictament confidencials», però tot apuntava al triomf d'*El carrer de les Camèlies*. I, en efecte, així va ser. La mateixa nit, Ramón J. Sender obtenia el Planeta. Al sopar del Ritz no hi havia cap dels dos escriptors guardonats: vivien fora d'Espanya. Tots el diaris, però, els dedicaren les primeres planes.

El carrer de les Camèlies havia aconseguit tots els premis (el Sant Jordi, el 1966, el de la Crítica, el 1967, i el Ramon Llull, el 1969) que havien estat negats a *La plaça del Diamant*. Era la satisfacció d'un vell desig de glòries i suposava, al mateix temps, una quantitat considerable de diners que, afegits als de l'herència familiar, convertien Rodoreda en una dona econòmicament lliure. A partir d'aleshores va pensar en el seu retorn definitiu a Catalunya.

REVISIÓ D'«ALOMA»

Malgrat la concòrdia i la familiaritat creixents els darrers anys entre Mercè Rodoreda i Joan Sales, l'any 1967 marca també l'inici d'un cert allunyament entre escriptora i editor en el terreny més formalment professional. Mercè Rodoreda, que de feia temps alimentava la intenció de publicar un altre recull de contes —no ho havia fet des de 1958—, va concedir *La meva Cristina i altres contes* a Edicions 62, que va publicar-lo a la col·lecció «Antologia Catalana», acompanyat d'un pròleg de Josep Maria Batllori. Si els *Vint-i-dos contes*, volum que havia aconseguit el Premi Víctor Català el 1957, són una mostra dels molts diversos tractaments narratius utilitzats per l'autora, i desenvolupats al llarg de molts anys (entre 1939 i fins a la data de lliurament del conjunt), *La meva Cristina i altres contes* és —amb algun cas excepcional: «La sala de les nines»—una selecció model de la seva «nova manera» d'escriure iniciada a partir de 1959 i 1960. «L'elefant» i «La salamandra» són potser els més reeixits, dins de les dues formulacions literàries en què aleshores es capbussava l'autora: una de més real i anecdòtica, el primer; i una altra de més fantasmagòrica i especulativa, el segon. En algun cas, com és el d'«Una fulla de gerani blanc», el poder de les paraules cruentes se l'emportava per sobre de la intenció de les mateixes imatges que volia retratar: l'inescrutable sentiment de la rancúnia que alimenta un home feble o l'impossible poder dels poderosos (sobretot a «Un ramat de bens de tots colors»).

A Mercè li havia agradat l'oferta d'aplegar la seva obra completa feta per Edicions 62. La iniciativa editorial li havia de servir per mirar enrera, per revisar la seva pròpia obra, per autojutjar-se i, amb severitat, condemnar en bloc quatre de les cinc primeres novel·les escrites durant els anys trenta. Condemna que no aplicà, diria que inexplicablement, a les narracions curtes, algunes de les quals serien posteriorment reeditades amb el seu acord (a *Contes de guerra i revolució. 1936-1939*, en dos volums, aplegant obres de diversos autors publicats per l'editorial Laia, el 1982). Fins i tot va tenir la vaga intenció de realitzar un treball d'he-

meroteca per recopilar tot allò que havia publicat a la prem-
sa diària. I, si bé el projecte d'Edicions 62 quedà ajornat
uns anys (el primer volum no fou publicat fins el març de
1976), les ganes de col·laborar-hi van empènyer-la a cedir-
los també la nova versió d'*Aloma*, que en un principi havia
promès al Club dels Novel·listes i que Sales, el gener del
1967, encara creia que seria «la vostra quarta novel·la edi-
tada pel Club». Durant dos anys Mercè Rodoreda va evitar
de dir a Sales que *Aloma* no seria per a ell. Quan li demana-
va com tenia la nova versió, ella responia amb certes evasi-
ves, i reconeixia que es posava «nerviosa» només de pensar
que algú podia demanar-li com duia la feina feta. Al cap
de mesos, però, amb certa discreció, Sales tornava a la càr-
rega: «no goso demanar-vos com teniu *Aloma*...». L'última
vegada que va preguntar-ho era el 21 de març de 1969, en
ple estat d'excepció a Espanya. Pocs mesos més tard, la no-
vel·la sortia publicada a la col·lecció «El Balancí». Ja no
hi havia res a fer per deslligar el compromís amb Edi-
cions 62 quan Joan Sales va saber que *Aloma* quedaria fora
del seu domini. Havia seguit tots els passos, totes les difi-
cultats que travessava Mercè Rodoreda per convertir-la en
una novel·la escrita en passat i neta de totes les referències
culturals i socials d'un moment —aquell en què havia estat
escrita—, que li treien vigència tants anys després. La uti-
lització del present «no deixa de ser artificiós», li reconeix
Sales, quan (abril del 1967) Rodoreda té dubtes sobre la con-
veniència de reescriure-la en passat. Segons es desprèn de
les cartes de Sales, la redactava «amb massa pretèrits peri-
fràstics» i no es veia amb cor d'usar el perfet simple, que
li semblava «poc natural» i que feia «mal efecte». Fins a
tal punt la molestava la reescriptura —fer els «adobs», deia
ella— d'*Aloma* que, finalment, se'n va ocupar Armand Obiols,
aprofitant un viatje de feina a Nova Delhi: «Tinc realment
ganes d'enllestir la revisió», escriu des de l'Índia l'Obiols,
el 21 de febrer de 1968. No queden pistes de quins són els
canvis realitzats sota la ploma de Rodoreda i quins són
els aplicats per l'Obiols. Caldria un minuciós treball que
aportaria nous coneixements sobre la manera d'escriure de
l'una i de l'altre. Però, veient com s'establia habitualment
la col·laboració entre Rodoreda i l'Obiols, sembla raonable
creure que les qüestions més purament gramaticals i les d'e-

liminar una excessiva retòrica, present a la primera versió, van ser resoltes per l'Obiols. De fet, per a ell això era feina fàcil: era un magnífic editor del treball creatiu dels altres. Ella, per la seva banda, no deixava de recordar les paraules dites per Carles Riba quan preparava l'edició de la novel·la premiada feia poc amb el Crexells. Aleshores no havia fet cas dels seus consells prudents. Li havia semblat que Riba es comportava de manera puritana. Ara el ressò de les paraules dites tants d'anys enrera pel poeta li aportaven una millor disposició per eliminar tots els trets retòrics i inútilment «escabrosos». «Encara és a temps de suprimir», va dir-li Riba quan el llibre era encara a la impremta. A la qual cosa, segons recorda Ferran Soldevila, Rodoreda va respondre: «No, no, si de cas, afegir-hi. Però tinc mandra.»

LES PECES DE «MIRALL TRENCAT»

Amb tot, Sales no s'havia pres malament la cessió d'*Aloma* a una altra editorial. Comprenia i respectava els motius que l'havien dut a ampliar el seu camp de difusió i si bé considerava que la novel·la «hauria fet incomparablement més bonic editada pel Club» i que fins i tot amb ell hauria tingut més possibilitats de vendre's «millor», ell no es considerava «un nyic-nyic» i «perdonava». Però a més a més, tenia altres raons per creure en l'autora: «Ara el que importa és que ens doneu el *Mirall trencat*», perquè, assegura: «Un autor com vós i un editor com jo —modèstia a part i mal m'està el dir-ho—, si van junts, volen de victòria en victòria.» En efecte, des del començament del 1967 que Sales sap que Rodoreda té entre mans dos nous llibres: *El torrent de les flors* i *La casa abandonada*, que a final del mes de març ja té títol difinitiu: *Mirall trencat*. Això és així exactament el 1967, és a dir, un any abans de la data que ella indica a la novel·la publicada com a data d'inici d'escriptura: Ginebra, 1968. Una vegada més aquella necessitat seva de no dir la veritat, d'inventar-se un secret potser inútil i, en tot cas, amb l'única voluntat d'amagar que a l'origen de

Mirall trencat hi havia una altra novel·la, *Una casa abando-nada*, i una obra de teatre, *Un dia*. Una de les comptades ocasions en què semblava que Rodoreda deixava constància de la seva manera de fer literatura és precisament al pròleg de *Mirall trencat*. Però si escoltem les seves paraules, ens adonem que tampoc aquí Rodoreda no ha deixat pistes gaire clares per descobrir el seu joc. Feia temps que parlava de fer aquest pròleg i, finalment, va enviar-lo a Sales, des de Romanyà, el 15 de juliol de 1974, juntament amb una carta que diu:

«Aquí teniu el pròleg. No m'ha quedat gaire brillant ni gaire profund, però no en sé més. L'he fet amb una certa desesma. Ja em direu què us sembla. Per fugir de compromisos he parlat tant com he pogut de totes les meves novel·les. Ja podeu pensar que la manera com explico el naixement d'alguns dels meus personatges és completament fantasista. El que sí és veritat és que feia anys que arrossegava les ganes de fer una novel·la on sortís una família i que l'anava posposant perquè m'inspirava un cert respecte encarar-me amb massa gent. Per a *omplir* el pròleg parlo del tema de l'àngel i del tema de la metamorfosi. Tot plegat em sembla que pot passar. He suprimit la "Descripció de la donzella". Citar un text sense anomenar l'autor m'ha semblat poc correcte.»

Un origen «completament fantasista», simplement perquè no volia dir que els personatges procedien d'una altra ficció escrita molts anys abans. Haver-ho reconegut potser hauria estat parlar d'una cosa «essencial» en la seva vida i, com ho assegurava, Mercè Rodoreda tenia «molta por» de «parlar de les coses essencials de la meva vida amb una certa manca de mesura». No és aquest el moment per entrar en els detalls de *Mirall trencat*, però a tall d'exemple d'aquest fals origen dels seus personatges val la pena anotar el del notari Riera. Al pròleg, l'autora deixa constància que:

«... el vaig imaginar amb el cap de Delacroix, jove, un dia que vaig acompanyar uns amics a casa d'un notari que tenia damunt de la taula un gerret de cristall i de plata amb una rosa vermella a dintre.»

En realitat, el notari Riera és el perfeccionament del doctor Riera d'*Una casa abandonada*, el mateix personatge que per raons professionals arriba a conèixer els secrets d'una família. A la novel·la inèdita —i originària— Riera sap que Isabel ha estimat dos germans i que avorta quan simula una apendicitis; a *Mirall trencat*, no solament s'enamora de Teresa: sap també que té un fill natural que fa passar per un fillol. I, potser perquè es tracta d'una similitud molt evident entre ambdues novel·les, també vol assenyalar les concomitàncies de personatges com Crisantema i Armanda, totes dues minyones al servei de famílies amb moltes coses per amagar i totes dues també incorporades en el seu paper per la via generacional. L'una i l'altra serveixen de contrapunt, de punt de visió popular i pragmàtic aplicat des de fora, a les històries contades.

És cert que li degué fer «un cert respecte encarar-se amb massa gent» a l'hora d'escriure *Mirall trencat*. Així com a *Una casa abandonada* el temps queda limitat a una història de mare i filla, a *Mirall trencat* la narració s'estén per tres generacions. I encara que Mercè Rodoreda defuig tota concreció temporal, amb la qual cosa s'arma d'una oportunitat descriptiva més gran, a l'hora d'establir la seva plantilla de personatges va necessitar un fitxer en què cadascun dels 45 personatges és objecte d'un retrat precís. Més endavant veurem que aquest fitxer va ser realitzat el 1971, i que es tracta d'una de les darreres coses que va fer amb l'Obiols.

A través d'aquestes petites cartolines de color rosa, escrites a màquina i amb algunes anotacions fetes de la mà d'Obiols, descobrim, per exemple, la data de naixement de Teresa Goday: el 1857. També aprenem que el vell Rovira li compra la joia de valor el 1881, quan té 24 anys, i que el fill, Jesús, que ha tingut amb Miquel Masdéu, ja en té dos. I mentre que de Nicolau Rovira no se'n concreta gran cosa, de Salvador Valldaura s'anota que el 1883 es troba, com a funcionari de l'ambaixada d'Espanya, a Viena, vivint una dramàtica història d'amor amb Bàrbara. Dos anys més tard, coneix Teresa Goday, vídua de Rovira, i s'hi casa. La torre de Sant Gervasi és comprada aquest mateix any. Valldaura mor el 1905, quan la seva filla Sofia (nascuda el 1886) anava a casar-se amb Eladi Farriols.

Immortal sembla Josep Fontanills, l'administrador de

finques, que és un home fet i compost el 1885, quan Vall-
daura compra la torre de Sant Gervasi, i que continua fort
i actiu el 1936, quan es declara la guerra a la República
i Sofia necessita els seus serveis per controlar les propie-
tats urbanes i rurals. O eternàment jove, com Jesús Mas-
déu, que és presentat com un home en plena forma, «un
home ben plantat (...) amb aires de manar més que els al-
tres», i al càrrec d'uns milicians que requisen la torre en
plena guerra. Jesús Masdéu, inevitablement més gran que
la seva germana Sofia (com a mínim de quatre anys, segons
les indicacions del fitxer rodoredià), és en canvi mostrat més
jove que aquesta, a qui «el dol que l'havia afavorida tant,
ara l'envellia». Armanda és la capitana de les minyones: a
les fitxes mereix força línies i a la novel·la mereix envellir
al seu temps, progressivament.

Mirall trencat és, juntament amb *La Mort i la Primave-
ra*, la novel·la més ambiciosa de Mercè Rodoreda i la que
va tardar més anys a donar per llesta. Entremig, tots els
maldecaps del món i altres projectes molt distints, la'n van
distreure.

VI. I JO SOLA, SENSE LA MEVA MARE
PER PODER-ME ACONSELLAR...

LA MORT DE LA MARE
I ELS CONFLICTES FAMILIARS

La mort de la seva mare va ser també una font de con-
flictes amb el seu fill. De conflictes hereditaris que augmen-
taren just després de la mort de Joan Gurguí (1966), que
deixava finques no pas de gaire valor, però consistents, a
Barcelona i fora de la ciutat. Les desavinences, segons es
desprèn de la correspondència amb diversos coneguts de
la família Gurguí, havien començat, ja a final de 1964 —és
a dir, pocs mesos després de la mort de Montserrat
Gurguí—, amb la sospita de Mercè Rodoreda sobre els pos-
sibles enganys del seu fill que, des de l'ensorrament de la
casa de Balmes, vivia amb el seu pare. Va voler interpretar
aquesta convivència com a prova d'un interès estrictament
material. Ella, que sempre havia dit al seu fill que era «ocell
de bosc» i que «no demanava res a ningú», va començar
a nodrir un sentiment de drets materials prou desagrada-
ble i, en darrera instància, incomprensible. Justament des-
prés de la mort de Joan Gurguí, concretament, i un cop sa-
budes les seves darreres voluntats, que feien hereu universal
al fill que havien tingut en comú, Mercè va reivindicar la
seva quarta marital i creia que Jordi, el fill que havia deixat
durant tants anys, subvalorava la quarta marital que li per-
tocava per llei. A la família, en tot cas, el que ningú li va
discutir va ser el seu dret de cobrar la pensió de viduïtat,

ja que, també legalment, mai no havia formulat la seva separació matrimonial. Aquestes qüestions no solament van allunyar-la de la família (que, segons explica Jordi, no va entendre la seva reacció «interessada»), sinó que van distanciar-la també progressivament de l'Obiols. El seu company no entenia com just en el moment en què en el terreny professional, és a dir, la literatura, li començaven a reconèixer el seu talent, ella gastés hores i energies barallant-se amb el seu fill que, de fet, no havia atès pràcticament mai. L'Obiols encara entenia menys com era capaç de cobrar la pensió de viduïtat de Joan Gurguí, un home del qual només n'havia sentit dir coses desagradables.

Les últimes cartes de Jordi, escrites en castellà, traslluexien una relació comercial. S'hi parla de béns i de vendes i hipoteques. A la darrera, el fill s'acomiada amb un simptomàtic parèntesi: «Besos de tu hijo que te quiere (ya sé que lo pones en duda).» Era a final de 1968 i no té resposta. Al cap de pocs mesos mare i fill van retrobar-se a Barcelona. Mercè va passar el vespre amb els seus quatre néts i, després d'un sopar agradable com ho havien estat sempre les taulades a casa dels Gurguí, mare i fill van iniciar una última conversa. Va ser una nit blanca. Van buidar una ampolla de Chartreuse i diversos paquets de cigarretes. Jordi no vol repetir què van dir-se. Al matí es van separar: mai més no es tornaren a veure.

«Crec ben sincerament que heu de perdonar el vostre fill», li aconsellava Joan Sales, una de les poques persones que coneixia el desagradable incident i, més o menys explícita, la història de les desavinences familiars explicada pel fill i per la mare. «Als pares no ens queda més remei que perdonar sempre, que per això som pares —prosseguia Sales— i crec, també ben sincerament, que en les rareses d'en Jordi hi ha més de "complexos" (enfront d'una mare brillantíssima i cèlebre) que no pas de dolenteria. A vós, que sou la més intel·ligent dels dos, us correspon també de ser la més comprensiva.» Després d'haver escoltat llargament les explicacions de Jordi, Sales no deixava de donar-li una part de raó i, sobretot, endevinava que al darrera del conflicte hi havia «una cosa sentimental, de fill únic que la seva mare no n'hi fa gens de cas i el té per un burro». Mercè, que havia visitat diversos advocats i notaris, buscant una

solució material que li fos favorable, no acabava de veure
amb bons ulls el paper pacificador de Joan Sales. Diverses
vegades va estar a Barcelona sense notificar-ho ni a la fa-
mília ni a l'editor. Buscava consells entre altres persones
amigues. Volia creure que també Sales s'havia allistat al
bàndol dels seus enemics. En una carta del 31 d'octubre
de 1971, Mercè li reconeix que, en efecte, es tracta «d'un
problema de tipus sentimental». Assegura que «mai no he
mesurat els sentiments materialment, inclús en les relacions
d'amistat, en les quals és essencial la sinceritat i l'esponta-
neïtat». I afirma que van ser aquests impulsos els que la
van guiar «a cedir al meu fill una part important de la meva
llegítima —reduïda al mínim per una subvaloració de fin-
ques, etc.». Mercè creu que les bones intencions «de pau
i de concòrdia» manifestades pel Jordi, s'haurien de traduir
ara «amb l'ingrés en el meu compte d'aquella quantitat»
que ella creu que li pertoca de la diferència entre la valora-
ció i el valor real de les finques.

Estalviem els detalls d'aquesta part desagradable de la
vida de Mercè Rodoreda, però sense passar-hi de llarg. Ha
estat massa important per creure que no l'ha afectada i,
d'alguna manera, molt més directament que no sembla, ha
influït en la seva obra. Si a les primeres novel·les podíem
endevinar el traç de la pròpia experiència, experiència fins
i tot literària (tal com ho explica Giuseppe Grilli en el cas
d'*Aloma*, a l'estudi *A partir d'Aloma*), també a tot el que va
escriure després de la guerra hi podem llegir fragments aï-
llats del que ha estat el seu «problema» sentimental amb
la família i, més concretament, amb el seu fill.

I aquí, en aquesta segona etapa de la vida —si és que
és permès parlar-ne així— la veritat de la realitat quotidia-
na és encara més evident en la ficció. A tall de recopilació
antològica, que exclou els contes, recordaré *La plaça del Dia-
mant*, on recupera l'anècdota de la conservació del seu ger-
mà no nat, convertit ara en una tènia, en un pot de formol;
la informació de la mort del seu pare, Andreu Rodoreda,
que es converteix en el pare de la Colometa; el casament
del seu fill Jordi, que serveix per il·lustrar el de la Rita. A
El carrer de les Camèlies, on —ja ho he assenyalat— la mà
de Joan Sales va afavorir l'omissió del mateix esdeveniment
familiar (la conservació d'un fetus en un pot), ja explicat

de manera deformada a la novel·la publicada anteriorment; l'encàrrec d'un mantell per a la Verge de l'església de la Bonanova; les constants fugides i tornades de Cecília a la casa familiar, que són la translació de les seves pròpies fugides i tornades. A *Jardí vora el mar*, on es fa més evident el retrat de la casa dels Gurguí: correspon a la dels pares de l'Eugeni, al carrer de Ríos Rosas, on tenien una altra finca que va portar problemes entre Mercè i el seu fill a l'hora de repartir-se l'herència; l'explicitació d'una idea: «només s'és feliç fins als dotze anys» (a *Aloma* concedia un marge temporal més llarg: vint anys), edat que ella tenia quan va tornar el *tio americano*; i la incorporació mateixa de l'*americano*, amb el seu oncle reimaginat a través del senyor Bellom; la recuperació dels ambients familiars originaris al Maresme; l'aparició com a personatge de la minyona amant, nascut de les relacions de Joan Gurguí amb Glòria V. P. A *Mirall trencat*, la que il·lustra més generosament els grans trets de la història i els detalls familiars; amb una mare (Teresa) que abandona el seu fill; amb una filla (Sofia) interessada a obtenir les fortunes; amb el notari que arregla qüestions hereditàries i de títols de propietat; amb l'homenatge velat al seu avi, Pere Gurguí i Fontanills, convertit, a través del senyor Fontanills, en alguna cosa més que un simple corredor de finques. A *La Mort i la Primavera*, on el protagonista comença a viure la vida als catorze anys, la mateixa edat en què Joan Gurguí va ser destinat a Buenos Aires; amb el «casament» del protagonista amb la madrastra, com la imatge d'un amor impossible dins les quatre parets del nucli familiar. La llista podria ser encara molt i molt més extensa, sobretot si incorporés les narracions curtes i, sobretot, si incorporés els detalls argumentals d'*Un dia*, obra teatral que encara es troba inèdita a l'Institut d'Estudis Catalans, que era acabada el 1959 i que és una prefiguració detallada de *Mirall Trencat*. Sense oblidar que, sovint, els fets ficticis i els personatges inventats són híbrids, combinació inevitable de diversos fets de la realitat, o, al revés, que una realitat apareix desintegrada: és difícil, per tant, de reconstruir el que fou i el que ha esdevingut, sense perill d'equívoc. Ni el maniqueisme ni la mala fe han de fer forat en la interpretació dels textos. De manera que, tot plegat, seria molt més l'objecte d'un altre treball d'inventari, que caldrà fer algun dia si de veritat interessa saber les fonts de la obra literària de Mercè Rodoreda. En tot cas, es pot parlar ja des d'ara mateix del pillatge sistemàtic de Mercè Rodoreda a la seva «realitat real» per construir la seva «realitat de ficció». Evidentment, quedarà sempre per respondre una pregunta: per què va escollir certs fets, determinats detalls, i no d'altres? Tal vegada perquè eren els que li permetien «reviure el viscut» i «mentir-hi», reinventar-ho de nou, amb més facilitat.

Encara que sigui inversemblant, Eladi Farriols llegeix Proust. Com la dona de *Pluja*, que posa el primer volum d'*À la recherche du temps perdu* al damunt de la tauleta per impressionar l'Albert. La menció de l'autor francès és més una imatge d'interès creat per l'escriptora que no pas un interès pròpiament dels personatges de la ficció. Es tracta de la incorporació d'un detall literari que és al mateix temps una pista i una veritable concessió, atès que els seus personatges, generalment, tenen ben poca tirada a la lectura. Es tracta, de fet, d'un «element afegit» que dóna cos a la realitat imaginada, la peça d'un trencaclosques del qual no hi ha model amb què guiar-se a l'hora de reconstruir-lo i, en definitiva, el que li permet de parlar de la realitat real amb una pretesa objectivitat, des de fora o des de lluny, una realitat real sovint banal i fins i tot mediocre, feta de «picades d'agulla» més que no pas de ferides de sabre. Seguint Flaubert, Rodoreda no ha pretès aixecar mites, no ha creat ni monstres ni herois: ha estat la seva manera de contribuir al dibuix d'un món que provoca la nàusea, i que de la vida ordinària n'ha fet una epopeia.

A la manera proustiana, Rodoreda evoca uns personatges i uns moments que, precisament per la minuciositat i l'exactitud —anava a dir tendenciositat— són difícilment transportables a un altre moment, al moment del lector actual. Julien Gracq, quan compara l'obra de Proust a la de Stendhal, per exemple, remarca que «*le cordon ombilical que Fabrice del Dongo a tranché avec la Lombardie de la Sainte Alliance (tout en continuant par quelque sortilège d'y puiser son suc nourricier) Albertine ou la duchesse de Germantes ne peuvent le rompre avec leur salon Belle Époque*». La constatació és aplicable a l'obra de l'escriptora catalana. Les seves dones, per exemple, sempre preocupades —si

no angoixades o, al revés, en certs casos, paradoxalment sa-
tisfetes (la dona d'*En el tren*)— per un fet circumstancial
a la seva existència familiar i sentimental; i els seus homes,
sempre vivint d'algun record amorós que els allunya de la
dona amb què conviuen: són, perquè n'estableixen els me-
canismes del funcionament, el prototip d'una societat en
un moment en què és impossible el diàleg entre els repre-
sentants dels dos sexes. Al marge de qüestions feministes
—terreny del qual Rodoreda ben aviat va decidir fugir, per-
què preferí d'introduir-se en el món més ampli d'allò mar-
ginal, o allò marginat—, que potser continuen essent d'una
certa actualitat, és evident que els termes que usen per ex-
plicitar l'allunyament i la incomprensió els homes i les do-
nes rodoredians formen part d'una època remota. Proba-
blement, només en perdura l'expressió d'un sentiment,
vague, genèric i alhora contundent: la impossibilitat de
l'amor etern. La complicitat del lector de l'obra de Rodore-
da difícilment pot ser avui centrada en l'argument del seus
llibres: ja no pot fer d'Aloma descobrint *Una mena d'amor*
de Cèsar August Jordana.

EL DIETARI DELS DARRERS DIES DE L'OBIOLS

Una mena d'amor era també el que l'unia a Armand
Obiols. Un amor del qual no va saber treure satisfaccions
sentimentals i del qual li quedà un gust amarg fins al final
de la seva vida. L'Obiols era tot el contrari de Mercè Rodo-
reda. Diuen, els qui l'havien conegut bé, que de fet era abú-
lic, indiferent envers tot allò que no fos la paraula escrita
o la paraula llegida. Els diaris, les revistes i els llibres, tot
allò que fos imprès, eren el seu món. El motivaven en tot
i per a tot. Altra cosa no existia. En una cuina es sentia
absolutament perdut. Era d'aquells personatges que fins a
l'edat ben adulta els han de donar la mà per travessar el
carrer; si no els aixafen irremeiablement, ni que sigui un ci-
clista. El seu aspecte, relativament asserenat amb el pas del
temps, era francament inquietant: aquell nas gros i aquella

mirada inquisitiva que anunciaven l'exabrupte que diria i
que tindria, però, l'estranya virtut de ser sempre una sen-
tència exacta. Gairebé sempre, en aquestes qüestions que
eren el seu món, tenia raó, i ell ho sabia.

Amb la Mercè, malgrat les eternes picabaralles —ell lle-
gint i ella fent morros— tot va anar força bé fins a un cert
moment. Per ella va rompre amb els seus amics de tota la
vida. L'Oliver, molts anys després, lamentava no haver po-
gut reconciliar-s'hi. S'havien distanciat per un «greuge», se-
gons el poeta, que el temps i la proximitat física sens dubte
haurien mitigat. El greuge era que, estimant Mercè Rodo-
reda, abandonava la germana del tercer gran amic sabade-
llenc, Francesc Trabal. Tot plegat, un malentès gairebé fa-
miliar en una «pàtria tan petita». Trabal havia mort molts
anys abans que ell. L'Obiols mai va expressar els seus sen-
timents. Sempre sabia escollir oportunament els silencis.

A començament de març de 1962, enmig d'una de les més
escleròtiques batalles amb Mercè, va escriure a un dels seus
col·legues sabadellencs, Lluís Casals, advocat, per tal de
demanar-li informació i consell sobre la «legalitat» del seu
primer matrimoni. Obiols volia saber si, vist que s'havia ca-
sat només pel civil, i que no vivia amb la seva dona des del
1939, podia obtenir l'anul·lació o bé el divorci per tornar-se
a casar i, aquesta segona vegada, per l'església. Perquè dis-
posava de l'estatut de refugiat, li responia Lluís Casals, po-
dia acollir-se a la Convenció de Ginebra del 28 de juliol de
1951, en virtut de la qual la llei aplicable als refugiats era
la del país del domicili actual de l'implicat, en el cas de
l'Obiols la legislació austríaca. Per tant, podia demanar el
divorci davant d'un tribunal a Àustria. Pel que feia a la pos-
sibilitat d'un segon matrimoni religiós, Casals li recordava
que el matrimoni és un sagrament el ministre del qual són
els mateixos contraents i que, sobre l'eficàcia del seu primer
matrimoni civil —realitzat durant la guerra espanyola—,
era millor consultar un canonista. L'Obiols va aturar les
gestions, però les intencions de casar-se amb Mercè Rodo-
reda hi eren. O hi havien estat.

El 1958, a Ginebra, Obiols havia conegut una altra dona,
que va estimar i que és la que va procurar-li els últims mo-
ments de tranquil·litat. P. coneixia l'existència de Mercè Ro-
doreda. L'Obiols li'n parlava poc, però amb estimació i res-

pecte, i, sobretot, amb un gran cansament també. P. va viure el progressiu allunyament de la parella Obiols-Rodoreda i recorda els esforços de l'Obiols per no enviar a passeig un idil·li tan llarg com definitiu de la seva vida. P. treballava amb ell i, per raons de feina, havien viatjat plegats: eren hores de plàcida conversa i de descobriment d'altres mons. P. era molt més jove i sabia escoltar-lo, donar-li un protagonisme perdut i aproximar-lo de nou a l'amistat i al gust de la tertúlia. Expliquen que, amb els treballadors i traductors de l'organisme, a Viena havia instaurat un veritable seminari de cultura general i, més concretament, de literatura. Amb P., Obiols ressuscitava de l'angoixant ofec en què es convertia la seva relació amb Mercè: tanta suspicàcia per part d'ella havia arribat, al final, a emmudir-lo.

Mercè no ho degué saber fins als últims moments, els dies que precediren la mort d'Obiols, a Viena, l'estiu de 1971. Arrossegava un malestar des de feia més d'un any. Primer semblava que era la vista, deficient, que li originava uns maldecaps insuportables. Després li tremolava la mà quan escrivia i només arribava a simular un gargot. Proves i més proves no arribaven a diagnosticar el mal que el mataria. L'operaren dues vegades. El dolor era tan fort que desvariejava. Però potser desvariejava menys del que va voler creure Mercè. A ella, que el va visitar molt sovint, no sempre la va rebre amb cortesia. P. recorda, però, que el comportament de la Mercè era estrany: s'allotjava a un dels millors hotels de Viena i es vestia com si en lloc d'anar a un hospital a visitar un moribund anés a una festa: amb roba llampant i sempre molt ben pentinada. Potser ho feia amb la millor intenció, per distreure el malalt d'aquella asèpsia blanca, esterilitzant de tot, que caracteritza els hospitals. Però a l'Obiols el molestava aquella ben intencionada comèdia. Fins li ho va retreure amb insults. Tenia excusa: «desvarieja», es deia ella. Veritat o llegenda —mai, en realitat, s'ha sabut de què va morir exactament— s'explica que el culpable de la malaltia d'Obiols era un mosquit femella habitant dels boscos de Viena. L'invent de la pamela vindria arran d'aquest insecte: per protegir els passejants de la seva picada, mortal, al cap. I l'Obiols, amant de passar llargues hores sotes els arbres, mai havia portat barret.

El dimecres 15 de juny, Mercè iniciava un dietari dels

darrers dies de la vida d'Obiols. Es tracta d'un bloc de notes, allargat, sobre el qual ella escriu de través. Les primeres coses que reté són una escena muntada a l'entorn d'unes maduixes amb la infermera i l'arribada de P. que desperta l'Obiols. Una frase entre cometes: «Soy capaz de todo», és inscrita sense especificar qui l'ha dita ni per què. El dimarts, 21, l'Obiols ha tingut un atac de bogeria: «Calmant. Dorm i ronca.» L'endemà, hi sent però no enraona. El 23, «parla, però no se l'entén». Rodoreda anota la «sensació de veure com un home es va tornant boig. Horrible». L'endemà, però, parla per telèfon amb el seu germà Antoni: «Molt bé.»

El dietari acaba el 18 d'agost: després de l'enterrament. Són 28 pàgines d'anotacions telegràfiques sobre els empitjoraments i les millores, momentànies, d'Obiols; sobre la medicació que segueix; el resultat de les converses amb els metges; el trasllat d'un hospital al de la Universitat de Viena; amb citacions textuals del malalt, en moments de bogeria i en moments de lucidesa. La presència de P. (ella tampoc no posa el nom) la molesta. Mercè s'adona que ni P. ni els companys de la feina de l'Obiols tenen confiança en ella. Ella, per la seva banda, també desconfia de tothom, dels metges, de les infermeres i dels qui envolten l'Obiols. Un dia, Obiols havia demanat paper i llapis: volia escriure. Escriví «Montserrat», el nom de la seva dona. Una altra vegada fa crits a la Mercè, li diu que no hauria de ser-hi, amb ell a la clínica, que hauria de deixar-lo sol. Ella marxà més aviat que de costum. Un altre cop, però, insisteix que marqui el número de Ginebra: ha de parlar amb la Mercè, que és, tanmateix, davant seu. És l'embogiment només? ¿És l'inconscient que li parla? És lucidesa o bé desvarieja? «Dormiré tant com pugui; és el millor remei per a aquestes coses tan tristes i tan sòrdides», escriu el 5 de juliol. L'Obiols va voler confessar-se. Mossèn Perelló (parent de Pau Romeva, segons anota Rodoreda) va demanar-li si volia rebre els Sants Olis, Obiols va dir que sí. Al cap de quatre dies, el diumenge 15, va morir. Li van fer un enterrament de «segona». La seva tomba es troba al cementiri camí de l'aeroport de Viena. Un ram petit de roses vermelles, lligades amb una cinta blanca i dues inicials, T. Q., va intrigar Mercè unes hores. Després, li va semblar que n'endevinava el sentit:

«T. Q. no és cap nom. Què deu voler dir T. Q.? Avui em sembla que ho he endevinat: Tu Querida. Segur.»

A la tristesa d'aquests darrers dies, al pes dels recents descobriments sobre la vida sentimental de l'Obiols al marge d'ella, Rodoreda va haver d'afegir encara un altre contratemps: no li van permetre endur-se cap dels béns que Obiols guardava a Viena. Amb aquestes qüestions, la llei austríaca és molt severa. Va haver de tornar tot allò que havia pres: «Què hi farem», anota. Dies després, quan ja era a Ginebra, la policia vienesa va fer l'atestat dels esmentats béns de l'Obiols. Els seus amics hi van trobar a faltar papers de menes diferents: «Aquelles llibretes i aquells fulls amb contes que alguna vegada ens llegia en veu alta ja no hi eren.» Mercè va aconseguir d'esquivar l'autoritat. Només així s'explica que, molts anys després, un cop morta Mercè Rodoreda, s'hagi trobat entre els seus papers documentació que era de l'Obiols i, entre aquesta, la seva última agenda, la que corresponia al 1971.

Joan Prat havia estat el seu «home musa». Evidentment no li va fer la feina, com escandalosament s'havia dit a començament dels anys seixanta, però la va ajudar a convertir-se en una escriptora diferent del que hauria estat sense ell. Interpretar malament aquestes paraules seria absurd. No pretenen rebaixar la qualitat extraordinària de la seva manera d'escriure, ni la seva valor com a creadora: és estrictament la constatació d'un fet. Mercè Rodoreda hauria pogut fer seves les paraules dites per l'Obiols: «És com si fossis jo mateix, però per una raó estranya tens autonomia de moviments.» Fins a tal punt això es cert que, una vegada mort l'Obiols, a poc a poc, primer, descaradament més endavant, Rodoreda va usurpar trets de la personalitat i de la vida del seu company. Tot havia començat per una qüestió de simple mimetisme, aquell que afecta les persones després d'una llarga convivència: ja no saben qui ha dit què, ni qui està a l'origen d'una frase feta o d'un gest prosaic, ni d'una entonació de la veu o del riure. Al final, Rodoreda explicava amb tota mena de detalls les seves feines com a correctora de proves i editora de la «Revista de Catalunya» i com havia entrat a treballar a la UNESCO, en qualitat de traductora, de la mà de Quiroga Pla. I així consta a les entrevistes i fins i tot ho recull algun apunt biogràfic. Però és

fals, no va fer-ho. I és, si més no, sorprenent, per bé que
fàcilment comprensible: una simbiosi humana feta en la so-
ledat d'un exili volgut.

Fins al darrer moment, l'Obiols va estar al servei de la
part més vulnerable i més preciosa de l'existència de Rodo-
reda: els seus llibres. En l'última agenda, la de 1971, queda
constància de les últimes revisions que va fer de *Mirall tren-
cat*. A començament d'any Obiols era a Ginebra, on havia
de passar una revisió mèdica, dels resultats de la qual de-
penia la seva reincorporació a la UNIDO, a Viena. La nit
de l'u al dos de gener se la va passar escrivint, no especifi-
ca què. El dia de Reis va començar a fer el fitxer de la pri-
mera part de la novel·la i, l'endemà, l'havia acabat. Els dies
8, 9 i 10 anota: «revisat Mirall». Els dies 17, 18 i 19, havia
revisat, respectivament, els capítols referents a Eladi Far-
riols, pare i filla, i Lady Godiva. El 21 va marxar cap a Vie-
na. No hi ha res més anotat fins al 28 de març, quan anà
a París per renovar-se el passaport i el visat. El 13 d'abril
entrava a l'hospital.

I LA VIDA CONTINUA

Pel maig, després de la primera operació de l'Obiols, Mer-
cè era a Viena. Ella tampoc no estava bé del tot i es prenia
les «pastilles» pel cor que li havia recomanat el doctor Na-
ville. Eren els dies, com ja ha estat dit, de les baralles amb
el seu fill. Al marge de penúries, Sales continua man-
tenint-la al dia dels afers editorials. Ell intenta remun-
tar-se de «l'estimbada d'Edicions 62 i la distribuïdora IFAC»,
que el va afectar ja que ell posava a la venda els seus
llibres a través de la mateixa empresa. El 2 de juliol, Sales
encara no sap si dir-se del tot refet del problema financer.
Ha previst una producció més apretada i des de fa uns me-
sos treballa amb un altre distribuïdor. «Hi ha dies que m'en-
tra una neurastènia que no s'acaba. I és que veig massa cla-
rament que fent llibres, fins si els fem bé i tenen èxit, no
fem res; el que hauríem de fer és canons, metralladores,

bombes atòmiques i tancs (ja ho deia aquell cartell: "Feu tancs, tancs, tancs").»

Des de fa mesos, espera que la Mercè li lliuri *Mirall trencat*. Ara, sabent que passa un moment difícil, gairebé ni s'atreveix a demanar-li com té la novel·la. Si pot donar-li bones notícies pel que fa a l'edició dels seus llibres anteriors a Catalunya, no pot fer el mateix pel que fa a les edicions estrangeres: les vendes de les novel·les de Mercè Rodoreda a França i a Anglaterra són francament dolentes. Hom no podia esperar-ne altra cosa, sap Sales. I, potser perquè viu coses pitjors, Mercè ho encaixa amb tranquil·litat. La diverteix, mentrestant, que en altres països remots, des d'Europa central a Orient, hi hagi editors que s'interessin per la seva obra; potser allà descobriran l'excel·lència de les seves «coses petites».

El Nadal de 1971 Mercè Rodoreda ha fet un viatge insòlit: ha anat a Roma i ha visitat el Sant Pare. El gener de 1972 Sales, quan ja han passat uns mesos, i perquè ha vist la Mercè, li sembla que les coses tornen a la calma, es decideix a recordar-li que li havia promès un volum de records d'infantesa. Sales li assegura que el llibre, il·lustrat amb les fotografies familiars de què li havia parlat l'autora, encaixaria molt bé en la col·lecció «El Pi de les Tres Branques». Per més que Sales estigués orgullós d'aquesta colecció, és comprensible que a Rodoreda no l'enllaminís gaire, l'oferta. Però va iniciar-les, aquestes memòries i, ara, són a l'Institut d'Estudis Catalans. Es tracta només d'unes quantes pàgines. Hi parla del barri de Sant Gervasi, les passejades amb el seu avi, el jardí, el col·legi de Lurdes. Hi descriu també una nena, Isabel Blat, que trobava molt bonica.

«Aquesta nena semblava la Mare de Déu, fina, amb els cabells llisos, llargs, de color avellana. No sé de què venia aquesta adoració, però jo l'adorava. Mentre les altres la voltaven ben acostades, jo la mirava per entre espatlles, una mica de lluny. Hauria volgut ser la seva única amiga, que només tingués ulls per a mi. Un dia que vaig voler acostar-m'hi vencent la meva timidesa innata, dues o tres em van apartar barroerament i em van pegar. Aquest amor, com el del gat, va morir endut per la feina de créixer i d'anar sabent coses noves.» (Papers inèdits de l'autora, IEC.)

També hi explica la història del gat:

«Quan el meu avi va venir amb un gatet a casa jo en devia tenir tres. Encara dinava asseguda a la trona. El gat bevia llet que la meva mare li posava en un platet i li deixava a terra. Jo el mirava llepar la llet, amb el nas al plat, des de dalt de la trona. No me'l deixaven tocar, perquè deia la meva mare que els gats encomanen la diftèria. Quin acudit, l'avi, de portar aquesta bestiola. El gat tenia ulls que brillaven, pèl que brillava, potes per poder caminar, una cua del mateix color que el pèl de tot el cos, gris antracita. S'arrapava a les cortines i es quedava dret clavat a la roba, que es gronxava. Corria darrera d'una mosca, darrera d'una papallona. Vaig perdre la gana de tant mirar el gat que dormia tranquil al sol fet una bola. Tocar-lo hauria estat la meva alegria, però m'ho havien privat i era obedient. Vaig perdre la gana. No tastava res. De primer van dir que devia estar empatxada, em van purgar, no tenia gana; després van dir que potser la creixença tenia la culpa del meu no tastar res. A l'últim no sé si va ser l'avi, el pare o la mare que van dir en té la culpa el gat. Només pensa en el gat. I el gat va desaparèixer. El buscava per tots els racons, no el podia cridar perquè encara no li havien posat nom. El buscava per sota de tots els llits, per sota de tots els mobles, per sota dels arbustos del jardí, pertot arreu, fins que vaig preguntar a la meva mare, i el gat? Es va morir. Què és morir? Quedar-se sense respirar. I on és? La meva mare no em va contestar. I la pena em minava. Està enyorada del gat, feu-li mirar aigua que corri. Obrien les aixetes perquè mirés el doll de l'aigua, em van dur a mirar el mar, a mirar rius... A l'últim em vaig posar bona de l'enyorament del gat.» (Papers inèdits. IEC.)

Qui sap si l'anècdota del gatet, amb l'entranyable medicació de l'aigua corrent per guarir-la de l'enyorança, va passar quan ella era més gran de tres anys. En tot cas devia ser un record punyent i també el va incloure en les seves ficcions. Per exemple, ho va fer a *Aloma*, en què el gatet es converteix en un gat de teulada, negre, que li'n porta al record un altre de color blanc i brut, en comptes del gris antracita del que va conèixer. A la primera versió d'*Aloma*,

Anna no vol gats a casa perquè porten la «diftèria». A la segona versió no els vol perquè porten «malalties».

Les memòries va iniciar-les però no les va acabar. No tenia temps i el que realment l'interessava era la divulgació de la seva obra ja escrita i publicada. I tenia els seus criteris sobre com fer-ho. Per exemple, no la seduïen —almenys d'entrada— aquelles operacions que li oferia Sales de vendre desenes d'exemplars —a preu de cost pràcticament, amb la qual cosa se suposava que cobrava un percentatge més baix de drets d'autor— a través de les caixes d'estalvis. Explicava Sales que en aquells anys aquestes institucions financeres estaven interessades sobretot en volums d'un cert gruix, cosa que les novel·les de Rodoreda no tenen. Per tant li proposava d'agrupar-ne dues i fins tres en un de sol. Rodoreda, que sabia que la idea d'Edicions 62 de publicar la seva obra completa anava endavant, va donar-li un no rotund. En canvi, estava fortament seduïda per Planeta, que, ja abans de l'estiu del 1972, volia adquirir els drets de traducció al castellà de *Mirall trencat*, novel·la que Sales encara no havia llegit, i recuperar *Jardí vora el mar*, que Edhasa tenia des de la seva publicació catalana però que encara no havia traduït.

UNA MICA DE TEATRE

A començament de 1973 anuncia a Sales que li enviarà una comèdia. L'editor n'està més que content i assegura que la publicarà també al «Pi de les Tres Branques». A mitjan febrer ja l'ha rebuda. Es tracta de *La nit, ells dos i Camèlia*, una obra que Rodoreda ja tenia escrita de feia molts i molts anys, encara que no va dir-ho mai. El primer acte, segons Sales, «és espatarrant». El segon, no tant: «Jo diria que vau escriure el primer com fascinada de vós mateixa per aquest món màgic i grotesc que hi evoqueu; i el segon, en fred, fument-vos descaradament —o poc se'n falta— de la màgia que vós mateixa havíeu creat abans amb tota la bona fe de la inspiració.» Sales la invitava a esforçar-se a retreballar la segona part «per mantenir el mateix to» que en la primera, però també li deia que si tenia «mandra» que ho deixés córrer i que li publicaria la comèdia igualment. Amb tot, trobava que era un text massa curt: «espaiant-la molt, arribaríem com a màxim a les 75 pàgines». Caldria, segons l'editor, o bé una comèdia o bé alguna altra cosa que tingués escrita, fos el que fos, que tot el que era seu «segur que és bo».

A final de febrer, Rodoreda li envià una segona comèdia: *El parc de les magnòlies*. A Sales el convenç, encara que potser no tant com el primer acte de *La nit, ells dos i Camèlia*. Aquest teatre «tan *vostre* que ja no ho pot ser més —escriu Sales—, més o menys dins els corrents de l'anomenat *teatre de l'absurd* però tan original, tan personal vostre, que fa pensar que, si el *teatre de l'absurd* no existís, vós us l'hauríeu empescat». Sales està convençut que aquestes comèdies, Rodoreda les acaba d'escriure: «És ben cert que qui fa un cove fa un cistell», li diu. Sembla que no recordi que, molt poc després d'haver iniciat el contacte, ran de *Colometa*, Rodoreda li parlava ja de les seves obres de teatre. Probablement, l'autora li havia dit tants i tants títols, li havia promès tantes i tantes obres, que després d'una gran confusió sobre el que ja hi havia fet i el que era simple projecte, Sales degué voler oblidar.

Amb tot, estava encantat amb la idea de publicar aquestes obres ben aviat. Com ja era d'habitud en ell, va proposar-hi canvis. Canvis que afectaven no tan sols els títols, sinó també l'argument o el nom dels personatges. Incitava Rodoreda a enviar-li noves peces, i li proposava d'agrupar-les sota el genèric *El torrent de les Flors*, un títol «preciós» que —això sí que ho recordava Sales— havia d'incloure una novel·la en temps ja remots. Si es sentís «inspirada», escrivia Sales, podria escriure dues o tres comèdies més i, tot plegat, faria un volum d'unes 150 o 200 pàgines que seria tot teatre.

Rodoreda, per la seva banda, va animar-se amb les paraules de Sales. Evidentment no podia admetre, amb un curiós punt d'honor, que el seu teatre s'inscrivís dins el corrent anomenat «de l'absurd». Segons ella, el teatre «absurd» era el que firmava Josep Maria de Sagarra. El d'ella és tota una altra cosa i «està ple de lògica». De moment, però, demana que guardi ben amagades aquestes obres, fins que no

les tinguin totes agrupades i no hi hagi fet les esmenes que
creu oportunes. El 15 de maig, per exemple, Rodoreda es-
criu: «En principi tinc una altra comèdia, però en bastant
mal estat. Tot d'una em vaig cansar. Té tres actes i és molt
diferent de to de les altres. De totes maneres no corre cap
pressa que us la doni, perquè també s'ha d'arreglar la de
l'Hostal. L'única que està més resolta és la petita del parc:
i ja veieu que és ben poca cosa.» Tot i que se sent animada
a portar endavant el projecte, assegura que li costa: «El mal
del meu escriure és, primer, que em canso. I, segon, que
sempre surten petits emmerdaments que m'atorrollen i em
desfan.» A la mateixa carta anuncia la seva intenció de ve-
nir aviat a Barcelona. Aquest any hi ha vingut menys per
una raó ben clara: «Com que vaig saber que repartien pinyes,
em va agafar una mica de por. Cosa que no serveix de res,
perquè la pinya, quan ha de caure, cau.» En efecte, són dies
de contínues manifestacions pels carrers de Barcelona. La
gent fa notar pels carrers que això del franquisme arriba
a la fi.

A la tardor, Sales no ha rebut res més. Espera, de totes
maneres, poder publicar-li l'any pròxim els tres llibres ja
anunciats: el de teatre, el de les memòries d'infantesa i *Mi-
rall trencat*. Perquè, a més a més, és certa la intenció de
la Mercè de venir més sovint a Barcelona, fins d'instal·lar-
s'hi definitivament. Les notícies que li donen de les activi-
tats antifranquistes l'esperonen d'una banda, però l'ater-
reixen d'una altra: «Van agafar més de cent conspiradors
catalanistes en una església (que ara la moda és conspirar
a les esglésies), (...) i els han clavat multes de 350.000 pesse-
tes, que la majoria d'ells no se les han vistes en tota la vida.»
Sales parlava dels 113 detinguts a Maria Mitjancera.

Si les memòries no van ser mai escrites seriosament, el
teatre va quedar ajornat *in aeternum*. A l'antologia *Sembla-
va de seda i altres contes* (Edicions 62, 1978) hi va incloure
dues obres: *Viure al dia*, que havia presentat als Jocs Flo-
rals del 1948, i *El parc de les magnòlies*, una de les que Sa-
les havia guardat en secret «*como oro en paño*», segons la
seva expressió. També la revista literària «Els Marges» ha-
via decidit explotar aquesta vessant oficialment desconeguda
de la seva obra, però a ningú no va provocar l'entusiasme
que havia demostrat Sales. Tal vegada aquesta és la raó de

més pes que explica que no l'arribés a publicar tot complet. A la seva mort, Sales abrigava encara una vaga esperança de fer-ho. Va mostrar que tenia encara altres obres (entre elles *Maniquí 1, maniquí 2*). Cap d'elles però, segons reconeixia el mateix Sales aleshores, no tenia el gruix que corresponia a l'autora de novel·les que «es venen com el pa beneït». Una edició completa dels originals trobats a casa seva a Romanyà (avui es troben a l'IEC), acarats amb els que sens dubte encara guarden al fons d'El Club dels Novel·listes, i els que encara són al fons familiar, aportarà revelacions importants sobre la datació d'aquesta obra teatral. En gran part —crec poder-ho avançar ni que sigui a tall d'hipòtesi—, es tracta d'obres escrites els anys quaranta i, en algun cas, ja entrats els cinquanta. Tenen l'interès de contenir el germen d'algunes obres posteriors i, sobretot, destil·len l'interès de l'escriptora per aconseguir l'exactitud de l'expressió en un terreny tan difícil com és el diàleg, ja no dalt de l'escenari o a través de la pantalla cinematogràfica (*Un dia* és especialment cinematogràfica), sinó en tota obra literària. No deixa de ser un símptoma d'una insatisfacció potser inconscient en aquesta vessant creativa el fet que, a totes les seves novel·les i en els seus millors contes posteriors, generalment, Rodoreda utilitzés el diàleg indirecte o, simplement, el monòleg.

La ja esmentada *Un dia* és l'exemple més clar de la relació de dependència existent entre la seva ficció teatral i la seva posterior obra narrativa. El mecanoscrit trobat a l'Institut d'Estudis Catalans té el seu doble conservat a l'arxiu familiar i aquest exemplar conté una data que el que guarda l'Institut no posseeix: 1959. Es tracta d'una peça en tres actes (molt probablement la mateixa que, com hem pogut veure, Rodoreda anunciava a Sales) i el seu argument és pràcticament el mateix del de *Mirall trencat*. Organitzat durrel·lianament a l'entorn del record dels diversos membres d'una família, el text explica la història de la mateixa família que protagonitza *Mirall trencat*. El nexe que uneix el passat amb la narració present són els transportistes que han de deixar buida la casa ja abandonada i que haurà de ser substituïda per un edifici de pisos moderns. Els personatges, amb substancials variacions i diferències certes, són amb tot els mateixos. Més prosaics, més vulgars, experimenten els mateixos processos vitals que en la novel·la escrita, i sobretot anunciada, deu anys més tard. Fins el fantasma de Maria, la jove suïcida, hi és present.

A GIRONA ÉS *UNA MUJER SEPARADA*

El 4 de gener de 1974, *Mirall trencat* es trobava encallat a la impremta. Les causes: les vacances de Nadal i una *grève perlée* al sector, segons explica Sales. Ell encara no l'havia llegida. No és fins el 16 de maig que n'emet el seu particular veredicte: «És un devessall de poesia de gran estil, que t'embruixa i et transporta com una simfonia molt ampla i d'una riquesa esbalaïdora des de l'obertura, tan suggestiva, on veiem la Teresa en tot l'esclat de la seva joventut fins a la melancolia esquinçadora del morendo final (...).» Sales n'està absolutament hipnotitzat. Té la intenció de fer-la sortir a la tardor —en ple estiu seria inoportú distribuir-la— i en volum doble. No dubta a l'hora de dir a Rodoreda que, perquè faci les planes necessàries, hi posarà uns quants punts i a part («una manera d'allargassar sense que es noti i que el llibre creixi un 25 per cent, com si haguéssiu afegit 50 pàgines a l'original»). Si ella hi ajuda escrivint un pròleg, aleshores més fàcilment es tindria un volum de 400 pàgines. El volum va sortir amb 460 pàgines: amb el pròleg i amb els canvis i inclusions (i punts i a part) que havia volgut l'editor.

Ja hem fet prou referències a la gènesi de *Mirall trencat* en capítols anteriors. No crec que calgui insistir-hi. Si, a més a més, recordem que Rodoreda ha viscut els anys més difícils i penosos de la seva vida —la mort de la seva mare, la batalla per l'herència de Joan Gurguí, la disputa amb el seu fill i la mort de l'Obiols— i que estava francament interessada a recuperar la seva obra teatral i escriure unes memòries d'infantesa, no em sembla gaire arriscat d'afirmar que el que va fer, entre 1971 i 1974, era ben poca cosa: la novel·la devia estar pràcticament llesta a la mort de l'Obiols. Per què no va donar-la abans al seu editor? Francament,

em sembla que per una raó ben senzilla: esperava l'oportu-
nitat de poder-la presentar a un premi literari. L'augment
de diners que suposava publicar-la en volum doble (també
el doble de preu per exemplar i el doble de drets d'autor)
va animar-la a no esperar més. Amb tot, a mitjan maig, va
decidir d'enviar-la al Premi Immortal de Girona que oferia
50.000 duros a l'autor de la novel·la guanyadora. Per
concursar-hi calia que la novel·la encara no fos editada. Sa-
les, segons li deia el 31 de maig, també havia pensat enviar
Mirall trencat al premi gironí, però volia fer-ho d'amagat,
sense dir-li-ho a ella, de tal manera que si perdia no ho hau-
ria sabut mai. Tots dos estaven convençuts que el seu sol
nom «determinaria la concessió del premi». Però hi havia
una altra raó que els animava a concursar: «Com que a les
anteriors convocatòries el termini de presentació no acaba-
va fins el primer de setembre, i la gent no sap que l'han
escurçat fins al 15 de juny, a penes si s'hi ha presentat cap
altra novel·la. *Miel sobre hojuelas*.» Sí, Mercè Rodoreda ja
era, a mitjan 1974, ben coneguda: la tirada de *La plaça del
Diamant* arribava ja als 40.000 exemplars.

L'Immortal de Girona era atorgat per les festes de Sant
Narcís i coincidint amb la vigília de Tots Sants. El jurat
era integrat per Joan Ramon Masoliver, Carles Sentís, Ignasi
Bonín Valls, Valerià Simon González, Pilar Morales Roy-
Polo, Julio Manegat i Joan de Puig Roca, sota la presidèn-
cia del tinent alcalde de Girona. Va guanyar Sebastià Juan
Arbó amb *La masia. Una mujer separada*, d'un tal Joan Prat
(curiosa coincidència) va quedar finalista. «Acabo de veure
la incomprensible pasterada. (...) Ara em sento com estabor-
nit; a penes dono crèdit als meus ulls. S'ha repetit la histò-
ria de *La plaça del Diamant* però ara d'una manera més in-
comprensible encara; perquè ara la vostra novel·la no podia
pas passar desapercebuda. (...) Ja sabeu que no crèc gaire
en premis, però aquesta vegada la realitat supera tót el que
jo podia imaginar en el meu escepticisme. Hi ha uña cosa
que em crida l'atenció: i és que silenciïn que *Mirall trencat*
hi concorria. Potser han donat el premi a l'Arbó per motius
de beneficència i han cregut que el millor seria callar que
vós també hi concorríeu?» Si era cert el motiu, Sales tenia
raó: els organitzadors de l'Immortal de Girona s'havien
«deixat perdre una magnífica ocasió de prestigiar el pre-

mi». Editor i autora van elucubrar sobre què hauria passat si, en lloc de presentar la novel·la al premi gironí, l'haguessin enviat al Planeta, tal como ho havia fet Benguerel amb la seva *Icària, Icària*: «Però és clar, ni vós la teníeu acabada —i encara us hauria calgut posar-la en castellà— ni jo em podia pensar que el donarien a una novel·la catalana.»

Però és que, després de donar-li voltes i més voltes, sembla que Sales va descobrir la jugada del jurat gironí: efectivament, no l'havien premiada, però l'havien deixada finalista i havien amagat la identitat de Rodoreda, inventant-li un pseudònim. D'aquí la coincidència del Joan Prat: era ella! I *Mirall trencat* s'havia convertit en *Una mujer separada*. Això, cridava Sales, ja no era beneficència, ja no eren raons polítiques: «És simplement filldeputisme.»

Desastres sociològics al marge, les paraules dites sobre el cas Benguerel no van anar a parar a les orelles d'un sord. Ja feia uns mesos que Rodoreda anunciava que escrivia encara una altra novel·la: no parava de provocar fortes impressions al pobre editor. Però aquesta seria la ocasió, o mai, de guanyar el més gran dels premis literaris espanyols: el Planeta.

I amb aquesta ambició en el fons de l'ànima va poder suportar els mesos que seguiren: de debats continus amb Sales, que li aconsellava d'allargar *Mirall trencat* per explicar millor els amors de Teresa amb el fanaler Masdéu —«hauria de ser una novel·la dins la novel·la», considerava Sales—; d'acabar accedint a posar l'article davant dels noms i de treure la preposició «a» en la major part dels «per» que surten tot al llarg de la novel·la: «Estic preocupada perquè, en unes correccions que heu fet en el capítol "Joventut", veig que poseu l'article davant dels noms propis. Per què? És una cosa absurda que vulgaritza el text. Us prego que no ho feu. (...) Per favor no feu bogeries. I respecteu-me el text. Sempre estic disposada a reconèixer errors però el que està bé no ho toqueu. Una novel·la no és cap broma.» O, encara: «Jo, quan escric, no faig res gratuït, tot està rumiat i calculat. Doneu un cop d'ull a *Aloma* i veureu com no hi ha article davant dels noms propis. Ni falta que hi fa.» En efecte, a *Aloma*, revisada per l'Obiols, no hi ha article davant dels noms: va ser publicada per una altra editorial i no va passar per les mans de Sales que, de tota manera, al final, guanyà la batalla. Quan va publicar-se *Mirall trencat* al tercer volum de l'obra completa d'Edicions 62, tampoc hi constà la voluntat de Rodoreda. A última hora, explicava Sales, Rodoreda havia admès, sense reserves, l'article. I exactament el mateix havia passat amb el «per» i «per a». Qualsevol lector pot comprovar-ho. I pel que fa als amors amb Masdéu, Rodoreda hi afegí sis pàgines. Van discutir també on s'havien d'incloure. Rodoreda creia que al final de la primera part; Sales que a la tercera, abans de la mort de Teresa Valldaura. I així va ser. D'aquest capítol, que titula «Joventut», en va fer fins a tres versions, l'última de les quals arribà a Barcelona el 2 de desembre: «Primer vau fer un esbós. Després, un quadro que ja es veia millor. Ara un quadro magnífic. Llàstima que no tingueu temps, ja que a aquest pas, a cada nova revisada que hi féssiu, acabaríeu per fer-nos una cosa que al seu costat la Gioconda serien *tortas y pan pintado.*»

La imaginació de Sales tampoc no tenia límits. Ben avançat el mes de desembre, preocupat perquè la censura encara no li havia donat el permís d'edició de *Mirall trencat*, va començar a sospitar que potser no els acabava d'agradar la novel·la pel simple fet que la Teresa, de moral dubtosa als ulls d'un censor, no era estrangera. Si fos així, proposava a Rodoreda que la fes rossellonesa: «Feu-la nascuda a Perpinyà i havent conservat la nacionalitat francesa. Un truc ben senzill.» El dret de publicació («consulta prèvia», se'n deia) va arribar i, a principi de març del 1975, la novel·la ja era a les llibreries.

«QUANTA, QUANTA GUERRA ...» EN CASTELLÀ I LA DERROTA DEL PLANETA

Seria encara una altra història —o un capítol d'una història del món editorial a Catalunya—: les intencions de Lara d'adquirir el Club dels Novel·listes. Ras i curt: a final de 1974 va formular la proposta. Sales va dir que no: «El Club no és un negoci; és una manera —una de possible— de combatre per Catalunya; plegar-lo seria una covardia. I jo puc ser un cul d'olla, però un covard no ho sóc», manifestava. Però Lara, sobretot, estava interessat en Mercè Rodoreda i fins li va telefonar personalment. Estava encantat amb la seva obra guanyadora del Llull i sembla que l'interessava tota la seva nova producció.

Un temps després, cap a la tardor de 1977, es va veure el camí per fer possible aquest apropament volgut per Lara entre Planeta i Mercè Rodoreda. Tenia entre mans la novel·la, que seria *Quanta, quanta guerra...* després de dubtar sobre la conveniència de titular-la *Les aventures d'Adrià Guinart*, i Sales li recordava la possibilitat de presentar-la, traduïda al castellà, al Planeta. Per a això caldria tenir-la enllestida a la primavera. A la primavera no va estar-ho i, novament, a la tardor del 1978 es repeteixen les intencions de combinar l'afer de la traducció amb vista al premi. Però caldria anar a veure Lara, personalment, i parlar de les possibilitats que l'hi concedeixin de viva veu. A més a més, en aquesta nova convocatòria, Lara ha apujat la dotació a 8 milions de pessetes.

El 13 de març, finalment, el text original arribava a Barcelona. I un cop llegit, Sales va desanimar-la de presentar-la al Planeta: «El que sí veig molt clar, per desgràcia, és que tant com m'agrada a mi desagradarà a en Lara. (...) En una paraula, em temo molt que en Lara no hi veurà negoci i que s'estimarà més qualsevol potineria escrita amb els peus però que hi hagi xafarderia, sang i fetge, truculència o melodrama. Com que us havia parlat tant del Planeta com una ganga perfectament al vostre abast, ara m'ha semblat que us havia d'escriure tot seguit per donar-vos l'alarma vist el to exaltadament líric de *Quanta, quanta guerra...*, to que en Lara no és capaç d'apreciar. Potser m'equivoco; sé que en Lara fa molt de cas de la seva dona (que és catalana) i qui sap si a la seva dona la vostra novel·la li agradaria com a mi. Si tinguéssim la sort que la seva dona s'hi engresqués, potser ell seguiria. Però em temo que amb aquell pirata (i vàndal per afegidura, com ho són tots els andalusos rossos), i amb una novel·la com la vostra, tenim cent llegües de mal camí.»

Cent llegües de mal camí que Mercè Rodoreda va voler, això no obstant, emprendre. Fins al cap d'un mes d'haver-la rebut, Sales no va acabar de llegir-la: «Com prou haureu comprès per la lentitud amb què l'he llegida, la lectura se me n'ha fet difícil; l'he hagut d'anar llegint de mica en mica, fent-hi pauses, però potser sóc un mal lector per a aquesta novel·la.» Més endavant, es justifica Sales, reconeix que potser no ha estat un bon lector perquè, des que fa cinc setmanes va deixar de fumar, li sembla que no és ell mateix sinó un altre, «una mena de fantasma». A la seva dona, Núria Folch, la novel·la li ha agradat —encara que probablement no tant com les altres— i, a diferència d'ell, l'ha pogut llegir tota d'una sola tirada. Evidentment que pensen publicar-la, diu Sales. Ni els ha passat pel cap de no fer-ho, com li ha semblat entendre a la Mercè. Però consideren més convenient ajornar-ne la publicació, per raons comercials, fins a la tardor. Pel que fa al Planeta, creu que n'haurien de parlar de viva veu.

Els dubtes no eren pocs. El mes de juny Mercè es proposava de rellegir «en fred» *Quanta, quanta guerra*.... Sap que si ho fa, ben segur que hi farà un munt d'esmenes, encara que el seu editor estigui disposat a publicar-la tal com està. Cada cop va més sovint a Romanyà de la Selva, el poble que ha conegut a través de les seves amigues dels anys de la República, Sussina Amat i Carmen Manrubia, que hi té una casa amb un taller. La calma i la bellesa de l'indret l'havien captivat i l'havien fet decidir a fer-s'hi ella també una casa amb un gran jardí. Allà, amb aquella tranquil·litat i aquell silenci, amb aquella llum, els miracles d'escriptura serien possibles. Malgrat assegurar que es cansava, explicava un munt de projectes nous. Entre ells les famoses memòries i completar i refer el teatre. Per aquesta raó fins Sales arriba a sentir-se una mica culpable d'haver-li dit el que pensava de *Quanta, quanta guerra*...: amb comentaris negatius —aparentment negatius només— no escriuria, ni s'atreviria tan sols a reposar amb tranquil·litat a la casa nova, com qui diu acabada d'estrenar, o a entretenir-se amb el jardí de què finalment disposa. Fets nous i divertits a la seva vida que la distreuen i li tallen, segons diu ella, la inspiració. Potser passarà, intenta dulcificar Sales, que, amb les plujes tardorals, les ganes d'escriure li tornin a brotar. Caldrà, doncs, esperar que passi un mica més de temps.

L'ENCONTRE AMB VILLALONGA

Però certes coses, en la vida de Rodoreda, es precipiten quan menys s'esperen. El desembre de 1979, Sales li demana de nou què pensa fer amb el premi de Lara. Li proposa ajut «confidencial» per traduir *Quanta, quanta guerra...* al castellà. Dos mesos després ella li truca: ha perdut el Planeta. Pèrdua mantinguda fins ara en el més absolut dels silencis: ella no la volia reconèixer, però l'editorial Planeta i els membres del seu jurat tampoc.

Aquesta derrota en el camp dels premis castellans la van apropar, en el terreny sensible, encara més del que ho estava, a Llorenç Villalonga. Tots dos havien intentat la via de fer conèixer obra seva directament en castellà. Villalonga va ser durament criticat per això. Rodoreda no, pel simple fet que ningú no sabia que també havia fet el pas. Amb Villalonga, molt aviat havien entrat en contacte. Sales ho havia fet tot per apropar-los. Intuïa un no sé què de comú, d'estrany, en l'humor i en l'interès per explicar històries dels dos escriptors. De primer havia estat un intercanvi, indirecte, via Sales, d'opinions sobre les seves respectives obres. Després va ser també l'homenatge recíproc: ella escrivint *La sala de les nines*; ell fent una «síntesi», segons la seva pròpia expressió, de Colometa i de Cecília amb la seva *Lulú*; Villalonga, a les seves *Falses memòries*, esmenta l'autora en diverses ocasions. Era una entesa completa, profundament intuïda, a tres bandes.

El maig del 1967, Sales anava a la Ciutat de Mallorca amb el periodista Celestí Martí Farreras per fer una entrevista a l'autor mallorquí. Sales va proposar a Rodoreda que s'hi afegís: el «Club» li pagava el viatge i el dinar (era un anar i tornar en un dia). Era la primera (i tot sembla indicar que l'única) vegada que Rodoreda viatjava en avió, un mitjà de transport que no li feia por, li feia pànic. Però tot va anar com era previst. El viatge va tenir lloc i els dos autors es van trobar. Martí Farreras explicava, encara perplex al cap dels anys, que es tractava de l'encontre més insípid que havia contemplat en la seva vida: «No sabien què dir-se.» Sales va actuar com a intermediari i home encarregat del protocol. Hi va posar totes les seves energies per fer del diàleg alguna cosa més que pura cortesia. No hi va haver res a fer: Villalonga era incapaç de sortir del mutisme; Rodoreda va ser més esquerpa que mai.

QUARTA PART:
BARCELONA-ROMANYÀ 1978-1983

I. HONORS I NAUFRAGI

LA «COL-I-FLOR NATURAL»

L'any 1980 havia començat amb la derrota del Planeta, però va acabar amb la glòria: li van concedir el Premi d'Honor de les Lletres Catalanes, la «col-i-flor natural», com la qualificaven la mateixa Rodoreda i Sales quan, any rera any, feien apostes sobre la persona en qui recauria *enguany* («una paraula molt catalanesca que només s'usa en ocasió dels premis literaris», se'n reia Sales) el catalaníssim «guardó»: «Ja no diré mai més col-i-flor», prometia Sales en saber la gran notícia. De retop *Quanta, quanta guerra...*, aquella novel·la que difícilment podia agradar a ningú, va exhaurir la primera edició en tres setmanes. Joan Triadú la proclamava «el llibre de l'any». Mercè Rodoreda es convertia definitivament en l'autora catalana amb més mèrits. Era l'escriptora més llegida, i les edicions del seus llibres es comptaven per desenes de milers. Alguns dels seus títols passarien a ser de lectura obligatòria al batxillerat i al curs de preparació universitària. Els estudiants i els llicenciats —no tan sols els catalans— iniciaven tesis doctorals ja no sobre la seva obra, sinó sobre aspectes ben concrets de la seva creació. Tot, definitivament, havia fet el tomb esperat des de feia tants i tants anys. Des d'aquell 1949 en què, per primera vegada després de deu anys de no ser-hi, Rodoreda tornava a Barcelona, tot havia estat centrat a l'entorn d'aquesta consagració, d'aquest reconeixement. Finalment, l'obtenia.

El que de «lleig» implicava aquesta glòria ho sabria tapar amb els seus dots innats per l'aparença.

Perquè, en efecte, no tot havia quedat resolt amb el Premi d'Honor de les Lletres Catalanes. Després de la mort del dictador, un cop restaurades les institucions autonòmiques de Catalunya, Rodoreda va fer mans i mànigues per poder-se acollir al dret de l'amnistia laboral decretada institucionalment per a tots aquells que havien treballat per a l'administració republicana. No hi va haver manera: ni les cartes de Joan Oliver, ni la intervenció de Met Miravitlles van servir perquè Josep Tarradellas fes els ulls grossos al davant d'una manca absoluta de documentació (el seu nomenament no figurava al «Diari Oficial de la Generalitat») que avalés el seu treball a la Institució de les Lletres Catalanes, un cop ja declarada la guerra civil. Això, particularment, li va doldre. Si d'altres que no havien fet pas més que ella rebien un sou de jubilació republicana ¿per què a ella no l'hi concedien? Era el mateix que li havia succeït en els primers anys de l'exili, quan no li concediren el dret al subsidi de refugiat. Al cap dels anys tampoc ningú no semblava disposat a reconèixer-li que, al marge de ser una gran escriptora, potser la que més havia donat a la literatura catalana en temps difícils, havia treballat al servei de les institucions republicanes.

Com havia constatat Sales, de vegades Rodoreda tenia el do «de ser pessimista amb tota la tranquil·litat». Estava convençuda —digués el que digués en les seves declaracions a la premsa, que en va fer moltes en els seus darrers anys de vida— que la democràcia instaurada recentment no era una democràcia autèntica per la simple raó que aquest «no és un país demòcrata». Una afirmació contundent, que no donava lloc a d'altres matisos, però que compartia amb molta altra gent de la seva generació. Amb aquesta filosofia desenganyada, l'única cosa que podia importar-li era passar el temps com millor sabés: si a ella l'havien enganyada, per què no tenia dret a fer-ho al seu torn? No calien explicacions, no calia defensar res i ningú perquè, en definitiva, ningú no l'escoltaria. En gran part tenia raó.

Vinculada encara a Ginebra i a París, ciutat aquesta que al mateix temps que li provocava melangia la decepcionava —«amb tants moros i negres pels carrers», deia—, va mantenir fins al darrer moment (1978) un peu lluny del seu país d'origen. Era aquí i, al mateix temps, no era enlloc: feia i deia el que li convenia, es trobava al lloc que triava a cada moment. Res, cap cosa, no podia sortir d'ella mateixa, ni del seu record. Record que li engegava el motor de la imaginació i li bloquejava el de la memòria. Com deia Louis Aragon, la imaginació no es pot confondre amb la memòria: al més sovint és filla de l'oblit. Imaginació i oblit que li permetien llargues estones de meditació, d'adonar-se que tot el que l'envoltava era, en definitiva, ben poca cosa. Imaginació i oblit que són també a l'origen del seu silenci literari.

No és la meva intenció fer la crònica dels seus últims anys, que són els de la seva glòria i els del seu apagament. La seva vida literària havia acabat al mateix moment que acabava la seva vida d'exiliada, lluny encara d'una vida oficialment recuperada al seu país. El seu retorn definitiu, aparentment definitiu, va anar acompanyat de massa problemes, de massa raons, com per permetre-li de continuar escrivint com ho havia fet durant la dècada dels seixantes. Amb la mort de l'Obiols, el 1971, desapareixia el seu lector, la persona per a qui i gràcies a qui havia escrit uns llibres meravellosos. Descobrir, en els últims dies de la seva malaltia, que ell també s'havia allunyat d'ella, li va fer molt mal: va posar de manifest la seva feblesa, el seu esperit trencadís.

Després, les persones que la van veure més o menys amb assiduïtat a Romanyà i a Barcelona podran dir-ne moltes coses; mai, però, no podran estar convençudes de la seva amistat. Totes elles, sense excepció, en un cert moment van ser objecte de la seva interpretació humana un bon punt viperina. Tal vegada no té cap interès recordar-ho; tal vegada només pugui interessar els lectors de la lletra petita —sovint la més divertida— de les històries de la literatura. Tal vegada, tot plegat s'oblidarà. Quedaran els seus llibres i ella dins de Natàlia, Cecília, Teresa, Rosa Maria, Zefarina...

Josep M. Castellet, el 1988, publicava, dins *Els escenaris de la memòria*, el primer retrat polèmic de Mercè Rodoreda. Feia cinc anys que l'escriptora ja era morta. Pràcticament ningú no recordava els petits «lletjos» de la seva vida que la premsa havia insinuat ran de la seva mort a l'hospital de Girona, lluny d'una família que tothom li desconeixia. D'aquell retrat fet per Castellet se'n pot retenir, una mica tendenciosament, la descripció d'una conversa mantinguda a Ginebra: «Li va costar de dir la mentida, però la va dir i es va perdre.» Reconstruir els últims anys de la vida de Mercè Rodoreda és recompondre els esglaons d'aquesta pèrdua de la qual parla Castellet. Són incomptables les pistes falses, les mentides, que havia anat deixant entre els qui en els darrers temps intentaren aproximar-s'hi. A poc a poc havia anat teixint la cortina que hauria de separar la seva vida real de la seva vida aparent. El canvi d'un estat de solitud a un altre, oposat, de franca publicitat havia estat brusc, massa brusc. I, com gairebé sempre per a una gran majoria de personatges famosos, s'havia realitzat també massa tard. No sabia —i tal vegada tampoc no li interessava d'aprendre-ho— la manera de combinar l'un amb l'altre. A l'agraïment públic ella només podia respondre amb un «ja era hora». No tenia res més a afegir. Ho havia dit tot en literatura i ara era el moment del descans, un descans incòmode i amarg, de totes maneres.

«I tot d'una d'un rostre que torna mal recordat, la claror d'uns ulls, potser la llum d'un somriure, em clava, i em deixa amb la petita febre de pensar en el que només és oblit i vida morta. Els desesperats pel mal i els desesperats d'amor.» (Cita manuscrita de M. Rodoreda, a l'arxiu familiar.)

La fama i l'èxit van servir-li, com a mínim, per «pensar en el que només és oblit» i per recloure's en un món més còmode, per construir-se un «palau» llargament somiat: una casa a muntanya, una vil·la a Romanyà de la Selva. Feia, tal com ho assenyalava Joan Sales, com Víctor Català: fugia de Barcelona i es defensava a Girona. La tria del lloc i del terreny del petit santuari rodoredià es van fer de la manera més senzilla: aconsellada per una amiga, Carmen Manrubia, que ja hi vivia i que li va descobrir sense dificultats el lloc. Rodoreda va deixar a mans del responsable de la urbanització el disseny de la casa. En va resultar una casa un bon punt anònima. Àmplia, clara, còmoda, però una casa com tantes altres en qualsevol urbanització. Les obres

estigueren llestes a l'octubre del 1979, una mica més tard
del que era previst. Els mobles de Ginebra que havia deci-
dit guardar havien arribat uns mesos abans. Com l'àmplia
biblioteca, aplegada al llarg dels anys amb l'Obiols —i so-
bretot per l'Obiols—, i que hagué de mantenir dins de cap-
ses fins que els últims operaris no deixaren l'espai lliure.

«LA PLAÇA DEL DIAMANT» AL CINEMA

Bàsicament, la casa de Romanyà es pogué fer amb els
diners que havia aconseguit en vendre els drets d'autor de
La plaça del Diamant per portar-la al cinema. Va viure l'ex-
periència molt de prop, des del moment en què va cedir l'op-
ció, en la primavera del 1976, fins que s'estrenà la pel·lícu-
la, el 1982. Li divertia que el productor, Pepon Coromina,
li expliqués amb detall els passos seguits per tirar enda-
vant un dels primers grans projectes cinematogràfics rea-
litzat a Barcelona després de la mort de Franco. Rodoreda
no solament va rebre a Romanyà al director, Paco Betriu,
sinó que mantigué converses amb els dos guionistes, Gus-
tau Hernàndez i Benet Rosell. Sempre li havia agradat molt
el cinema i ara es tractava d'un film al centre del qual hi
havia la seva pròpia obra. Va participar-hi neguitosament,
segons recorden els qui filmaren la pel·lícula. Fins i tot va
ser ella la qui va defensar la candidatura de la Sílvia Munt
per interpretar Colometa. La seva preferència va ser defi-
nitiva. La seva satisfacció es va fer evident la nit de l'estre-
na, al cinema Alexandra, de la Rambla de Catalunya: enmig
de tantes autoritats, molt elegant, Rodoreda avançava cap
a la sala de projecció com habituada a l'enlluernament dels
focus i *flashes* de les televisions i periodistes que cobrien
l'espectacular esdeveniment.

A més a més d'aquella prodigiosa nit de popularitat, la
versió fílmica de *La plaça del Diamant* li havia proporcio-
nat una casa. Si hagués guanyat el Planeta, havia reconce-
gut ella mateixa a Sales, hauria destinat una gran part dels
diners a decorar-la i moblar-la amb més solemnitat. Entre

els seus papers personals s'hi guarden un munt considerable de pressupostos i de factures referents a la instal·lació a Romanyà. Encara que amb la inestimable ajuda de Carmen Manrubia, va fer personalment totes les gestions necessàries —i no són poques— per tirar endavant l'edificació de la torre.

I el jardí. Del jardí també se'n va ocupar personalment. Però era un jardí també com tants d'altres, que no reflectia l'univers fictici de l'obra rodorediana. De fet, no era un jardí sinó dos, com el del casal Gurguí de Sant Gervasi. Un al davant de la torre, cultivat; l'altre al darrera, un bosc d'alzines, completament verge. D'aquesta ambivalència encara se'n podria desprendre alguna interpretació personal sobre el gust i la manera de fer rodoredians. Però és, francament, ben poca cosa. Quan Rodoreda va morir, alguns van voler creure que la casa de Romanyà hauria pogut convertir-se en la casa-museu dedicat a la seva persona. Amb els parèntesis viscuts al seu pis del carrer de Balmes, a Barcelona, l'escriptora no va viure ni tres anys a la casa de Romanyà de la Selva. Convertir-la en un temple al seu record hauria estat, doncs, exagerat.

Ara bé, Romanyà fou la cortina que descorria quan li era convenient de refugiar-se en una aparença amistosa. Eren pocs i escollits els qui podien visitar-la en aquell racó del món, des del qual es divisava la plana empordanesa. I era lògic que aquests pocs i escollits arribessin a mitificar aquell gest de condescendència que els oferia l'enigmàtica escriptora. S'endevina entre els qui la visitaven un sentiment volàtil i unànime: la clara voluntat de creure que assistien al moment culminant de la vida creativa d'un Autor. Però, per cruel que sigui, la veritat era tota una altra: assistien al seu *apagament*. Sí, encara parlava de projectes. Prometia nous llibres a Sales; donava per nous textos que de feia molts anys tenia entre mans; parlava de l'edició dels poemes de l'Obiols i de recuperar correspondències. Però, a última hora, com per un atzar, s'oblidava de donar cartes i textos. Quan era a Barcelona, se'ls descuidava a Romanyà; quan era a Romanyà se'ls havia deixat a Barcelona. En realitat, encara que no ho volgués dir en veu alta, donava per acabada la seva obra de creació. I pel que fa als papers que giraven al voltant d'aquesta, no s'atrevia o no li interessava posar de manifest el que havia estat la seva vida i el que havien significat l'Obiols i els amics de l'Obiols per a ella. Això quedava estrictament reservat a la seva exclusiva intimitat.

ROMANYÀ I ELS PETITS LUXES

De sempre li havia agradat satisfer la seva innata afecció als capricis. Ara era el moment de no renunciar a res. No es tractava tampoc de grans fantasies ni de luxes impossibles. Sovint un detall de no-res la feia feliç durant dies. Podia ser un gerro, podia tractar-se d'uns llagostins, podia fixar-se en un retall de roba a partir del qual faria unes estovalles que potser no usaria mai. La qüestió, però, era comprar, adquirir alguna cosa. D'aquella vida a Romanyà cal destacar-ne doncs, també, les sovintejades visites a Sant Feliu de Guíxols o en altres centres de mercat de la zona on satisfeia el seu rampell i on, sobretot, badava.

Al restaurant de Romanyà en sabien alguna cosa, dels gustos refinats de l'escriptora. A l'hora de pagar no li feia res que tot plegat fos més car si la qualitat del que li servien era del tot superior. Sovint, quan no tenia esma de sortir de casa, els encarregava el dinar telefònicament. Tan bon punt era llest, li ho portaven a casa. I es tractava de coses ben senzilles: brou, verdures, un peix... Però no tenia la força per cuinar-s'ho ella mateixa.

I el defalliment va venir pràcticament sense adonar-se'n. Primer creia que es devia al trasbals que suposa un canvi de residència i l'adaptació d'una vida a un altre lloc. Després, els enrenous de la felicitat i de l'èxit que, no obstant, no arribaven a compensar una més llarga infelicitat. I finalment, l'edat i la malaltia feren evident la inutilitat de buscar més explicacions allí on no n'hi havia d'altres. Pràcticament ningú no sabia que estava greument malalta. Que patia lleument del cor i que el seu fetge havia estat sempre la seva tortura. Tot plegat, un secret més sense gaire importància. I la seva malaltia i el seu internament a Girona van posar de manifest alguns dels fets ocults de la seva vida.

Així, per exemple, es va saber que era mare, que tenia un fill que li havia donat quatre néts i que, des de feia uns mesos, era besàvia. No tothom va voler entendre que al darrera de la Rodoreda que coneixien, de la qual havien sentit parlar exclusivament com d'algú més enllà de la vida prosaica, hi havia una altra persona, amb una altra vida i una altra història. L'aparició del seu fill Jordi, malalt, el dia de l'enterrament, era massa dura i massa veritable com per ser engolida en un moment. La reacció va ser pràcticament immediata: desqualificar la família. Així quedava explicada la misantropia de Rodoreda. Es podia tornar al silenci sobre el que molesta i a la reconstrucció mitificada d'un personatge que es necessita que sigui modèlic i honorable.

«I de dintre meu va sortir un altre jo igual que jo i em va fer vergonya, (la consciència).»

(Cita manuscrita de M. Rodoreda
a l'arxiu de la família Gurguí.)

LA MALALTIA DEL FILL

Després d'aquella llarga nit blanca patida amb la seva mare, i que havia acabat amb una separació definitiva, Jordi Gurguí i Rodoreda va patir una forta depressió. El 1976 l'ombra d'una baralla irreparable es projectava sense remei en un camí que no té ara sortida. Els metges aconsellaren l'ingrés de Jordi en un centre especial. Mercè va ser avisada del que havia passat immediatament, per via telegràfica. Ella era a Ginebra. El primer telegrama no el va respondre. Al segon va tenir una actitud bel·ligerant. «Si els bons moments els heu passat sols, no em molesteu per les coses dolentes», va respondre. Va escriure dues cartes: una de llarga, que no envià però guardà, i una de curta, molt menys violenta però en la qual també es desentenia del que li passava al seu fill i, de retop, als seus néts. La ruptura familiar era total. Com la Sofia de *Mirall trencat*, «Se'n sentia molt separada i el passat li feia por».

Potser perquè era massa conscient que no tenia tota la raó. Sales li ho havia recordat en diverses ocasions: «En les baralles filials, som els pares que hem de cedir, per això som pares.» Però va fer l'orella sorda als consells «cristians» del seu editor. La seva era una incapacitat autèntica, total, per al manteniment dels vincles familiars. Tampoc no havia estat capaç de mantenir l'últim fil que la mantenia lligada a la família de l'Obiols. Havia tingut un gest poc delicat: just després de la mort de l'Obiols, va escriure al seu germà Antoni, demanant-li que li enviés els diners que haguessin sobrat de les despeses de l'internament a Viena del seu company. Deia que els necessitava. Antoni Prat ni li va contestar. El molt poc que havia estalviat l'Obiols va ser destinat a la seva filla. La seva inoportunitat li va costar l'allunyament del món i dels amics de l'Obiols.

I tal vegada per aquest gest tan inútil com inoportú, de l'Obiols no en parlà pràcticament mai més. Amb algunes excepcions: amb Sales, amb Castellet, amb Joaquim Molas. A tots tres els va parlar de la conveniència de publicar la seva correspondència. A Sales fins i tot li envià alguna carta, perquè en jutgés l'interès directament. I també en parlà amb Sussina Amat. Totes dues, amigues del passat, havien quedat «viudes» aproximadament al mateix temps. Sense dir-s'ho, explicava Sussina Amat, havien imaginat com a millor homenatge als seus respectius amors un àngel d'immenses ales negres. Sussina el va materialitzar plàsticament; la Mercè el va fer aparèixer en el conte *Semblava de seda*, publicat el 1978 en una antologia que, paradoxalment, inclou contes escrits als anys quaranta.

Pel·lícula, sèrie televisiva, entrevistes, homenatges i condecoracions i places al barri de Gràcia no eren més que els ornaments d'una façana, d'un mur que ella havia construït lentament perquè li permetés sortir de casa seva, però mai als altres entrar-hi. Era, i és, un seu dret, indubtablement. Poques coses li interessaven realment de l'exterior del seu mur. Entre elles, tal vegada sorprenent, hi ha Gala Diakonova, la dona de Salvador Dalí: retallava tot el que la premsa publicava sobre ella. Seria molt més la feina d'un filòsof: la connexió que pot establir-se entre dues de les dones més severes i enigmàtiques de les que han conviscut a Catalunya. El grau de misteri i de secret de les seves respectives vides és força similar i les dificultats a l'hora d'esbrinar-los, totals.

Un altre retall periodístic trobat entre els papers de Mercè Rodoreda recull la notícia de la subhasta, a la galeria Sotheby's de Nova York, del trineu utilitzat per Orson Welles durant el rodatge de *Citizen Kane*. Per què la va sorprendre i interessar aquesta subhasta? Cinèfila, no devia desconèixer ni el missatge del trineu, ni la resolució de l'enigma Rosebud, l'última paraula que pronuncia el protagonista just abans de morir. Al film veiem uns periodistes preocupats per descobrir el significat de la paraula. Un d'ells comenta la vida de Kane i passa pel davant d'un vell trineu que tiren al foc sense donar-hi gens d'importància. El film s'acaba i llegim entre les flames la paraula Rosebud inscrita en el trineu subestimat. Rosebud remet a la infantesa del protagonista, una infantesa bruscament interrompuda, com ho fou la de l'escriptora. Però a *Citizen Kane* hi ha un segon trineu, que té per nom *Cruzaders*. Kane, o potser Welles, ens ha tornat a posar una trampa, l'última, per tal que no el descobrim. És el mateix joc de veritat-mentida-veritat que es retroba en l'obra i en les paraules de Mercè Rodoreda: mai sabem si una dada és o no autèntica, si posteriorment serà contradita ni si és la casualitat o el desig de l'autora el que ens ha permès de trobar-la. Què són les seves «reserves de memòria involuntària», de les quals ens parla en el seu pròleg de *Mirall trencat*, sinó «tota una alquímia» wellessiana?

El 10 d'octubre de 1979, quan en complia 71, tots els mitjans de comunicació celebraven els seus 70 anys. Per raons de mutualitats i de cobrament d'assegurances que li havia tramitat, també Sales sabia que es tractava d'una confusió. Era una confusió que la divertia, simplement, i que no pagava la pena de desmentir. Un altre detall que, en última instància, afegiria ambigüitat a la seva biografia. Perquè la imatge que ella volia de la seva vida ja ens l'havia explicat a través dels seus llibres. No hi tenia res més a afegir. Una petita confusió inútil que també va quedar al descobert poc de temps després. Per l'abril de 1983, quan després d'una breu hospitalització va morir a Girona.

SECRETS A MANERA DE TESTAMENT

«La consciència és la memòria», havia escrit Bergson. La reflexió havia impressionat Rodoreda que, en un moment donat, la va copiar en un tros de paper, tal vegada amb la sola intenció de convertir-la en el darrer refrany inabastable de la seva vida inacabada. Va morir deixant un desordre ben ordenat. A l'armari del passadís que comunicava l'entrada amb la saleta de treball a la seva casa de Romanyà hi guardava tots els papers personals. Alguns preciosament ordenats, d'altres ajuntats en una estranya anarquia. També s'hi van trobar còpies dels seus testaments. Un primer, redactat poc de temps abans de la mort de l'Obiols, el deixava hereu universal. Un segon, que és el que va aplicar-se, llegava els béns materials a la família i els seus drets d'autor a l'Institut d'Estudis Catalans. Posades en coneixement de la família les seves darreres voluntats, es va veure que el testament en qüestió era impugnable, ja que no assegurava la llegítima o part corresponent al fill, cosa a què obliga el dret successori català. La família, però, va declinar recórrer als tribunals. Al contrari, ajudats per en Sales, van realitzar una primera tria entre el material descobert a Romanyà i van fer una donació a l'IEC del que l'editor va creure que era el gruix més important de la seva obra literària no publicada.

Dins aquesta cessió s'hi trobaven els mecanoscrits de *La Mort i la Primavera*, diverses obres de teatre i una novel·la que, fins anys més tard, no va ser identificada com a tal. Sales —que va morir pocs mesos després— no tingué temps de recordar que Rodoreda, feia anys i anys, li havia parlat en efecte d'una novel·la. Ell buscava les obres de les quals l'autora li havia parlat més recentment. I, sobretot, buscava les memòries d'infantesa. Memòries que, òbviament, no va poder trobar perquè no hi eren.

La mort no va permetre a Sales de seguir les pistes del que només ell podia conèixer millor que ningú. Després va ser Núria Folch, la seva vídua, la qui va continuar la tasca, centrant-se exclusivament en l'edició de *La Mort i la Primavera*. Potser condicionada pels imperatius de la seva editorial, potser amb una excessiva confiança en la popularitat de l'obra rodorediana, Núria Folch establí una edició parcial, reduïda, de la novel·la. El resultat fou que, al marge del temps incomprensiblement llarg en què es publicà el llibre tan esperat en els primers mesos que seguiren la mort de l'autora, *La Mort i la Primavera* no va satisfer pràcticament ningú, ni als lectors profusament instruïts en l'obra rodorediana ni als no iniciats. Vuit anys després de la mort de Rodoreda queda pendent encara una edició que posi a l'abast de qui li interessi la totalitat d'aquesta magna obra que va ocupar la imaginació de Rodoreda durant tants i tants anys sense acabar mai de satisfer-la plenament.

Pel que fa a la novel·la i al teatre cedits per la família Gurguí a l'Institut d'Estudis Catalans, ja se n'ha fet referència al llarg d'aquest llibre. Quedi constància només que, també, al cap de vuit anys, encara segueixen, inexplicablement, en el terreny de l'inèdit.

Tanmateix, la família es va reservar una gran part del material literari i tot aquell de referència més personal. Per una banda, doncs, conserven tota la producció poètica de Rodoreda, prou considerable i pràcticament desconeguda, i el gruix de la correspondència mantinguda per Rodoreda i l'Obiols entre ells dos i amb d'altres corresponsals al llarg dels anys. A tota aquesta documentació, la família Gurguí hi han ajuntat el que conservaven ells mateixos i han constituït un arxiu de dimensions considerables que no tan sols informa sobre la vida i l'obra de l'autora sinó que cobreix una vessant més àmplia del passat de la literatura catalana. La seva vàlua és inestimable, i jo crec que devia sorprendre a la mateixa Rodoreda adonar-se de tot el que havia anat aplegant al llarg dels anys. Dels seus darrers temps a Romanyà, un cop ja finalitzades les obres de la casa, recuperades les coses disperses que tenia als seus altres domicilis, jo me'n fabrico també un nou personatge que tal vegada no és totalment fictici. Es tracta d'una dona que descabdella el fil de la seva pròpia vida, que s'agafa al record, però que queda lligada per uns mots i unes històries que han sortit de la seva imaginació. Aleshores lluita mentalment entre el que creu recordar i el que constata escrit en els papers. I, ja ho hem vist, no sempre imaginació i memòria van juntes. Ordena, desordena i fins i tot estripa, com si un full amagat fos capaç d'esbullar l'interès de tot un llibre. Agafa el que li agrada del seu passat, que és ben seu, i en un exercici d'autoconvenciment en fa el seu present. La il·lusió li dura unes hores, potser uns dies, potser no gens. S'inquieta i el «miracle de la inspiració», el retorn del qual esperava, esdevé pura fantasia inútil. Ho guarda tot dins la mateixa capsa de la qual ho ha tret unes hores abans i, aquesta vegada, ho fa en absolut desordre. Durant uns dies, durant uns mesos, no tornarà a parlar mai més ni del que ha volgut veure ni del que ha vist.

«El poeta —escrivia Keats— no és ell mateix, no té personalitat. Ho és tot i és no-res, no té caràcter propi.» «Sí —reconeixia Flaubert—, la ploma per un cantó i l'individu per un altre.» És feina imperdonable dels biògrafs conciliar aquests dos mons d'un sol home, traint ara l'un, ara l'altre, amb l'excusa d'aproximar-los. I els homes i les dones són massa vulnerables. Com ho recordava Virginia Woolf, la literatura és plena de naufragis d'homes per als qui l'opinió aliena fou massa important. I tal vegada, de tot el que he explicat fins ara, només pugui deduir-se'n precisament que, en el terreny personal, la vida de Mercè Rodoreda és precisament la història d'un autèntic naufragi.

ÍNDEX DE NOMS*

* A cura de Josep M. Domènech i Teresa M. Sadurní.

SUMARI